ミネルヴァ日本評伝選

李方子

――韓国人として悔いなく

小田部雄次著

ミネルヴァ書房

刊行の趣意

「学問は歴史に極まり候ことに候」とは、先哲荻生徂徠のことばである。

歴史のなかにこそ人間の智恵は宿されている。人間の愚かさもそこにはあらわだ。この歴史を探り、歴史に学んでこそ、人間はようやくみずからの正体を知り、いくらかは賢くなることができる。新しい勇気を得て未来に向かうことができる。徂徠はそう言いたかったのだろう。

「ミネルヴァ日本評伝選」は、私たちの直接の先人について、この人間知を学びなおそうという試みである。日本列島の過去に生きた人々の言行を、深く、くわしく探って、そこに現代への批判を聴きとろうとする試みである。日本人ばかりではない。列島の歴史にかかわった多くの異国の人々の声にも耳を傾けよう。

先人たちの書き残した文章をそのひだにまで立ち入って読み、彼らの旅した跡をたどりなおし、彼らのなしとげた事業を広い文脈のなかで注意深く観察しなおす——そのとき、はじめて先人たちはいまの私たちのかたわらによみがえってくる。彼らのなまの声で歴史の智恵を、また人間であることのよろこびと苦しみを、私たちに伝えてくれもするだろう。

この「評伝選」のつらなりのなかから、列島の歴史はおのずからその複雑さと奥ゆきの深さをもって浮かび上がってくるはずだ。これを読むとき、私たちのなかに新たな自信と勇気が湧いてきて、その矜持と勇気をもって「グローバリゼーション」の世紀に立ち向かってゆくことができる——そのような「ミネルヴァ日本評伝選」にしたいと、私たちは願っている。

平成十五年（二〇〇三）九月

上横手雅敬
芳賀　徹

李方子（『皇族画報』より）

梨本宮守正一家（『梨本宮伊都子妃の日記』より）

渋谷の梨本宮邸（『宮内庁御貸下　皇族写真画報』より）

李垠との結婚（『英親王李垠伝』より）

旧李垠邸（千代田区紀尾井町）

昌徳宮仁政殿（当時の絵葉書）（著者蔵）

ありし日の昌徳宮敦化門

（当時の絵葉書）（著者蔵）

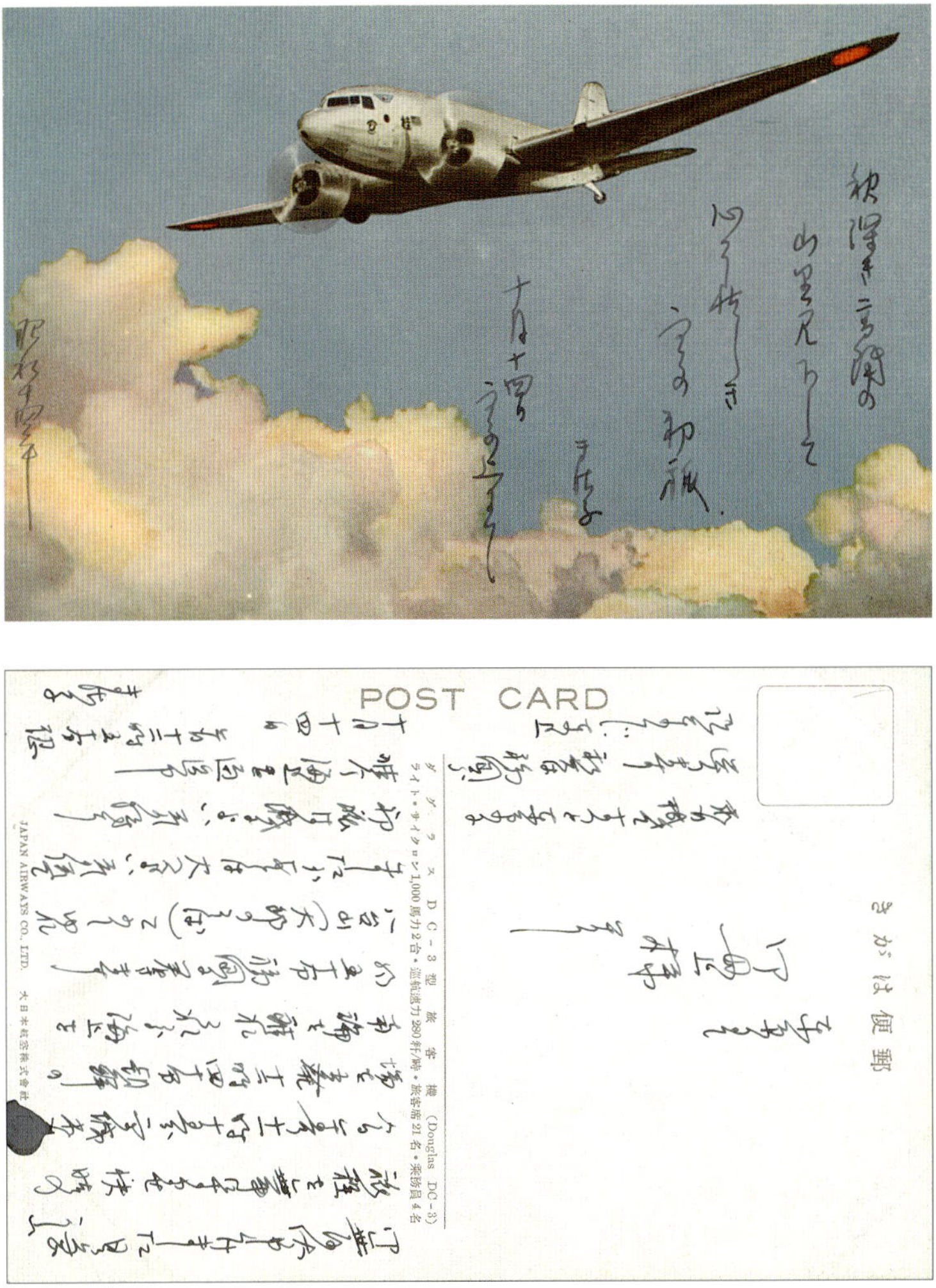

方子が母伊都子に送った絵葉書

昭和14年10月14日付（青梅きもの博物館蔵）

母・伊都子や夫・李垠らとともに（青梅きもの博物館蔵）

方子と田内千鶴子（田内基氏蔵）（本書249頁参照）

左２人目から，田内千鶴子，李玖，李方子，加藤千佳。両端は李志雄夫妻。

方子が晩年を過ごした楽善斎

方子作の茶碗（著者蔵）

茶碗に「方」，箱裏には「楽善斎」とある。（本書242～245頁参照）

チマを着た方子（『流れのままに』より）

はじめに

李方子《イバンジャ》《りまさこ》は、戦前日本が韓国を支配するための一政策として李王家の皇太子と結婚させられた女性として知られる。「日韓融和」と呼ばれた当時の同化政策は、必ずしも両国民の間の親睦を進めず、むしろ憎悪すら生んだため、その間にあって多くの苦労を負った。結婚式は李太王《りたいおう》（高宗《コジョン》《こうそう》）の急逝で延期となり、長男・晋《チン》《しん》は夭折《ようせつ》した。ともに毒殺説が流れている。結婚式や洋行の際に夫・李垠《イウン》《りぎん》の暗殺計画もあった。また、日本の敗戦と韓国の解放の結果、その身分や財産を剝奪され、日本人とも韓国人ともつかぬ立場を余儀なくされた元王妃としても語られている。そして、晩年になってようやく韓国に受け入れられ、韓国で心身に障害を持つ人びとのための福祉活動に専念し、各方面に新たな影響を与えた人物でもあった。

李方子の生涯については、彼女自身の自伝のほかに、本田節子『朝鮮王朝最後の皇太子妃』や渡辺みどり『日韓皇室秘話　李方子妃』などが刊行され、また、これらを原作としたドキュメンタリーやドラマ（『虹を架ける王妃』二〇〇六年一一月、フジテレビ系列）も製作、放映されてきた。

本田や渡辺は、方子の自伝に加え、関係者に取材して、それぞれ独自の李方子像を描いた。本田は、朝鮮独立運動もからませ、韓国皇太子であった李垠の婚約者・閔甲完《ミンカップワン》の生涯を織り交ぜながら、方子の生涯を対照的に追った。方子に批判的な意見もとりあげることで、方子像の信憑性を高めている。渡辺は、ドキュメンタリー番組のプロデューサーとして晩年の方子にじかに接した経験を伝えてくれている。ともに方子を知るための好著といえる。

　本田や渡辺の著書のベースとなった方子の自伝は『動乱の中の王妃』『すぎた歳月』『流れのままに』『歳月よ王朝よ』の四種であるが、前三種は『流れのままに』に福祉事業に関する加筆があるほかは、ほぼ同じ内容である。これらの自伝は方子の日記をもとにしているが、実際にはゴーストライターが書いたものに方子が目を通したものであり、方子の日記の所在は現在は不明である。方子としては前の二冊の題名が嫌で、自ら『流れのままに』と変えたというので、本書でも『流れのままに』で統一した。ただし、前二著と序文やあとがきが異なっているので、その時は『すぎた歳月』を利用した。また、『歳月よ王朝よ』はこれらの自伝をふまえてリライトされたもので、大韓民国の日刊全国紙である『京郷《キョンヒャン》新聞』で昭和五九年（一九八四）五月から一〇月にかけて姜容子《カンヨンジャ》《きょうようこ》の執筆で連載されたものを李保慧《イボヘ》《りほえ》が日本語に訳したものである。『流れのままに』と構成や情報などに違いもあり、本書では『流れのままに』を李方子の自伝として引用し、適宜、『歳月よ王朝よ』もとりあげた。

　この二種の自伝は、実際に方子が書いたものではないとはいえ、自筆の日記をもとにし、方子が目を通しているので、方子の意を大きく逸脱していることはないし、柔らかな語り口や感情表現などは方子の内面を彷彿させており、むしろ理解しやすい。問題なのは、人間の記憶は変質しやすいので、方子自身も気づかないうちに粉飾したり誇張したりしている部分があることだろう。とくに、昭和二〇年（一九四五）八月一五日の敗戦後に大きく価値観が変わったため、戦後の目で戦前を見ているという誤謬をおかしている箇所も少なくない。そういう誤謬の存在を恐れつつも、本書では、方子の心情をできるだけ再現するために、自伝の記述を多く引用した。

　李方子について知るには、彼女の自伝のほかに、実母である梨本宮《なしもとのみや》妃《ひ》伊都子《いつこ》の自伝と日記がある。伊都子の自伝は、自分の日記記事を確認しながら綴られたものである。日記に書かれなかった心の動きなども加筆されているので、わかりやすく、読みやすい。伊都子は自伝を刊行して後に九五歳で亡くなるが、それから一五年後に日記や未公開手記などが公開された。私は伊都子の日記や手記の整理と解読に携わり『梨本宮伊都子妃の日記』を刊行したが、伊都子の手記や自伝には、日付や事の経過などに日記といくつかの食い違いがあることがわかった。

　また、方子の自伝や伊都子の自伝と日記を合わせて読むと、それぞれの母娘の立場の違いからくる記述の違いがいくつか見られる。双方の自伝がともに誤認をしていたりすることもある。実は、伊都子は、日記をもとにした自筆の回想録を何冊かまとめており、日記を整理して、より「事実」に近づけようとしたのか、あるいは都合のいいように多少の「創作」を加えたのか、事実と創作の複雑なからみあいがある微妙な筆致である。伊都子の日記と比べると、自筆回想録や自伝の中には明らかな誤認がいくつか見られ、とくに方子の婚約に関する記述は、時期や経緯について、事実と矛盾するものがかなりある。しかし細部の齟齬《そご》はあるが、全体としての流れは事実から大きく逸脱することはない。

こうした理由から、本書では、読みやすさを重視して、伊都子の自伝や日記の柔らかな記述と、本田、渡辺両氏の著書にある取材記録をふんだんに引用した。また私自身の取材も加えた。そして、当時の新聞をはじめ、斎藤実《さいとうまこと》朝鮮総督の文書や倉富勇三郎《くらとみゆうざぶろう》王世子顧問の日記なども併用して、方子や伊都子の重要な誤認や伝説化したエピソードの誤謬を修正したり、新事実を補塡したりした。

以下、第一章で方子が生まれてから結婚するまでの経緯、第二章で結婚してから長男・晋が急逝するまでの流れ、第三章で関東大震災から太平洋戦争までの李王妃としての活動、第四章では王族の身分を離れてから福祉活動に専心して亡くなるまでの歩みなどを記した。とくに本書では、李方子がなぜ朝鮮王族妃に選ばれたのか、王族妃となってからの方子の心情はどうだったのか、なぜ戦後は大韓民国にとどまり、福祉事業を行ったのかの解明を心掛けた。そして、方子の結婚が現在の旧李王家や韓国社会にどのような影響を与え続けているのかも視野に入れてみた。

李方子——一韓国人として悔いなく　目次

はじめに

目次

＊本書には、今日の人権意識から見て不適切な表現を用いた箇所もあるが、歴史的事実を伝えるために、あえて当時の表記のままにさせていただいた。また、「満州」「京城」など今日では不適切な地名表記も、その歴史性を伝えるためにあえて修正しなかったものもある。

図版写真一覧

李方子系図……xv
関係地図……xvi
方子の御七夜の命名式の日の母・伊都子の日記記事……6
生誕まもない迪宮（『皇族・華族古写真帖　愛蔵版』新人物往来社、二〇〇三年、より）……11
靖国神社を描いた錦絵（小西四郎『鹿鳴館時代』講談社、一九七七年、より）……12
三歳の方子（『流れのままに』より）……18
七歳の方子（『流れのままに』より）……29
李垠来日前に韓国を訪問した皇太子嘉仁（『皇族・華族古写真帖　愛蔵版』より）……32
乃木希典学習院長（『女子学習院五十年史』女子学習院、一九三五年、より）……39
学習院女学部中学科時代の方子（『流れのままに』より）……40
方子の同級生で李垠妃候補ともなった山階宮安子（『女子学習院五十年史』より）……42
学習院時代の久邇宮良子（『皇族御写真　御大典記念　金枝玉葉帖』実業之日本社、
一九二八年、より）……44
方子婚約の記事（「よみうり婦人附録」（『讀賣新聞』大正五年八月三日）より）……52
李垠の父・高宗（韓国皇帝・徳寿宮李太王・李㷩）（『流れのままに』より）……61
李垠の兄・純宗（韓国皇帝・昌徳宮李王・李坧）（『流れのままに』より）……63
方子と適齢の皇族・王族……69
賢所正門（『宮内庁御貸下　宮城写真帖　附明治神宮・新宿御苑』大日本国民教育会、
一九二五年より）……73

李方子系図（天皇家および李家との相関図）

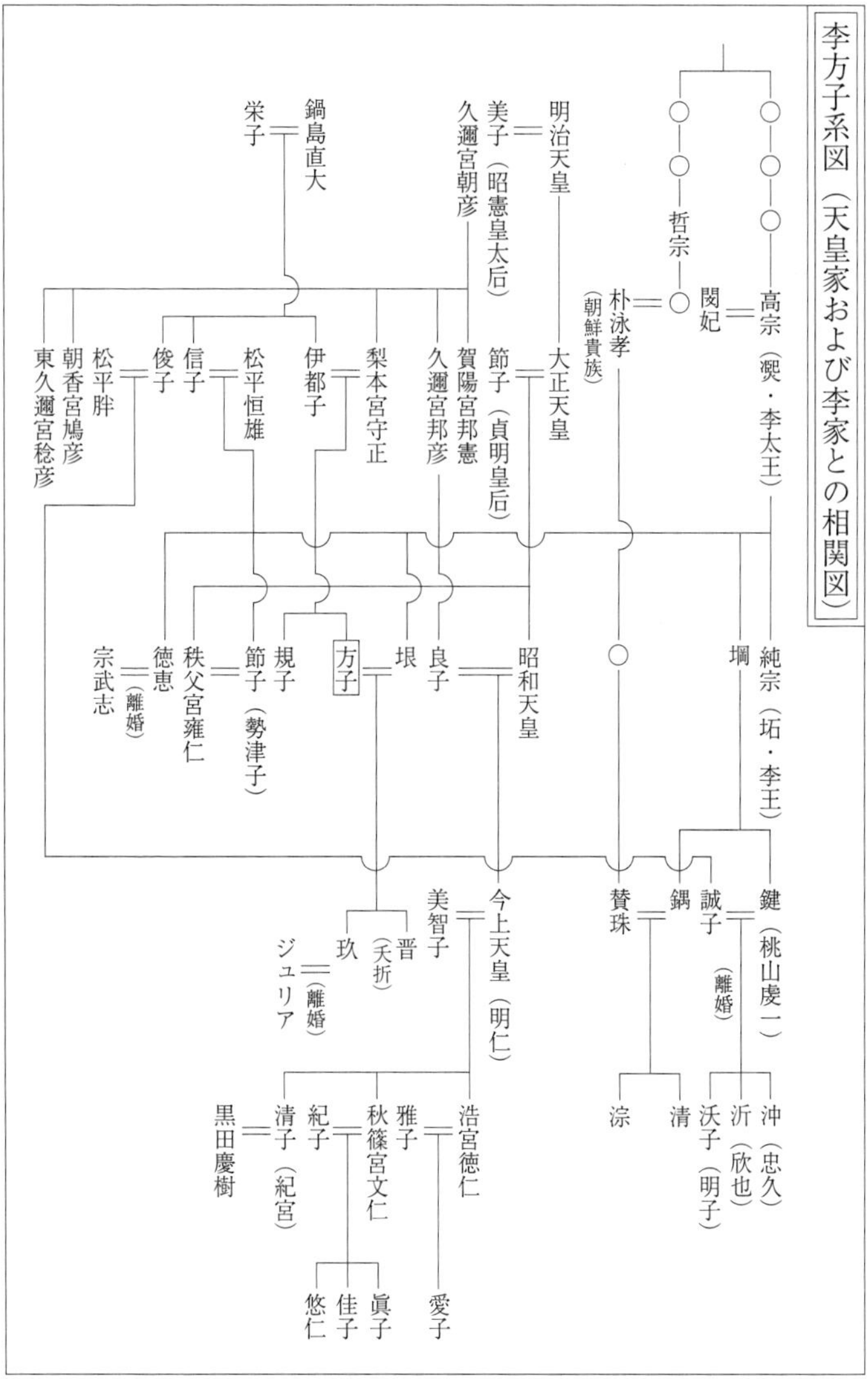

○
○
○
哲宗
○
高宗（㷩・李太王）
閔妃
朴泳孝
（朝鮮貴族）
明治天皇
美子（昭憲皇太后）
久邇宮朝彦
鍋島直大
栄子
大正天皇
節子（貞明皇后）
賀陽宮邦憲
久邇宮邦彦
梨本宮守正
伊都子
松平恒雄
信子
俊子
松平胖
朝香宮鳩彦
東久邇宮稔彦
純宗（坧・李王）
堈
○
昭和天皇
良子
垠
方子
規子
節子（勢津子）
秩父宮雍仁
徳恵
宗武志
（離婚）
鍵（桃山虔一）
誠子
（離婚）
鍝
賛珠
今上天皇（明仁）
美智子
晋
（夭折）
玖
ジュリア
（離婚）
沖（忠久）
沂（欣也）
沃子（明子）
清
淙
浩宮徳仁
雅子
秋篠宮文仁
紀子
清子（紀宮）
黒田慶樹
愛子
眞子
佳子
悠仁

関係地図

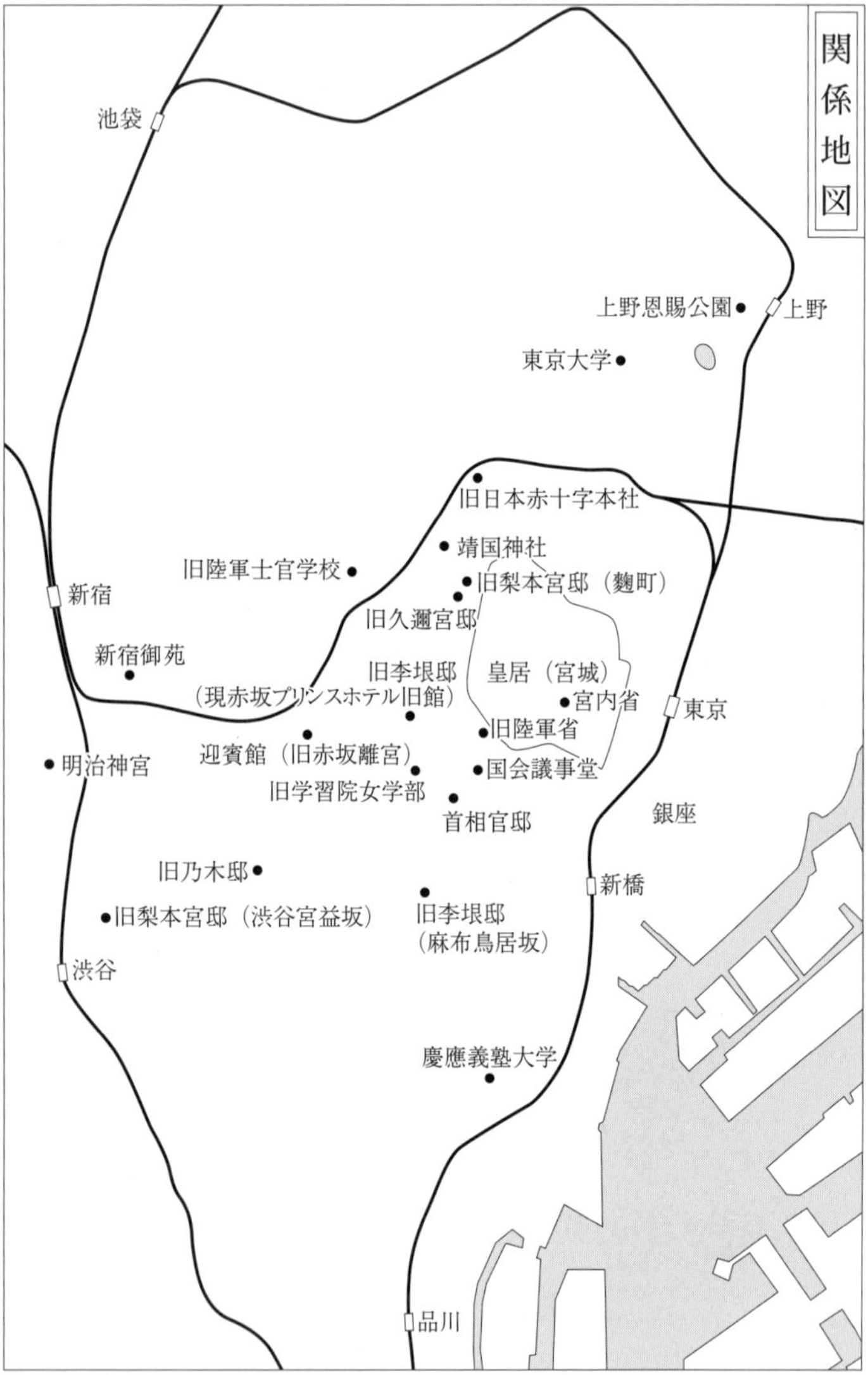
池袋
上野恩賜公園
上野
東京大学
旧日本赤十字本社
靖国神社
旧陸軍士官学校
旧梨本宮邸（麹町）
新宿
旧久邇宮邸
新宿御苑
旧李垠邸
（現赤坂プリンスホテル旧館）
皇居（宮城）
宮内省
東京
旧陸軍省
迎賓館（旧赤坂離宮）
明治神宮
国会議事堂
旧学習院女学部
首相官邸
銀座
旧乃木邸
新橋
旧梨本宮邸（渋谷宮益坂）
旧李垠邸
（麻布鳥居坂）
渋谷
慶應義塾大学
品川

第一章　梨本宮方子の日々

1　方子の生まれた年

李方子《イバンジャ／りまさこ》は「もの心ついたころ」の自分の最初の記憶を、自伝『流れのままに』で次のように記している。

最初の記憶

もの心ついたころの、淡い、最初の記憶は、日の丸の旗をもって、御殿の玄関でみなといっしょに、父宮をお出迎えしたことです。それは明治三十九年一月十二日のことだったそうで、その前年の十月十六日に講和条約も結ばれて日露戦争も終了、別府の軍療養所から、この日、父宮は凱旋《がいせん》されたのです。第二軍奥《おく》［保鞏《やすかた》］大将の配下で大連《ターリエン／だいれん》に出征中、赤痢にかかられて一時は危険状態だったのが、幸いにも回復されて内地帰還となり、別府ですごされていたのでした。

方子は明治三四年（一九〇一）一一月四日生まれなので、この最初の記憶はかぞえ六歳、満四歳の時であった。

父宮とは梨本宮守正《なしもとのみやもりまさ》であり、のちにヒゲの元帥と親しまれ、太平洋戦争後には皇族唯一の戦犯として巣鴨に拘置されたことでも知られる。

戦前の皇族男子は陸軍か海軍に従事する義務があり、方子の父も陸軍軍人として陸軍士官学校勤務を経てフランスの陸軍大学校へ留学していたが、日露戦争開始により明治三七年（一九〇四）四月四日に帰国し、同年六月二三日、広島県宇品《うじな》港から満州に出征した。守正は第二軍司令部付であり、第二軍は守正出征に先立つ五月二六日に、南山《なんざん》の要塞を攻撃し、占領していた。五時間で日清戦争を超える量の砲弾を使い、自軍三〇〇〇人を死なせたといわれる。第二軍司令官の奥保鞏大将は、維新期の佐賀の乱や西南戦争に従軍し、東宮《とうぐう》武官長や東宮大夫などを歴任、日清戦争の勲功で男爵となった。日露戦後は伯爵に陞爵《しょうしゃく》し、元帥となった。

守正は出征して一年後の明治三八年（一九〇五）八月一三日、満州の十里河《シーリーフー》《じゅうりが》で赤痢に感染する。梨本宮妃であった伊都子《いつこ》の『日記』によれば、守正は当初は大腸カタルと診断されたが、赤痢と判明し、一時は昼夜八〇回もの下痢となる重態であった。病状は電報で梨本宮妃の伊都子に伝えられ、伊都子はかつて台湾で北白川宮能久《よしひさ》が病死したことを思い、不安な思いで毎日を過ごした。

守正出征以来、伊都子は一日一回陰膳《かげぜん》をそなえて無事を祈り、ときには宮家廃絶の心配までするなど、覚悟はあったのだが、まさかの事態であった。伊都子は「アーしかたがない。此世《この》の中、日本中にはもっと〳〵心細い親一人、子一人といふ人も、其子《そのこ》を戦地へ出して居る人も、たく山《さん》ある。自分の家の事なんぞ考へてゐることは出来ない。お国の為ならばどんな事でもしなくてはならない。もう〳〵よけいなことは考へますまいと一人問ひ一人答へてくらした日もあった」と、苦しい胸中を綴っている。

結局、守正を看護した兵が感染死するが、守正自身は大分県別府に転地療養となり、無事、帰邸する。伊都子はその時の方子の様子を、『日記』に次のように記している。

丁度《ちょうど》御玄関にお馬車がついたせつな、方子は国旗を手にもち、萬歳《ばんざい》といふたので、一同涙をながしてよろこぶ。

方子の記憶は母の日記と一致している。あるいは、母から聞き伝えていたことが記憶として固定したのかもしれない。

母の日記　もの心つく前の方子については、母・伊都子の日記に詳しい。伊都子は生来の「書き魔」であり、生涯に多くの自筆の日記と手記を残したが、方子出産の様子までも几帳面に記していた。明治三四年（一九〇一）一〇月一八日の日記には、以下のようにある。

午後四時ごろより、いつ子少々腰痛にかかり、しづかに床につく。いたみます〳〵はげしくなる。

それより高木、産婆などをよびにやりたれば、直《すぐ》に十時ごろ来る。

高木とは、伊都子の担当医であり、浜田と二人で方子出産に尽力した。また、医者のほかに産婆もいたことがわかる。その九日後の一〇月二七日の記事には「寒し」とある。

けふは又々しぐれて寒し。火鉢入れても六十度にならず。午前十時、高木、産婆両人来る。診察の事。

皇族といえども暖は火鉢でとった。「六十度」は華氏《かし》で、摂氏だと約一五・六度である。翌月三日から四日にかけて陣痛が強まる。

夜の食事もおいしくしたり。午後七時ごろ湯に入、それより少々下《お》りもの有。しかし、おきてゐたり。八時いぬる〔寝〕。又々十時ごろ下り、又十一時半ごろより少々腰いたみたれば、医者、産婆等迎へたり。それより二時ごろより非常にいたみはげしくなり、宮様は二階に御うつり被遊《あそばされ》、御寝《おやすみ》被遊《あそばさ》る。

夜中二時に非常に痛みだし、梨本宮守正は安眠できないので二階に移った。

昨夜よりひきつづきいたみはげしく、午前七時四十分に分娩。女子。非常に安産なりし。同八時半ごろ後産も無事すむ。其後は別にかわりなく、ここちよろし。午後、浜田かへる。

一一月四日午前七時四〇分、方子は無事生まれる。安産であった。「体量七百五十匁《もんめ》（約二八〇〇グラム）」とある。

平成元年（一九八九）四月三〇日午前九時三五分、韓国のソウル昌徳宮《チャンドックン》《しょうとくきゅう》楽善斎《ナクソンジェ》《らくぜんさい》にて満八七歳で亡くなるまでの、方子の波乱に富んだ人生のはじまりであった。

母・伊都子は、出産後も日記を綴る。

別にことなく、日々よろし。気分もかわりなし。けふは全身ふき湯し、ふとんもとりかへたり。本日より一人看護婦増、都合三人。

出産後に看護婦が増員され、総数三名いたことがわかる。皇族家の女王の出産だからだろう、医者二人、産婆、看護婦三名で、一般と比べて配置人員はかなり多かった。

明治三五年（一九〇二）一月二六日、伊都子は「八十四日めにて、一貫四百二十匁（約五三〇〇グラム）」と方子の体重を記した。方子が言葉を話したのは、同年二月二三日で、「けふより俄《にわか》に方子語り出したり」とある。さらに、初めてのひな祭りを迎える準備も楽しげである。二月二七日「午前、

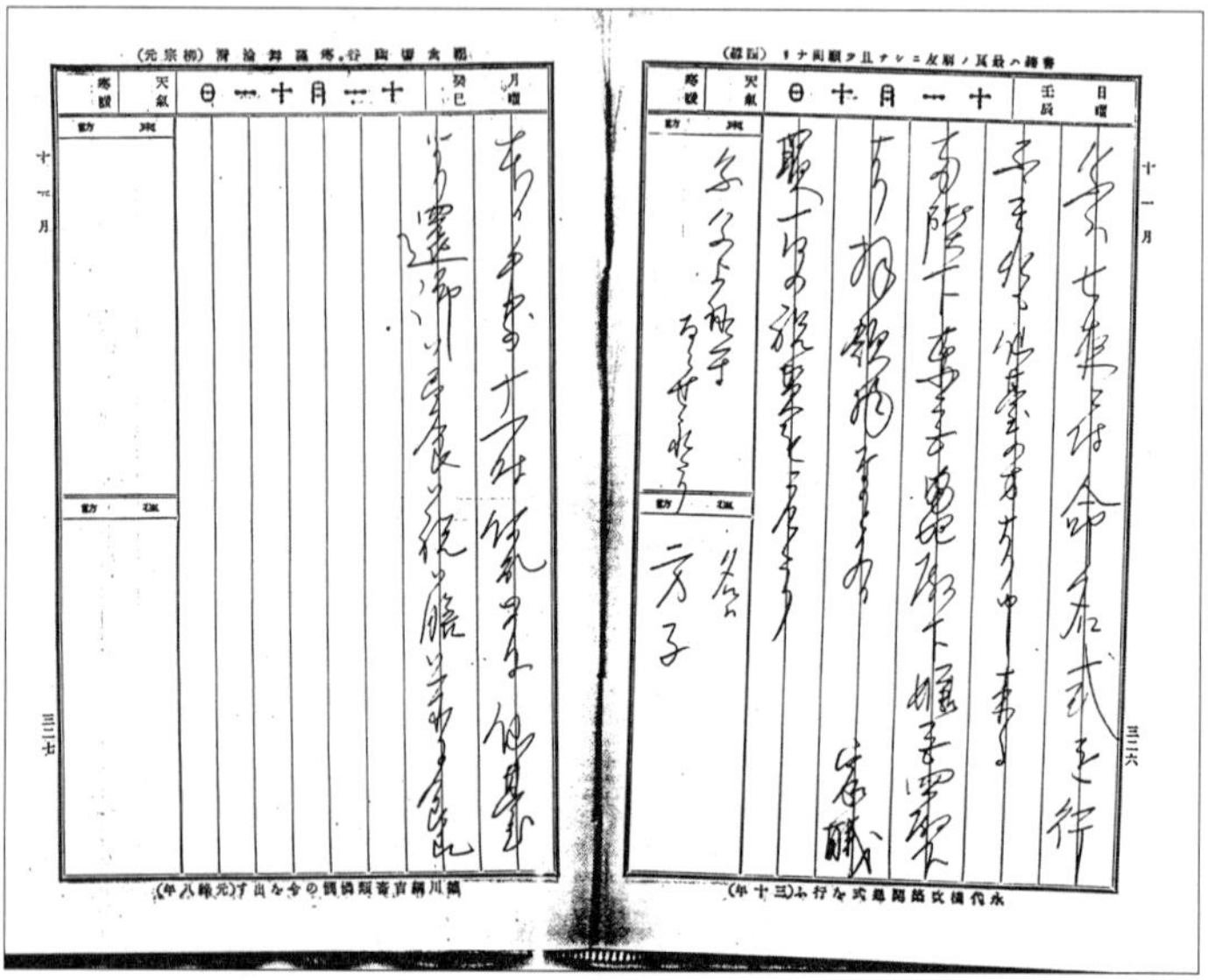

方子の御七夜の命名式の日の母・伊都子の日記記事（右頁）
この日，父・守正は仙台にいた。

蔵より、いつ子のひゐな〔雛〕出す。午後、方子のもかざる」。母娘のひな人形が飾られたのであった。

方子は母乳で育ったが、乳母《うば》もいた。伊都子の手記『九十二年の思ひで』にこうある。

方子誕生。これで母となつて又一つおも荷がふえた。すく〳〵と成長し、しばらくは母乳にて育てる。其内《そのうち》にとてもよい乳母がみつかつた（平塚の百姓の妻）。しばらくきてもらひ、夜《よ》るとか私が外出する時のすけ〔助〕にして、十ヶ月後、無事いなかにかえす。後、時々たづねて来てくれた。

乳母の名は「小林ため」と言った。

方子が生まれた明治三四年（一九〇一）には、近代日本の歴史を象徴するいくつかの出来事が起きている。

二〇世紀のはじまり

そもそも明治三四年という年は二〇世紀最初の年であり、慶應義塾の塾長である福沢諭吉と塾教員、学生約五〇〇名が、前年一二月三一日午後八時より「世紀送迎会」を三田の慶應義塾の大広間ではじめ、「世紀送迎の辞」などを読みあげた。午前零時ごろ、かがり火の焚《た》かれた運動場に会場を移し、二〇世紀の到来と同時に三面の風刺画が燃された。風刺画には「階級制度の弊害」、「蓄妾《ちくしょう》の醜態」などが描かれており、これらは一九世紀の悪習として放逐されたのであった。

周知のように福沢は因襲的な特権階級の存在に否定的であり、とりわけ近代国家の発展に寄与しない非生産的な華族を厳しく批判した。明治一二年（一八七九）二月七日、福沢は華族会館長であった右大臣の岩倉具視《ともみ》に「華族を武辺《ぶへん》に導くの説」を上申し、維新後に公家と武家を統合して新しい身分集団となった華族は、もっと兵事の気風を養い、国家に貢献するよう訴えた。福沢は、華族は名声も資産もあるのだから、軍務につき、軍隊内で特権的に扱い、国家の先頭に立つことが、国家にも華族にも有益であると論じたのである。

福沢は、以後もしばしば華族に関する意見を述べ、「華族の資格如何《いかん》」「華族の資産如何す可《べ》きや」「華族世襲財産法」「旧藩主華族は其旧領地に帰住す可し」「華族の教育」「爵位の用不用」など、華族について多面的に論じている。

福沢は、華族は皇族と連なる高尚な家柄であるから、国民の憧憬《しょうけい》を集める模範となることを求めたのであり、いわゆる「ノブレスオブリージュ」（名誉を重んじたり、慈善を行なったりするなど、高い身分に伴う義務）の考えを説いたのであった。そのため、父祖の功績のみにすがる無能な華族に手厳しかった。

こうした福沢の華族への思い入れと、その注文の多さには、どうも旧藩主出身の慶應義塾生の多くが成績不良であったことにも一因があったらしい。小川原正道『評伝　岡部長職』によれば、明治一〇年（一八七七）以前の『慶應義塾入社帳』には、身分欄に「華族」と記された名前があり、「松平」「榊原」「酒井」「牧野」「井伊」など旧藩主かその子弟の苗字が多いという。ところが、その大半は「不品行不行状」で「成績不振」であったのだ。そうした華族の姿が、福沢の華族観の形成に影響しているのだろうという。

明治初期に、天皇により国民の模範となるべく勉学や留学を奨励された華族たちは、華族の学校たる学習院を設立すべく奔走するが、それ以前に入った慶應義塾において、その無能ぶりを福沢諭吉の前で露呈してしまっていたわけだ。

方子の母・伊都子の実家も旧佐賀鍋島藩主で侯爵家であった。伊都子の父の鍋島直大《なおひろ》は、維新後にイギリスに留学して駐伊特命全権公使などをつとめ、帰国後は鹿鳴館外交を担い、さらには元老院議官、式部長官、宮中顧問官となり、明治天皇と酒席をともにしたりした。鍋島直大侯爵は、福沢が非難する余地もないほど明治国家の創設に貢献するなど、旧藩主出身の武家華族としては開明的存在であった。

特権に安住した華族に対して厳しかった福沢は、二〇世紀を迎えた一カ月後の二月三日、満六六歳で他界する。

愛国婦人会と篤志看護婦人会

方子の生まれた明治三四年（一九〇一）は、日清・日露という明治期日本の二つの大きな対外戦争にはさまれた戦間期であった。日清戦争は明治二七年（一八九四）から同二八年にかけて、日露戦争は明治三七年（一九〇四）から同三八年にかけて中国東北部（旧満州地区）やその周辺地域で展開された。こうした戦間期としての時代的特徴は、方子の生まれた当時の国内政治にも現れていた。たとえば明治三四年二月二四日に軍事援護組織の愛国婦人会が結成されたことなどである。

愛国婦人会は、方子の母方である鍋島家の影響の強い佐賀県唐津《からつ》の、東本願寺派の僧侶の娘・奥村五百子《いおこ》によって創設された。少女時代から熱血的で政治好きであった奥村は、明治三三年（一九〇〇）に皇軍慰問使に加わり、天津や北京などで日本兵たちの悲惨な実情を見て、兵士援護の必要性を訴えた。

当時、中国では列強の侵略に抗して宗教的結社である義和団が乱を起こし、清朝がこれを支持して諸国に宣戦を布告した。このため日本をふくむ八カ国の連合軍が出兵し、義和団を鎮圧したのであった。そして、明治三四年九月七日、列強は清朝と北京議定書を結び、列強の軍隊を中国に駐留させるなどの権利を手にした。いわゆる北清事変である。

奥村はこの義和団と列強の戦いを目の当たりにして、国に命を捧げている日本兵を援護するのが日本婦人のつとめであると痛感し、愛国婦人会を結成したのであった。結成には、近衛篤麿《このえあつまろ》や大山巌《いわお》夫人の捨松《すてまつ》など上流華族の後援があり、初代総裁には皇族の閑院宮妃智恵子《かんいんのみやひちえこ》が就任した。奥村は以後、明治三九年（一九〇六）、病に倒れるまで、全国遊説や傷病兵慰問などに奔走した。

奥村が愛国婦人会を創設したころ、方子の母の伊都子と母方の祖母である栄子《ながこ》は日本赤十字社の篤志看護婦人会の活動をしていた。日本赤十字社は、明治一〇年（一八七七）に西南戦争での傷病者を救護するために設立された博愛社を母体とした。日本赤十字社と改称したのは明治二〇年（一八八七）で、旧佐賀藩士の佐野常民《さのつねたみ》が初代社長となった。

日本赤十字社の初代総代には、皇族の有栖川宮熾仁《ありすがわのみやたるひと》が就き、明治天皇の皇后であった美子《はるこ》（昭憲皇太后《しょうけんこうたいごう》）による財政援助がなされた。また、戦時には、皇族妃たちも繃帯巻《ほうたいまき》や傷病兵慰問をしたりした。

方子の母・伊都子は当時まだ満一八歳であり、梨本宮と婚約中であった明治三三年（一九〇〇）五月四日、伊都子は篤志看護婦人会の活動の一環として病院に出かけ、腕の膿《うみ》を切り取る手術をした人の繃帯巻きかえなどの実地訓練を受けている。参加者は皇族妃や華族女学校卒業生ら四、五〇名であった。七月一日には、伊都子の母・栄子が篤志看護婦人会の総代として、清国に向かう赤十字社の看護婦たちを横浜で見送っている。八月一五日の伊都子の日記欄外には「北京陥落　萬歳々々」と大きく記されている。前日に連合軍が北京を総攻撃して義和団を鎮圧したのである。

梨本宮妃となった伊都子は、翌年以降も篤志看護婦人会活動にいっそう積極的に参加し、赤十字社で交衣換褥法《こういかんじょくほう》（衣服や寝床を替える）を学ぶなどの実地訓練を重ねる。方子を出産する間は欠席したが、出産後は再び参加し、凍死や溺没《できぼつ》などの講義を受け、明治三六年（一九〇三）六月一七日に看護学修業証書を授かった。

方子は母が篤志看護婦として軍事援助訓練を受けているさなかに生まれたのであった。いわば、列強の中国分割という大きな歴史の流れの中で、生を授かったのである。方子の人生も、こうした国家意識や軍事価値の高い時代の影響を受けざるを得なかった。また、愛国婦人会や日本赤十字社が、方子の母方の支配力のおよんだ佐賀県出身者によって創設されたことは、伊都子のみならず、のちの方子にも強い影響を与えたと考えられる。

裕仁親王の誕生

生誕まもない迪宮《みちのみや》
（『皇族・華族古写真帖』より）
この半年ほど後に方子が生まれた。

福沢諭吉が逝って二カ月以上経った明治三四年（一九〇一）四月二九日、皇太子嘉仁《よしひと》と節子《さだこ》妃との間に男子が生まれた。迪宮裕仁《みちのみやひろひと》、のちの昭和天皇である。号外が発され、各地で奉祝祭が催された。裕仁誕生を、「午前十時、東宮妃殿下、御分娩。親王御降誕」と、方子の母・伊都子は日記に記した。

五月五日に親王命名式があり、午前十時、方子の父の守正は青山御所に出かけた。この時に、青山練兵場で一〇一発の祝砲が鳴り、日比谷では花火打上があった。さらに宮中豊明殿《ほうめいでん》で祝酒があり、守正は午後一時に帰宅した。この日の東京市の様

靖国神社を描いた錦絵（『鹿鳴館時代』より）

子を「ことに端午《たんご》の節句に招魂社《しょうこんしゃ》の御祭り、色々まじりて市中大賑《にぎわ》ひなり」と伊都子は書き残している。

招魂社は、明治一二年（一八七九）に靖国神社と改称されていたが、伊都子はそのまま招魂社と呼んでいた。明治初期の招魂社は、維新の犠牲者などを祀る一方で、境内で競馬、相撲、曲芸などが催されるような観光名所でもあった。大鳥居の前には噴水もあった。裕仁親王誕生当時は、六年前に講和を結んだ日清戦争の犠牲者が数度に分けて合祀《ごうし》されていた。伊都子の日記に「招魂社の御祭り」とあるが、この日に第二八回合祀祭が行われ三五柱の合祀がなされている。この年一〇月には拝殿が竣工し、翌明治三五年（一九〇二）五月には牛ヶ淵附属地にパノラマ館である遊就館《ゆうしゅうかん》附属国光館が開館した。

ところで、方子の父母と天皇家との関係は親密であった。父の梨本宮守正は、幕末維新期に孝明《こうめい》天皇の側《そば》にあって政治的に奮闘した久邇宮朝彦《くにのみやあさひこ》の四男である。朝彦は四親王家のひとつである伏見宮邦家《ふしみのみやくにいえ》の四男であり、孝明天皇の信任を得ていた。

朝彦には正室はなく、みな妾腹の子ばかりで、男だけでも九人いた。その多くが明治以後に新たに創設された宮家の当主となり、たとえば、賀陽宮《かやのみや》が二男の邦憲《くにのり》、朝香宮《あさかのみや》が八男の鳩彦《やすひこ》、東久邇宮《ひがしくにのみや》が九男の稔彦《なるひこ》、という具合であった。久邇宮家は三男の邦彦《くによし》が嗣ぐので、九人中五人が宮家当主となったのである。しかも残る四人中三人は早世《そうせい》しており、宮家当主とならなかった兄弟は、伊勢神宮祭主となった多嘉《たか》だけであった。

守正はこうした皇族の一員として、天皇家を支えるのであるが、久邇宮家と天皇家の間には微妙な緊張感があった。初代の朝彦は皇位簒奪《さんだつ》の嫌疑があったばかりでなく、維新後も幕府再興を謀ったと疑われて広島に幽閉されたりするなど、型破りな皇族であった。二代目の邦彦も、長女良子《ながこ》を皇太子妃にするなど皇室との関係を深めるが、良子の色覚疑惑問題をめぐる宮中某重大事件の際に、皇室の長である大正天皇を軽んずる言動があり、皇后節子《さだこ》（貞明皇后《ていめいこうごう》）を立腹させている。さらに、邦彦の子である三代目の朝融《あさあきら》は酒井伯爵の娘菊子と婚約するが、すでに天皇の許しを得ていたにもかかわらず、菊子の「貞操」を疑って強引に破談とするなど横暴なふるまいをみせる（浅見雅男『闘う皇族ある宮家の三代』）。

もっとも、こうした久邇宮家出身の皇族の中にあって、梨本宮守正は比較的穏健な性格で、政治的に奔走することもなく、天皇家からの信望も厚かった。

母方の鍋島侯爵家も、天皇家との交流は深く、明治天皇が永田町に新築した鍋島邸に行幸《ぎょうこう》したりする。鍋島家の日光の別荘に近接して御用邸があり、皇太子時代の大正天皇は鍋島家別荘に遊びに来たりしている。伊都子の日記には新婚早々の皇太子嘉仁が、皇太子妃の節子を御用邸に置いて、しばしば伊都子のところに遊びにきていることが記されている。あげくに、嘉仁は伊都子に愛犬を預けて、世話をするように命じている。そんな嘉仁を伊都子は敬愛していた。

嘉仁は明治三三年（一九〇〇）五月一〇日、伊都子は同年一一月二八日と、半年違いで結婚した。出産もほぼ半年違いで、裕仁は翌年四月二九日、方子は一一月四日に生まれたのであった。

方子は裕仁と、こうして親や祖父の代からの「因縁」があったのだが、その配偶者となることはなかった。

正造、直訴

方子が生まれた明治三四年（一九〇一）の母・伊都子の日記の一二月一〇日には「けふは開院式に付供奉被遊《ぐぶあそばされ》、御出ましになる」とあり、その下欄に「本日、開院式より還幸《かんこう》の途中、聖駕《せいが》に向って、田中正造《しょうぞう》直訴す」とある。いうまでもなく、栃木県選出の国会議員であった田中正造が議員を辞して、足尾銅山の害毒被害の救済を訴えた有名な事件である。守正もその場面に出会っていたのだろう。皇族妃が「田中正造」という一議員の名をわざわざ記したあたりに、正造の知名度と事件の衝撃度がうかがえる。方子が生まれた翌月のことであった。

足尾鉱毒事件は、日本の公害問題のさきがけとしても特筆されるが、当時の日本は工業化を進め、労働問題なども発生しはじめていた。正造直訴の一〇カ月前の二月五日、官営の八幡《やはた》製鉄所が操業を開始し、九月一〇日には鉄工組合などが大日本労働団体連合本部を結成している。

足尾銅山の場合は、政府が、富国強兵策の一環として電気通信材料としての銅生産を進める一方、生産に伴う廃棄物の流出を放置してしまったため、渡良瀬川《わたらせがわ》流域の農業生産と住民環境を破壊する結果となったのである。地元・栃木県選出代議士である田中正造は、こうした事態を黙視しえず、明治二四年（一八九一）第二回帝国議会で農商務大臣の陸奥《むつ》宗光《むねみつ》に問いただした。しかし、陸奥は原因不明を理由に逃げていた。足尾銅山経営者の古河《ふるかわ》市兵衛《いちべえ》の養子となった潤吉は、陸奥の次男でもあった。

その後も国会質問や演説で訴え続ける正造の悲痛な叫びに共感する人びとも増え、鉱毒反対運動は広がり、婦人矯風会《ふじんきょうふうかい》の矢島楫子《やじまかじこ》らは鉱毒地救済婦人会を結成したりした。しかし、被害は消えず、正造は直訴を決意する。直訴状は幸徳秋水《こうとくしゅうすい》に依頼した。幸徳は中江兆民《なかえちょうみん》に師事したジャーナリストであり、社会主義研究会に入り、正造直訴の七カ月前の五月一八日には安部磯雄《いそお》、片山潜《せん》らと社会民主党を結成（二日後に禁止）している。のち、内村鑑三《かんぞう》らと非戦論を唱えて日露戦争開戦に反対し、明治四三年（一九一〇）に大逆事件で逮捕され、絞首刑に処されたことは有名である。田中正造も非戦論者であり、また聖書を読むなどキリスト教にも触れていた。

直訴した正造は取り押さえられ、麹町《こうじまち》署に連行され、すぐに釈放された。狂人扱いされ、直訴の罪は不問にされたのである。

政府はこの後、渡良瀬川流域の谷中《やなか》村を遊水池にして、鉱毒水を溜める方針を打ち出すが、正造は問題のすりかえに憤慨して、谷中村にたてこもり抵抗を続けたのであった。正造は大正二年（一九一三）九月四日、胃癌で七三年の生涯を終える。この時方子は満一一歳であった。

また、方子の生まれた年は、第一回ノーベル賞授賞式があった年でもあった。ノーベル賞は、ダイナマイトの発明などで巨額の富を得たノーベルが、その発明の非を悔い、「世界平和と科学の進歩」を願って遺したものであった。第一回の受賞者はレントゲンら六名であり、国際赤十字社を創設したアンリ・デュナンも平和賞を受賞した。日本が戦争と軍事援護に明けくれている一方で、「世界平和と科学の進歩」への道も開かれはじめていた。

なお、この年に他界した著名人には、前述した福沢諭吉のほかに、中江兆民、中島俊子、李鴻章《イホンチャン》《りこうしょう》らがいる。

中江は自由民権思想家として知られ、ルソーなどの西欧近代思想を紹介した。中江は喉頭癌にかかり、自らの余命を宣言した『一年有半』を執筆して、話題を集めた。死と向かいあう中江の姿に感銘した幸徳秋水が編集を協力した。

中島も自由民権家であるが、元来は京都の呉服商の娘で、文才を認められて、宮中女官となった異色の経歴がある。中島は旧姓は岸田で、宮中の因襲的な世界に嫌気がさして、女性民権家となり、のちに同じ民権家の中島信行の後妻となった。中島信行は板垣退助らと自由党を結成し、第一回帝国議会開設とともに衆議院議長となった政治家で、のちに男爵となる。信行の長男が、斎藤実内閣の商工大臣となり、「尊氏賛美」を攻撃される中島久万吉《くまきち》である。

李鴻章は、清国の官僚で北洋陸海軍を創設するなど政治的軍事的実力者であり、外交問題にも対応し、日清戦争後の下関条約や、義和団事件後の北京議定書などに携わった。

こうした人びとがひとつの時代を築き終えて亡くなった年に、方子の人生がはじまったのである。

2　世界大国への道

方子は、子どものころの梨本宮家の様子を、自伝『流れのままに』に次のように記している。

方子の見た「花電車」

麴町《こうじまち》三番町の家は、高台にあって、下の角の所が久邇宮家（のちに賀陽宮さまお住まいになり、現在は無名戦士の墓地があります）、そのお隣が宮内大臣官邸で、その上に梨本宮家のほか、宮内省の官舎もまわりに数軒ありました。朝ごとにラッパの音を聞いたのは、近くに近衛《このえ》一、二連隊があったからでしょう。お濠端《ほりばた》の道を電車がまわって九段まで行くようになっており、現在の電車線路は、せまい曲がった道路だったとおぼえています。

「あれが、花電車でございますよ」

それを見たのは何歳のころであったか、何のお祝いであったのか、いまも思い出のなかを、幻のように、造花や旗で飾られた花電車が通りすぎて行きます……。

「麴町三番町」は、現在の千代田区鍋割《なべわり》坂周辺である。明治のころは「番町」と称され、当時の伊都子の日記には「一番町」とある。「無名戦士の墓地」とは千鳥ヶ淵《ちどりがふち》戦没者墓苑のこと。現在の北の

3歳の方子
（『流れのままに』より）

丸公園に位置する場所に、近衛歩兵第一旅団司令部があり、近衛歩兵第一連隊と第二連隊の兵営があった。かつては半蔵門から九段坂上にかけて、半蔵堀、千鳥ヶ淵に沿って電車道が通っていた。

方子がもの心つくころの「花電車」であれば、日露戦争の祝勝であったろうか。明治三八年（一九〇五）三月の奉天《ほうてん》占領の祝勝旗行列を方子と見に行ったと、母・伊都子は記している。「奉天占領の祝捷《しゅくしょう》の旗行列など日々あり。方子もみに行き大よろこびであった」とあり、方子は満三歳だった。あるいは、一〇月一二日に英国艦隊歓迎園遊会が催された時だったかもしれない。「日比谷公園にて〔東京〕市の歓迎園遊会。花火其他、様々の余興にて賑々《にぎにぎ》しく、市中至る所、日英の国旗を交叉し、イルミネーションの花電車等にて大《おおい》に賑々し」と、母・伊都子の日記にある。一〇月一六日、母・伊都子は英国公使館の夜会に招待され、九時半から一二時まで立食やカドリール（社交ダンスの一種）を踊ったりして過ごす。この間、方子は梨本宮家の侍女などに世話されていたのだろうから、その時に家の近くを通る「花電車」を抱かれながらながめたのかもしれない。

また、一〇月二四日の伊都子の日記には、上野で東郷平八郎《とうごうへいはちろう》大将らの凱旋《がいせん》祝勝会があり、「〔東京〕全市大々賑ひ。イルミネーション等あまたあり。凱旋門も中々うつくし」とあり、この日、花電車も走ったであろう。

ちなみに、当時の梨本宮家には三〇名ほどの使用人がいたと、方子は回想している。

家の中は、京都からお供してきた飛田《とびた》、竹原の一家や、千代浦《ちようら》といって、昔風の厳しい老女〔女中頭〕がいていっさいをとりしきっていましたから、母も結婚当初は、いろいろつらいこともあったと聞いています。他に侍女、下女、下男など、使用人だけでも三十人近い大家族でした。

この三〇名の中の誰かが、「あれが花電車でございますよ」と幼い方子に教えたのだろう。

この年の一一月四日、方子満四歳の誕生日。伊都子の日記には「袴《はかま》はき初め」「日高《ひだか》〔秩父《ちちぶ》・家令《れい》〕、桜井〔柳子《りゅうこ》・御用取扱〕より相かはらず手遊《てあそび》〔玩具〕数種献上」とある。日本が戦勝で国力を増していく中、周囲の愛情に包まれて育ったのである。

日露戦争の影響

日露戦争は、方子がまだもの心ついていないころに勃発したが、母・伊都子の日記には、方子が戦争の影響を受けていたことを示す記事がいくつかある。父・守正が出征して不在の時の様子を、次のように記している。

だれも教へなくとも、女の子といへども、毎日〳〵兵隊さんの遊びばかり。旗をもって歩いたり、号外屋のまね。少しもしづかな遊びはしないで、号令をかけたり、そんなことばかりする。

方子自身も、戦争の遊びをしたと『流れのままに』で回想する。

私の幼年時代は、ちょうど日露戦争のあとで、いまのようにかわいい童謡もなく、勇壮活発な軍歌と、ひなびた子守唄の両方にとりまかれながら、遊ぶことも、たまにはやさしいままごともしましたが、たいていは軍国調、タンカに職員家族の子どもをのせたり、馬車の車庫でホータイを巻いたりの看護婦ごっこや、旗行列のまねや、ときには棒切れもふりまわす、……

母・伊都子の日記によれば、明治三八年（一九〇五）一〇月二二日、日本海海戦で英雄となった東郷平八郎らが凱旋し、方子は母に連れられて、侍女たちと海軍省の歓迎式に出席している。

けふは東郷大将以下凱旋に付《つき》、午前九時半より海軍省へ行《ゆく》（方子・マス・シュン）。門内の桟敷《さじき》にて、内親王殿下御はじめと御一緒に迎ふ。やがて花火打上、皇祝砲等にて、しづ〳〵と陸軍の儀仗《ぎじょう》兵《へい》を先に、馬車にて通る。萬歳の声ひゞきわたり盛《さかん》なり。

「マス」は梨本宮家老女の林マス、「シュン」は梨本宮家侍女の近藤春である。「内親王」とは、明治天皇の皇女である常宮《つねのみや》昌子、周宮《かねのみや》房子、富美宮允子《ふみのみやのぶこ》、泰宮聡子《やすのみやとしこ》のことである。常宮は明治二一年生まれで当時満一八歳、のちに竹田宮恒久《つねひさ》妃となる。周宮は明治二三年生まれで一六歳、のちに北白川宮成久《なるひさ》妃となる。富美宮は明治二四年生まれで一五歳、のちに朝香宮鳩彦《やすひこ》妃となる。泰宮は明治二九年生まれで一〇歳、のちに東久邇宮稔彦《なるひこ》妃となる。方子は誕生日前なので四歳であった。

前述したように、この翌年の一月に病気療養を終えた父・守正が凱旋し、方子は「日の丸」を振って迎えたのであった。守正の実兄である久邇宮邦彦、義姉である久邇宮妃俔子《ちかこ》はじめ久邇宮家の兄弟姉妹も梨本宮邸で待っており、宮中に参内してから午後三時過ぎに帰邸した守正を迎えている。久邇宮家の人びとはシャンパンと立食で祝って解散した。午後四時、守正は風呂につかり、夕食をすまして八時に就寝する。この時、梨本宮家の「表《おもて》（宮家の公的職務）」で働く人びとは、「表」と「奥《おく》（宮家の私的職務）」との境である「御鍵口《おかぎぐち》」で万歳を三唱したのであった。

守正が凱旋して三カ月後の四月二六日、母の日記によれば、方子は二重橋前に出かけ、大砲など日露戦争の戦利品を見学している。同月三〇日には陸軍凱旋大観兵式《かんぺいしき》があり、守正は乗馬で司令部のある青山練兵場へ出かけ、伊都子も皇族妃として参列し、方子は祖母にあたる原田光枝《はらだみつえ》（守正の生母）とこれを見に行っている。世界の大国であるロシアを破って自信に満ちた時代の雰囲気は、幼少の方子にも伝わっていたろう。

母の渡欧

明治三九年（一九〇六）五月二〇日、母・伊都子が流産し、方子は最初の弟妹を失う。

母の日記には妊娠の告知から流産までの経過が克明に記され、多量の出血のため事前に流産の危機があったことが読みとれる。「頭痛やまず、目あけられず」と、苦痛のさなか、母は筆を執り続けたこともわかる。そして二〇日、「もはや流産せしなり」とあり、日記の日付が黒く塗りつぶされている。

こうしたなか、同年八月一一日に父・守正は留学先のフランスへ戻り、梨本宮家はまた母・伊都子と方子と使用人だけの暮らしとなる。ところが九月六日、伊都子は妊娠を告げられ、男子がなければ廃絶となる宮家ゆえに、当時としての最善の方法をとったらしく、九月二三日の日記にはこうある。

……浜田博士来《きた》り。充分なる消毒をなし、子宮の位置を正位に復し、これを固定する為にペッサリンを用ゆ（器械をはめたり）。少のさわりなく無事すむ。夕、めまひしゐたれども、直《じき》になほる。夕食はおいしく食す（西洋）。こゝ二、三ヶ月は注意、からき物など食《くわ》ぬやう。器械は此《この》まゝ二ヶ月間用ゆる事等。

こうした慎重な対応の結果、一〇月一三日、四カ月の初期と診断される。「大に安心す」と、伊都子は記した。

出産は、明治四〇年（一九〇七）四月二七日。「女子。非常に健全」とある。方子とは五歳違いの妹・規子《のりこ》である。母・伊都子は二六歳。まだ第三子を産める年齢ではあったが、守正が留学中で不在であった。

そうしたころ、極秘に伊都子の渡欧が進められ、九月二一日に田中光顕《みつあき》宮内大臣から洋行内許が出る。「実にうれしい」と伊都子は記している。あるいは転地による男子出産も期待されたのかもしれない。守正が留学を終えるのを機に、伊都子が欧州へ渡り、ともに欧州の王室を訪問し、親善外交を進めるという計画であった。

伊都子は渡欧のために、パリからドレスをとりよせ、フランス語を習い、はては「身長増加器」なるものまで入手した。「四尺九寸八分」、約一五一センチという身長は、欧州でダンスを踊るにはややコンプレックスがあったのかもしれない。海水浴もし、「大かたおよげる様になり、一《ひと》しほおもしろし」とあり、これも船旅の準備であったろうか。

こうして、明治四二年（一九〇九）一月三日、伊都子は多田伯爵夫人の肩書きで渡欧する。「多田」は、守正の幼名である「多田宮《ただのみや》」からとっている。皇族妃としての渡欧だと、皇宮警察側が護衛警官をつけることとなり、伊都子がこれを嫌ったからともいう（梨本伊都子『三代の天皇と私』）。

伊都子は、香港、シンガポール、コロンボ、スエズ運河と通り、見る物触れる物、すべて珍しく、興奮の筆致で日記に書き連ねている。到着したパリでは、最先端のファッションの美しさに驚き、「日本で作ってきたものなど、そばにもよりつかれず」と記した。

その後、守正とスペイン、モナコ、イタリア、ロシア、ドイツ、イギリスなどを訪問する。イタリアでは自分の生まれ故郷を訪ね（伊都子はローマ生まれ）、ロシアではニコライ二世に会い、皇太子時代に大津事件で受けた額の傷を見て「ハッ」としている。

帰国は、シベリア鉄道でハルビンに至った。二〇三高地などの日露戦跡を見学し、韓国で純宗《スンジョン》《じゅんそう》皇帝に謁見。謁見後、勲章をもらい、昌徳宮《チャンドックン》《しょうとくきゅう》内の庭苑である秘苑《ピウォン》《ひえん》を見学する。のちに方子が晩年を過ごす楽善斎《ナクソンジェ》《らくぜんさい》のある場所である。「韓国としてはあまり外国のお客もすくなく、ことに日本の皇族はあまりお出《いで》なく、とても御叮寧《ていねい》であった」と、伊都子は記している。純宗は梨本宮の来訪を歓迎したのであった。

ちなみに、純宗の弟が、当時、伊藤博文によって日本に留学させられていた韓国皇太子の李垠《イウン》《りぎん》である。のちに方子の夫となるが、この時は、まだ満一二歳であった。

伊都子夫妻が韓国の京城（ソウル）を出発したのが、七月二四日。下関に着いて、鉄路で新橋に到着したのは二九日であった。方子や伏見宮をはじめとする皇族、伊都子の父母である鍋島直大と栄子らが迎えにきていた。伊都子にとっては約半年ぶりの帰邸であった。その間、方子と規子は、小児科の医師と侍女石井ヤスらが世話をしていた。伊都子は、方子と規子に欧州土産のドレスを着せて、家族四人の写真を撮った（口絵二頁上参照）。方子が父・守正と会ったのは三年ぶりであり、八歳になっていた。初対面の規子はすでに三歳であった。

八月一一日、帰国した守正と伊都子は葉山御用邸に出かけた。「三皇孫［裕仁、雍仁《やすひと》、宣仁《のぶひと》］殿下の御機嫌御伺ひ拝謁をなし、此度持帰りたる軍艦［玩具］を献上せしに大へんをよろこび被遊《あそばされ》たり」と、伊都子の日記にある。そして、同月一四日に、守正、伊都子、方子、規子、光枝と使用人たちとで日光に出かけ、避暑中の皇太子嘉仁（のちの大正天皇）に挨拶などをした。

梨本宮夫妻が帰国して三カ月後、ハルビン駅頭で伊藤博文が安重根《アンジュングン》《あんじゅうこん》に射殺された。その翌年八月二九日、日本は韓国を併合する。

幼い方子の暮らし

学習院女子部に入学する前、明治四〇年（一九〇七）前後の方子の暮らしは、どんなものであったろうか。方子の回想では、年に二回ぐらい皇族の家族会が芝離宮や浜離宮であった。伏見宮、有栖川宮、小松宮、閑院宮などの「主な宮さま方のお顔を、かすかにおぼえています」と書いている。幼い方子は余興が目当てで、太神楽《だいかぐら》、手品、皿まわし、紙切り細工、シンコ細工などを「おどろきの目をみはって」、時のたつのも忘れていたという。

また、前田家の日光の別荘で過ごし、日光御用邸で静養していた嘉仁皇太子などと散歩の途中で会ったりしている。方子と同年の裕仁親王といっしょにおやつをもらったりした。

明治三九年から同四〇年にかけての母・伊都子の日記には、食べ物の贈答記録があり、当時の皇族の食生活の一端がのぞける。養鶏場や冷蔵庫のないころの卵は滋養のための貴重品であり、「卵折をやる」、「百個入卵一箱持参」などとある。日持ちのしない卵を一度に「百個」もあつかったのは、使用人の数が多かったからである。

卵のほかにも、現在でも珍しい品々が記されている。「御所より御猟場の兎《うさぎ》のみそ漬御拝領」、「ますのかす漬」、「青山のいちご二箱」、「ブドー酒一ダース」、「松平家より越前のカニ」、「鴨二羽献上」、「鶴一羽」などとあり、そのいくつかは幼い方子も口にしたに違いない。

青山とは、当時の梨本宮家の別邸で果樹園があった場所であり、のちに梨本宮家の本邸となる。松平は旧越前福井藩主の松平侯爵家であり、先代の後妻である幾子《いくこ》は、伊都子の叔母（実母・栄子の妹）であった。鶴は梨本宮家家令の日高秩父《ひだかちちぶ》が韓国土産に持ち帰ったものであり、当時は包丁はじめなどに用いられ、食べると美味であったという。

明治四二年（一九〇九）から同四五年にかけての伊都子の行事や遊びなどを見ると、「招魂社の祭に行く、ゆるりと曲馬など見物」、「日本花火大会の夜の部、別館よりみゆる故、皆にて見物す」、「活動写真。消防出初式・羽後国男鹿半島・運動好の婦人・印度コロンボ行」、「天賞堂より蓄音機の板とりよせ、ためしてみる」などとあり、これらに方子も関わっていたであろう。もはやレコード自体が死語となってしまったが、それを「蓄音機の板」と呼んでいたのもおもしろい。

また、方子は家では侍女たちと「活人画」をして遊んだりしていた。「活人画」とは、歴史上の人物などに扮して、相応の背景の前で動かずにいるものであり、明治四四年三月二一日に、方子は梨本家御用取扱の東貞子《ひがしさだこ》らと余興をなし、家族や使用人たちと楽しんでいる。三月九日が父・守正の誕生日であり、その祝いであった。

方子・さだ等にて活人画をして御らんに入《いれ》、中々好評にておわる。番組、左のごとし。一、紫式部。二、太田道灌。三、こごう局。四、神功皇后。五、橋弁慶。

「こごう局」とは高倉天皇に寵愛されたが、平清盛に疎まれて尼にされた小督局《こごうのつぼね》で、その悲話は能や山田流箏曲《そうきょく》などでもとりあげられており、当時の人びとにはよく知られた歴史上の女性であった。翌明治四五年四月五日にも、一月遅れの守正の誕生祝い余興に、方子は規子らと活人画や仮装行列をする。

方子・規子にて余興を催し、活人画（春日の局・竹千代君御遊びの場・北条時頼呼びもどしの場・神功皇后）をなし終る。午後七時より、又、奥《おく》一同の仮装行列。方子、琴平参りの田舎者。千代うら、書生。スマ、権兵衛のたねまき。松、潮くみ。玉、常磐御前。タカ・小林幸子・千代、こむ僧。キク、牛若丸。カツ、弁慶。サダ、てこ舞。

「奥」とは梨本宮家の私的生活を世話する人びとのことである。方子が自伝に「厳しい老女」と記した女中頭の千代浦も、喜々として参加していたようだ。東貞子は氏子の娘や芸妓などが、男装して神輿《みこし》の先払いなどをする「手古舞《てこまい》」になっている。方子は、こうした侍女たちと一緒になって遊んだのである。

ほかの皇族家が催し物をすることもあり、方子は呼ばれて遊んだりした。明治四五年四月二一日には、華頂宮《かちょうのみや》主催の潮干狩りがあり、品川の万清《まんせい》に集まってから舟で羽根田沖に出て、「終日《ひねもす》非常なる愉快な清遊」をなして、方子は午後六時二〇分ごろ帰邸した。「得《え》ものも多く」とあり、方子の楽しそうな様子がわかる。

ところで、三越を呼びつけて紋付染を命じたり、高島屋で屏風を買ったり、御木本《みきもと》真珠店や服部時計店に指輪や時計を持参させて買い上げたりする資産家の梨本宮家の暮らしとはいえ、時代の制約はあり、天候や寒暖などへの備えは充分ではなかった。「寒く、火鉢を入る」、「暴風にて土砂を吹上、家も外もざら〳〵なり」、「あまりてり〔照〕つゞきのため井戸水でず、風車もまわらず。それがため入浴やめ」などとある。

また、ハレー彗星《すいせい》接近やタイタニック号沈没などの事件もあり、その騒ぎは方子の心にも記憶されていたかもしれない。母・伊都子はそれぞれの事件を次のように書き残している。明治四三年（一九一〇）五月一九日、「今日はハレー彗星、太陽面を通過するとの事なれども、何の異変なし」。明治四五年（一九一二）四月一八日、「新聞にてみれば、英国汽船タイタニック号、大西洋上にて氷山にぶつかり沈没せしよしにて一五百人ほど死したるよし。右に付、今夜の英大使館の夜もやめになりたり」。盛装で出かける予定があった母が、突然の事件で中止になり、家にいたことを、方子は覚えていたろうか。

3　学習院女学部時代

入学のころ

方子が学習院女学部小学科に入学したのは、明治四一年（一九〇八）四月一一日の土曜日であった。母・伊都子のこの日の日記に「方子、本日午前九時過より学習院女子《ママ》部へ入学、家令付《つき》そひ、いろ〳〵今後の事云《いい》わたしあり。正午過帰る。筒袖の衣服に袴すべて綿服」とある。

方子は「かえりみると、私がもっとも幸福だったのは学習院時代である」（『歳月よ王朝よ』）と回顧している。『女子学習院五十年史』（一九三五年）には、方子についてこうある。「［李王］妃殿下は梨本宮守正王殿下の第一王女にましまして、明治四十一年学習院女学部小学科第一年級御入学、大正三年小学科御卒業、同八年女子学習院中学科を御卒業あらせらる」。学習院女学部は、方子が中学科を卒業する前年の大正七年（一九一八）九月五日に女子学習院となっている。

　方子が学習院女学部小学科に入学したのは、母の伊都子が欧州旅行の準備中のころで、母のそばで「メルシーマダム」、「ボンジュールムシュー」などのかたことのフランス語を覚えたのが「うれしかった」と方子は『流れのままに』に書いている。

7歳の方子
（『流れのままに』より）

　明治四十一年春のそのころ、母はフランス滞在中（ルアン連隊勤務）の父を迎えに行くことになっていて、毎週、フランス語の会話を佐藤ソフィ夫人（夫君は日本の陸軍将校）について勉強していたので、ときどきおやつをお相伴《しょうばん》しながら、単語や簡単なことばをいくつかおぼえたのです。

　方子が入学した年の一一月七日、方子は昼に学校から帰ると、お付きの者と車で浅草に出かけ、五時過ぎまで花やしきで遊んでいる。「あやつり人形、山うづらの芸、活動写真等見物したよし」と伊都子は日記に記している。しかし、疲れからか夜に発熱した。来診した医者は「気管支あしくよし二三日用心すべし」と述べ、方子は一一日まで学校を休んだ。一二日、伊都子のもとに学習院から創立二二回記念の「温習会〔学芸会〕」出席の書面が届く。保証人父兄はすべて参加するとのことで、伊都子も出席の返事を出した。もっとも伊都子は父母としてのみならず、妃殿下として臨席する立場であった。「各生徒の色々芸等、其他各般の生徒製作品を見て」帰ったとある。方子もそんな母が誇らしかったでろう。

ところが、方子は一二月になると風邪を引いて、また熱を出して医者を呼ぶ。「朝、方子少々頭痛するよしなり」「方子昨日又少々熱」「方子いまだ熱とれず」「方子やはり熱下がらず耳の下いたみて」。伊都子は「しかし大した事なし」としながらも日々の心配を綴っていた。その間、伊都子はフランスに手紙を出したりして、欧州行きの準備も進めていたのであった。病床にありながら、方子はそんな気丈な母の背を眺めていたのだろう。

李垠の来日

方子の夫となる李垠《イウン りぎん》が留学の名目で伊藤博文に連れられて日本に到着したのは明治四〇年(一九〇七)一二月一五日であった。李垠は満一〇歳であった。方子も満六歳になったばかりで、李垠との面識はまだなかった。

李垠来日の日、新橋駅には、皇太子嘉仁《よしひと》、有栖川宮威仁《ありすがわのみやたけひと》、閑院宮載仁《かんいんのみやことひと》はじめ、「皇族ならびに元老大官、朝野の名士、貴夫人一千余名」が出迎えた。「幼顔の韓太子〔李垠〕が伊藤公にお手をひかれ、韓国歩兵参尉〔韓国軍人の階級で日本陸軍の少尉にあたる〕の軍服に勲一等旭日桐花大綬章を帯び、プラットホームを歩まれるお姿を見て、場内寂として声なく、ご父母の膝下を離れられたお心を察して、そっと涙を流した女性も少なくなかったということである」と、『英親王李垠伝』は伝える。

梨本宮妃伊都子も出迎えた一人であり、方子の『流れのままに』では、伊都子は李垠を「おかわいらしいと思ってお見受けした」とある。この時、伊都子ははじめて李垠を見たのであった。方子は、「その日、両親が、垠殿下について話しあっておいでなのを、かたわらで聞いていたかもしれないのに、まだ［かぞえ］七歳の私には何の記憶もなく、無心にマリつきでもしていたのではないでしょうか」と綴っている。もっとも、伊都子の日記にも李垠のことは何も書いていない。毎日、十数行は出来事を記す伊都子だが、一二月一五日は空欄である。このころ、伊都子は実妹の茂子と旧越後長岡藩主であった牧野忠篤子爵との縁組（ともに再婚）の準備に追われていたのであった。一六日の伊都子の日記によれば、「非常にさむく雪模様、夕あられ降」とあり、来日早々の少年・李垠の胸中はいかなるものであったろうか。

実は、李垠が来日する二カ月前に、皇太子嘉仁は韓国に行啓し、昌徳宮《チャンドックン》《しょうとくきゅう》で李垠と会っている。一○月一○日の伊都子の日記にも「けふは東宮《とうぐう》殿下韓国へ御出発」とある。この時は、有栖川宮威仁、伊藤博文、東郷平八郎、桂太郎ら日本側要人のみならず、のちに朝鮮貴族となる李完用《イワニョン》《りかんよう》ら親日的な韓国重鎮らも同席していた。嘉仁が記念の写真を撮ろうと言いだし、有栖川宮の持っていたカメラを幼い李垠に見せたりしている。嘉仁は李垠に親愛の情を示し、李垠来日後には、韓国語の学習に熱意を見せる。原武史『大正天皇』は、武田勝蔵「大行《たいこう》天皇と威仁親王」や黒田長敬《ながあつ》「不思議な御諚《ごじょう》それは

李垠来日前に韓国を訪問した皇太子嘉仁
（『皇族・華族古写真帖』より）
前列左から，嘉仁，李垠，有栖川宮威仁，伊藤博文。

朝鮮語」を引用しながら、こう記している。

嘉仁は翻訳官に対して、「度々韓太子《かんたいし》［李垠］に会ふから少し朝鮮語を稽古して見たいが、何《な》にか本はあるまいか、あれば侍従まで届けて貰《も》らい度《た》い」と漏らしていたほか、李垠に会うたびに「けふの話の文句を朝鮮の諺文《おんもん》［ハングル］で書いて、それに発音と訳文を附けて差出す様に」と命じていたという。

嘉仁は天皇になってからも、韓国語の学習を続けたばかりか、侍従に時々韓国語を話していたようだ。侍従の黒田長敬《ながあつ》は、大正天皇の死去直後に「ある時の事である。何か奉答したら御笑《おんえみ》をうかべられながら妙なお言葉を賜はつた。変だと思つて考へてゐるとそれは朝鮮語であつたのでハッと恐懼《きょうく》した」と述べている。

韓国併合当時の方子

まだ方子との婚約が決まっていないころの李垠が梨本宮邸を訪れた記事が、伊都子の日記にはある。明治四二年（一九〇九）九月一四日のことで、「午後二時四十分ごろ、韓国皇太子殿下〔李垠〕、当邸へならせらる。暫時《ざんじ》、御話など遊ばし、三時十五分ごろ還御相成《かんぎょあいなり》たり」とある。

また、名古屋の歩兵第六連隊長であった守正が、李垠を出迎えた記事もある。明治四三年（一九一〇）五月八日、「午後四時十三分発名古屋着にて、韓国皇太子殿下御着《おつき》に付、宮様、停車場迄、御迎にならせらる。又、午後六時、右皇太子より御案内にて、名古屋ホテルにならせられ、御会食。八時過、還御」。

韓国併合に関する日韓条約が公布されるのは、守正が名古屋で李垠を迎えた三カ月後の八月二九日である。李垠は満一二歳、方子はまだ八歳であった。伊都子の日記には、大人たちに交じって「合併」を祝う方子の姿が書き残されている。

本日、日韓合併発表せられたり。夜は提灯行列あり。家にても方子はじめ提灯行列をなし、祝ふ。

この当時、伊都子は守正と名古屋離宮（名古屋城）に部屋を借りており、方子は妹・規子とともに番町の梨本宮邸にいた。伊都子は、自伝『三代の天皇と私』の中で当時の生活をこう回想する。

〔明治〕四十三年正月を東京で過ごした宮様ともども、私は名古屋に行って見て驚いてしまいました。離宮というのは広々としたお部屋ばかり、風が吹き通って猛烈に寒い。夏だけ利用する建物ではないだろうか。火の用心が煩《わずらわし》いので暖房は火鉢だけ、電気はなく蠟燭の灯で暮らすというのですから、御所と同じこと、昔に戻ったようでした。
宮様は軍人として育って来ましたから我慢できるのでしょうが、この寒さと不便さにはどうにも辛棒《ママ》ができません。私よりも侍女たちが悲鳴を上げていました。あまりの寒さに震え上り、風邪を引いてしまう。そこで月に一、二度は子供のために東京に帰って来るという二重生活が続いたのです。〔中略〕
子供たちは東京に残してありますから、月の前半は東京、後半は名古屋というように、行ったり来たりの生活が続きましたから、学校の休みが待ち遠しいものです。休みに入ると娘たちを名古屋に連れて行き、伊勢神宮や伊勢・志摩見物を楽しむのでした。

こうした生活のため、当時の梨本宮邸は主が不在のことが多く、そのことを知ってか、盗難事件が起きた。明治四三年（一九一〇）六月一四日、名古屋の伊都子へ電報が届く。「サクヤ　ゴテンニ　トウナンアリ　タシヨウノ　ソンガイアルミコミ　イサイハ　ユウビン　ゴンジヨウアリタシ　カレイ」（昨夜、御殿に盗難あり。多少の損害ある見込み。委細は郵便言上ありたし。家令）という内容であった。伊都子は「実に、おどろきたり」と日記に記している。翌日の日記には、「居間にどろぼう入り、いつ子の黒ぬり小簞笥《こだんす》をあけ、中の金属製のものを十五種ほど、とりたるよし」とあり、貴金属類が盗まれたようだ。主が留守で警備も手薄であったのだろうか。それにしても方子は心細い気持ちであったろう。

同年一一月四日、方子の誕生日。伊都子の日記にこうある。

晴なれども俄《にわか》に風つめたくなりたり。けふは方子第十回誕生日に付、午後三時、家職員一同祝賀を受く。夜食後、一同思ひ〳〵の化粧行列をなし大々にぎわひなりき。

まだ、かぞえ一〇歳（満九歳）の幼い子どもであった。

「もはや小児科のみるとしにてあらざる」

日韓併合のあった明治四三年（一九一〇）の晩秋、青山に梨本宮邸が新築される。宮内省用地で果樹園となっていた現在の渋谷区宮益坂《みやますざか》の北側に位置する二万坪ほどの敷地内に、七〇〇坪の御殿を建築したのであった。当時の額で五〇万円という。「京都御所のような堂々たる建物でした。御殿の御書院の間は公式の場であり、これに一間幅の廊下がお居間にまで続いております。職員たちの官舎が二十棟あまり並び、お庭も美しく整備されました。立派な御殿はできあがったのですが、宮様は名古屋の連隊長でしたから、参内の時ぐらいしか新居にお泊りにはなれませんでした」と、『三代の天皇と私』にある。

方子もこの青山の新居に移転するのだが、方子はかつての番町の家に自分との因縁を感じていた。

というのは、番町の家は、かつて朝鮮国駐在特命全権公使として朝鮮における日本の勢力奪還を狙って「乙未《ウルミ》《いつび》の変」を指揮した三浦梧楼《ごろう》が建てたものであったからだ。「乙未の変」は、閔妃《ミンビ》《びんひ》暗殺事件とも呼ばれ、明治二八年（一八九五）一〇月七日夜から八日未明にかけて、三浦を首謀者とする暗殺集団が朝鮮国皇后の閔妃を景福宮《キョンボックン》《けいふくきゅう》で殺害し、遺体を焼却した事件である。その背景には、朝鮮国内の清国を宗主国として反日政策をとった閔妃ら事大党と、日本と結託しようとした独立党との勢力争いがあったが、三浦らはこうした情勢に介入して、閔妃ら事大党を一掃しようとしたのであった。殺害された閔妃は、李朝第二六代高宗《コジョン》《こうそう》の妃であり、つまりは方子の夫となる李垠の父の妃（生母ではない）なのである。系図上では、結婚した後の方子の義母にあたるわけである。

番町の家は、「玄関や客間のある洋館から、日本間の居間のほうへ、むやみに長い長い廊下ばかり」あり、三浦から宮内省が買って、梨本宮邸となっていたのであった。

ちなみに三浦は、長州萩《はぎ》の出身で奇兵隊に入り、戊辰《ぼしん》戦争にも参加し、維新後は陸軍軍人として西南戦争などにも出征した。しかし、薩長閥中心の陸軍改革を主張して山県有朋《やまがたありとも》や薩派と対立して陸軍を追われて学習院長となった。その後、子爵となり、朝鮮国駐在特命全権公使となったのであった。三浦は閔妃事件について日本で裁かれたが無罪となり、後に枢密顧問官となるなど政界の裏面で奔走した。

さて、梨本宮邸が青山に移り、明治も終わったころ、方子に身体的な変化が現れた。大正二年（一九一三）四月一六日、名古屋の伊都子に、東京の侍女から手紙が届く。「方子事、昨日より経水出《い》で、一人前の女となりたるよしなれども、別に気分其他、何ともなきよしなり。／赤の御飯に、おなます、かますのおやきものをするやう、申《もうし》てつかわしたり」と、伊都子は日記に認《したた》め、この記事の上欄に二重丸をつけて喜びを示した。とはいえ、方子はまだ満一一歳であった。

方子が医学的に「もはや子どもではない」と診断されるのは、三年後の大正五年（一九一六）六月二八日であった。伊都子の日記には、「三時半、三輪博士来《きた》りて方子をみて、かっけ［脚気］なれども、大したる事なし。しかし、方子はもはや小児科のみるとしにてあらざる故、内科の医者にみせるやうとの事」とある。翌二九日には「午後二時、村地、三輪両博士ともに方子を診察して格別の事はなけれども、とにかく土地をかへた方よろしからんとの事にて宇都宮へつれて行事《いくこと》に取《とり》きめたり」とあり、三〇日に伊都子は方子を渋谷から宇都宮へ連れて行く。その後、伊都子は村地から伝えられた方子の容体を松浦病院長に話し、治療を続けた。そして、七月一四日「松浦病院長来診、もはや全快といふてもよしなれども用心のため薬のみさし上《あげ》て置くとの事」と伊都子の日記にある。波多野敬直《はたのよしなお》宮内大臣から伊都子に方子の縁談が告げられるのは、その一〇日ほど後である。

方子の病状は不明だが、大正五年一月から七月までの日記を記したノートブックの六月のあたりに岩崎直子の新著『安産のしるべ』の広告が挟んである。岩崎は宮中での出産に関わった産婆であり、「著者は畏《かしこ》くも十数年来竹《たけ》の園生《そのう》［皇族］の御用を奉仕」とあり、こうした紙片を残しておいた伊都子の意図はなんであったのだろうか。

4 皇太子妃候補

ところで、方子が入学した明治四一年（一九〇八）当時の学習院女学部ではどのような教育をしていたのだろうか。

「金剛石」と乃木希典院長の教育

学習院女学部の前身は、学習院女子部と華族女学校である。明治九年（一八七六）に設立された華族学校は女子の入学を認めており、同校が翌年に校号を学習院とした際に学習院女子部となった。その後、学習院女子部は明治一八年（一八八五）に廃止され、男女別学となり、華族女学校として独立する。華族女学校は同年一一月一三日に四谷仲町に開校され、この日、皇后美子《はるこ》（昭憲皇太后《しょうけんこうたいごう》）の行啓があった。

華族女学校は上流女子の良妻賢母教育機関として期待され、皇后美子はしばしば行啓し、「金剛石《こんごうせき》」、「水は器」などの歌詞を下したりした。「金剛石」は、「金剛石もみがかずば　珠のひかりはそはざらむ　人もまなびてのちにこそ　まことの徳はあらはるれ」と、女子の不断の修養の大切さを説いたものであった。また「水と器」は、「水はうつはにしたがひて　そのさまざまになりぬなり」として、交友相手をよく選びなさいというものであった。これらの歌詞に旋律がつけられ、華族女学校で斉唱されたのである。さらに、これらの歌は、華族女学校のみならず、良妻賢母を校是とする全国の女学校で採用され、石碑なども建てられた。

乃木希典学習院長
（『女子学習院五十年史』より）

明治三九年（一九〇六）四月一一日、華族女学校は学習院に併合され、学習院女学部となる。学習院長は物理学者でありながら『山陵の研究』を著した京都帝国大学教授の山口鋭之助《えいのすけ》であったが、翌年、日露戦争の「英雄」乃木希典《のぎまれすけ》陸軍大将に代わる。方子と同年に生まれた裕仁の教育を担うためであった。

乃木院長は裕仁の教育について教職員に、「御健康を第一と心得べきこと」、「御宜《およろ》しからぬ御行状と拝し奉る時は、これを御矯正申し上げるに御遠慮あるまじきこと」、「御成績につきては、御斟酌《しんしゃく》然るべからざること」、「御幼少より御勤勉の御習慣をつけ奉るべきこと」、「なるべく御質素に御育て申し上ぐべきこと」、「将来、陸海の軍務につかせらるべきにつき、その御指導に注意すること」の六項を通達した。

当然、裕仁とともに学習院に学ぶ者たちは、こうした雰囲気を共有した。また、将来の皇后となるべき女性も、皇族か上流華族家から選ばれるという当時の慣行に従えば、裕仁と同じころに学習院に在学した者に限定され、方子ら女子への教育もかなりの緊張をはらんだ。方子は乃木院長の教育について、『流れのままに』でこう回想している。

そのころの学習院長は、日露戦争のとき第三軍司令

学習院女学部中学科時代の方子
（『流れのままに』より）

官として旅順《リューシュン》《りょじゅん》を攻撃、非常な苦戦の末にこれを占領されたことで有名な乃木希典大将でしたから、質実剛健をむねとする院長の厳しい訓育のもとに、万事が質素でした。リボンも大きいのは許されず、着物も銘仙《めいせん》の矢絣《やがすり》か地味なものに限られていました。

『女子学習院五十年史』によれば、乃木院長の「女学部への出勤は極めて稀」で、「直接訓示を与ふる機会も自《おのずか》ら少かり」とある。その少ない訓示のなかで、乃木がいつも強調したのは「質素」であった。

明治四一年（一九〇八）一〇月七日、乃木は上級学年生に対して「質素」に関する訓示をし、「質素の徳は啻《ただ》に女子のみならず、人として国として最も必要」、「質素とは価の多少によりて決せらるべきものにはあらず」、「質素とは金銭上のみの事にあらず」、「質素を守るの心は節義を重んじ、不義を顧みざるの徳操なり」、「他人の衣服・飲食その他の所有品を羨《うらや》み欲するの情は、これ人を悪へ導き陥る、第一歩なり」と述べた。そして、「他人の所有品に着目せんとならば、その人の心掛・徳操・礼節の正しさなどを見て、これを学ばんと念ぜよ」と説いた。日本の特権的上流女子の集団に向かって、他人の所有品を「羨み欲するの情」を諫《いさ》めていた乃木の心情はいかなるものであったろうか。

明治四三年（一九一〇）五月九日にも、「質素」について訓示している。この訓示で、乃木は、「華族上流の家庭は常に華美なる生活に慣れ、質素なる生活をなすは一見困難の如《ごと》く見ゆれども」、「質素なるを恥づるが如き輩《やから》も時には見受けらる」、「人の行に表裏あるは最も賤《いや》しむべき」と述べており、なかには華美に流れ、表裏のある女子もいたのであろう。

乃木は一方で、「祖先より伝へられたる家風あり。質素を誤解するのあまりその正しき家風をすて、平民的又は社会的なりとてわざ〳〵下流社会の野鄙《やひ》なる風を真似るものあるは、大なる心得違《こころえちがい》」とも語り、「上流女子たる心得」の説明に腐心している。方子はこうした乃木の訓示を何度か聞かされたわけである。

なお、乃木は女学部に出勤すると必ず運動場に出て、「学生の運動などを仔細に観察し、常に機宜《きぎ》の注意」を与えていたという。未来の皇后候補たちへの誠心誠意の「奉公」だったのだろう。

同級生たち

方子が在籍していたころの学習院女学部は、麹町区永田町にあり、三宅坂上の閑院宮《かんいんのみや》邸の隣に位置していた。方子は、「お供《とも》」と徒歩で通学し、雨の日は「丸いまんじゅう笠をかぶり、ももひきにハッピの車夫」の人力車で勢いよく走っていった。赤坂見附《みつけ》から英国大使館前を通って濠端《ほりばた》へつながる電車も走ってはいたが、乗せてもらえなかった。

通学に付き添ってくる「お供」のために、学校に「供待部屋《ともまち》」があり、裁縫などしながら待っていた。休み時間には、髪をなおしてもらいに行ったり、下校時には着物の乱れを整えてもらったりした。「供待部屋」は皇族用と華族用とあり、方子は皇族用の部屋で良子と一緒になることもあったろう。

方子の同級生で李垠妃候補ともなった山階宮安子
（『女子学習院五十年史』より）

方子は、在学中にともに在籍していた皇族家の女子の思い出として以下のことを『流れのままに』に記している。

お正月、天長節、紀元節といった定まった学校の式があるときは、皇族は前列に並び、小さい椅子がクラスの順に置かれて、中等科《ママ》の伏見さま、閑院さま、それから初等科《ママ》の山階宮安子さまと私は同級生で、久邇宮良子女王さまはつぎのクラス、そしてお妹さまの信子さま、智子《さとこ》さまと、小さい椅子がつづいていました。

「中等科《ママ》の伏見さま」とは、明治四四年（一九一一）に中学科に進んだ伏見宮博恭《ひろやす》の長女恭子《やすこ》、「閑院さま」は方子の記憶違いであろうか、該当する女子はいない。年齢的に想定できる、閑院宮恭子《ゆきこ》、茂子《しげこ》、季子《すえこ》の三姉妹が揃って明治三五年に華族女学校幼稚園に入園しているが、皆、明治三六年と三七年には退園している。おそらく北白川宮拡子《ひろこ》ではなかろうか。拡子は大正二年（一九一三）三月に中学科を卒業して、のちに二荒芳徳《ふたらよしのり》伯爵夫人となっている。

同級生は、山階宮菊麿《やましなのみやきくまろ》の長女安子《やすこ》で、大正三年に小学科を、同七年に中学科を卒業し、浅野長勲《ながこと》侯爵の孫である長武《ながたけ》の後妻になっている。長武の先妻は方子の先輩であった前述の伏見宮恭子《やすこ》（義母が同じ字の恭子《きょうこ》のため結婚後に寧子《やすこ》と改名）であったが、大正八年一月一六日に他界したのであった。長武と安子は一六歳の年の差があった。のちに長武は侯爵を嗣《つ》ぎ、安子は侯爵夫人となる。長武の長男長愛《ながちか》は戦後の学習院中等科・高等科長をつとめる。山階鳥類研究所理事長であった山階芳麿《よしまろ》侯爵は、安子の一つ上の実兄である。

ところで、方子の入学当時は、学習院女学部において皇族と一般学生との待遇差別については特に明記されてはいなかった。しかし、明文化されずともおのずから差異があった。方子が回想するように、皇族用と華族用に別れていた「供待部屋」があったこと、定まった学校の式の時には皇族が前列に並んだことなどは、そうした例であろう。方子卒業後に、「御附添《つきそい》ある場合は特に一室を配す」「御不浄場を特配す」「御呼び申すとき御一方《ひとかた》の時は宮様、御二方《ふたかた》以上御一緒の時は何（御名）宮様と申す」「卒業式・記念日祝賀式等に行啓《ぎょうけい》あらせらる、場合には御成績品を特に台覧に供し一般の成績品陳列には御加へせず」などが内規として明文化されるが、多くは方子在籍当時から不文律の慣行としてあったものであろう。方子をはじめとする皇族子女は特権的な学習院女学部内でもさらに特権的な位置にいたのである。

「恋のライバル」

学習院女学部時代の方子の「ひとつ下のクラス」にいたのが、のちに裕仁と結婚する久邇宮良子《ながこ》（のちの香淳《こうじゅん》皇后）である。

「久邇宮良子女王さまは、ひとつ下のクラスにおいであそばして、通学の道もおなじでしたからよ

学習院時代の久邇宮良子
（『金枝玉葉帖』より）

くお会いしましたが、そのころは、あまりお親しくすることもなかったように思います」と、『流れのままに』にある。

「通学の道もおなじ」とあるのは、当時、梨本宮邸と久邇宮邸が同じ麴町区三番町にあったからである。久邇宮良子は、梨本宮守正の実兄である久邇宮邦彦の長女で、方子とは従姉妹の関係になる。良子は明治三六年（一九〇三）三月六日生まれで、いわゆる「早生まれ」であったからだろう、かぞえ年は方子の「ふたつ下」であるが、学年は「ひとつ下」となった。

『女子学習院五十年史』は、良子について次のように記す。

明治四十年九月学習院女学部幼稚園に御入園、同四十二年小学科に御入学、大正四年中学科に御進入、大正七年二月中学科第三年級にて御退学、久邇宮家御学問所御花御殿《おはなごてん》にて御修学あらせられたり。

なほ、御花御殿にて御進講申し上げたるは、〔大正七年（一九一八）学習院から分離した女子学習院の初代〕院長大島義脩《よしおさ》の外《ほか》教授児玉錦平・依田豊・鈴木元美・小野鋼之助にして、御学友として奉仕したるは御同級学生佐藤貞《てい》・平山信《のぶ》の二人なり。

裕仁との婚約が決まったので、退学して自宅で「お妃教育」をはじめたのである。学友の佐藤貞とは、明治三六年二月四日生まれ。陸軍軍医総監として日露戦争の功績で男爵となった佐藤進の孫娘である。のちに加藤弘之《ひろゆき》男爵の孫である成之《よしゆき》の後妻となる。平山信は、明治三六年一月一〇日生まれ。宮中顧問官や枢密顧問官などをつとめた平山成信《しげのぶ》の五女である。平山が男爵となるのは大正一三年(一九二四)であり、当時は華族ではなかった。信はのちに東洋モスリン会社創立社長の神戸《かんべ》徳太郎《とくたろう》夫人となる。貞も信も、華族の子女ではなかったので、名前に「子」を付さなかったのである。久邇宮家には良子《ながこ》の下に、信子《のぶこ》と智子《さとこ》の姉妹がおり、信子はのちに三条西公正《きんまさ》伯爵家へ、智子は東本願寺の大谷光暢《こうちょう》伯爵家へ、それぞれ嫁いだ。とくに智子は敗戦後に全日本仏教婦人連盟会長として方子と行動をともにし、方子の自伝『すぎた歳月』に、序言「李方子さんの越えてきた道」を書くなど、卒業後も交流があった。智子は、その序言で、方子をこう記す。

きれいなお髪《ぐし》を長いお下げ髪になさって、ときどき、お供部屋《ともべや》でお髪をなおしてもらっておいでになった方《まさ》さま、まだ幼かった私は、お美しいと、ぼんやりながめたものでした。たった五つの年齢の差も、幼いときにはずいぶんちがうような気がして、方《まさ》さまはずっと大きなお方《かた》のように思っていました。

李王世子《りおうせいし》さまとの御結婚のころ、私は学習院初等科《ママ》を卒《お》えて、京都の府立第一高等女学校へ入りましたので、なおさらお目にかかる機会も少なかったのですが、方《まさ》さまが異国の方と御結婚あそばして、なにかと御気苦労が多くいらっしゃるだろうと、それとなくお察しもし、お案じしていました。

方子在学当時は皇族ではなかったが、のちに皇族となる同級生などもいた。一条実輝《さねてる》公爵三女の朝《とき》子《こ》は、方子の一年下であり、伏見宮博義《ひろよし》妃となる。九条道実《みちざね》公爵五女の敏子《としこ》は、方子の二年下であり、賀陽宮恒憲《かやのみやつねのり》妃となる。

そのほか、方子の従姉妹にあたる松平節子《せつこ》は、のちに松平保男《もりお》子爵の養女となり、秩父宮《ちちぶのみや》妃勢津子《せつこ》（皇后節子《さだこ》と同じ字になるために伊勢の勢と会津の津を合わせて改名）となるが、方子が中学科を卒業する前年の大正七年（一九一八）七月に、学習院女学部小学科三年に入学した。節子の父は外交官の松平恒雄、母は伊都子の妹である鍋島信子であった。在学中の節子は華族ではなかったが、両親とも華族家の子女であった。

なお、大谷智子は方子を「まささま」と呼んでいたようだが、学友たちは「方宮様（まさみやさま）」、親しい友人たちは縮めて「まっさま」と呼ぶこともあったという（本田節子『朝鮮王朝最後の皇太子妃』）。

これら上流階層の同級生たちは「恋のライバル」でもあったのだが、自分自身で相手を決めることはできなかった。まして、将来の天皇たる裕仁の相手となるかどうかは、本人の与《あずか》りしらぬところであった。裕仁が方子を好きであったので方子を早々に嫁がせたとか、母である皇后節子（貞明皇后）は良子よりも信子や智子を気に入っていたとか、様々な説があるが、すべて臆測の域をでない。ただ、お互いの恋愛感情よりは年齢、容姿、健康、身分などが大きな要因となっていたことは確かである。

乃木夫妻の殉死

乃木の学習院女学部に対する姿勢は、下田歌子《しもだうたこ》の追放に象徴されていたように思われる。下田は、女学部発足当時の女学部長であり、皇后美子の信任篤く、良妻賢母教育の「旗手《きしゅ》」であった。しかし、明治四〇年（一九〇七）から『平民新聞』で連載された「妖《よう》婦《ふ》下田歌子」で、真偽ないまぜの誹謗中傷《ひぼうちゅうしょう》を受け、「尚武《しょうぶ》教育」を徹底しようとする乃木によって女学部長の椅子を逐《お》われる。

下田は、艶《つや》のある噂も少なくなかったが、元女官であり、皇女養育掛《かかり》も担っていたほどの「大物」であった。そのため皇后美子の寵愛を受けた下田が必要以上に宮中と密接に関わり、そのことが下田排斥の気運を高めていたともいわれる。少なくとも裕仁の教育という重責を負った乃木には、厄介な存在であったろう。

方子が入学したのは、この下田の事件が一段落したころであった。前述したように、下田が非職となって後も、乃木は絶えず上流女子の「質素」を論じていたわけである。

乃木は、日清・日露の軍功で爵位を得て華族階級に入り、自分の二人の子弟を戦死させるなど武勇を喧伝《けんでん》された軍人であった。そうした「武骨な男」は、伝統的家柄や資産家に育った年頃の娘たちの目にはどう見えていたのだろうか。時には「煙《けむ》ったく」、時には「野暮《やぼ》ったく」見た子女もいたかもしれない。しかし、その壮絶な殉死《じゅんし》には、多くが驚愕し、号泣《ごうきゅう》したであろう。方子もその一人であった。

大正元年(一九一二)九月一三日のその日、方子は母・伊都子の実家である鍋島家に出かけていた。守正と伊都子が明治天皇の喪儀に参列していたので、留守の夜を鍋島の祖父母や親類たちと過ごしたのだ。方子は、『流れのままに』でこう回想している。

その十三日の夜、御車を二重橋でお送り申し上げたのち、私はいったん邸へ帰ってから、永田町にある鍋島の祖母の邸へ行き、赤坂溜池《ためいけ》下をご通過の御車を、はるかに拝みました。
祖母の邸へ一泊して、その翌朝のこと、柳沢の叔母(母の妹)が目を泣きはらしてとびこんでくるなり、乃木院長夫妻の殉死をしらせてくれました。それぞれ辞世《じせい》の歌をのこし、天皇の御車が宮城《きゅうじょう》をお発ちの号砲と同時に、お見事なご最期だったと聞き、私は声をあげて泣きました。

「柳沢の叔母」とは、旧大和郡山《やまとこおりやま》藩主家であった柳沢伯爵家に嫁いだ、伊都子の妹の尚子《ひさこ》である。尚子が関係筋からいち早く情報を得て、実家に伝えたのであろう。

鍋島家で乃木夫妻殉死の報を知り、泣きはらした方子は帰宅早々、母に伝えた。青山葬儀殿で行われた明治天皇の喪儀から帰ってきて一晩休んだ、大正元年(一九一二)九月一四日の伊都子の日記には、以下のようにある。

　午前四時ごろ少しく休み、眠る。午前七時、起床。今朝は新聞もをそく《〔遅〕》、何事もなし。午前十時半頃、方子、鍋島家より帰り来《きた》り。御母様、大変な事が出来ましたと云《い》ふ故《ゆえ》、何事やときけば、昨夜八時、霊轜《れいじ》〔霊柩車〕正面御出ましの時の弔砲を合《あい》づに、乃木大将夫妻、麻布の本邸に於て殉死をとげられたりとの報、今朝きゝましたと。あとは涙にむせびたり。あまりの事に驚き、言葉さへ出ずなりぬ。

　後、新聞をみれば、事実にて再び驚きたり。

伊都子もまた泣いたのであった。

同年九月一七日、学習院女学部小学科在籍中であった方子は、乃木大将夫妻の通夜の霊前に菓子を供えた。翌一八日の乃木夫妻の葬儀の模様を、伊都子は日記にこう記す。

　午後三時、乃木夫妻の葬儀あり。坪井家令《かれい》三人分の御使に参る。大将は砲車《ほうしゃ》、夫人は馬車にてすべて白衣の雑人《ぞうにん》などにて皆御榊《みさかき》でも御花でもすべて在郷軍人なりき。其上《そのうえ》斎場にては伏見宮、閑院宮、コンノート殿下、北白川宮、竹田宮等御自拝《ごじはい》遊ばされ、大将所持の勲章の内、英国のは英国の武官奉持《ほうじ》したるなど今迄に例のなき事なりき。

三時三十分ごろ弔砲はひゞきぬ。旅順にての戦死者の遺族、其他、廃兵等、皆会葬し、竹原・臼井らも自個にて参拝す。凡《おおよそ》、会葬者、学習院の男女は無論、十二万余人との事。

「三人分」とは、梨本宮夫妻と方子のことであろう。伏見宮はじめ各宮が代拝ではなく自拝するなど、皇族の乃木院長への崇敬の思いがわかる。「竹原・臼井」とは梨本宮家の事務官たちで、彼らも個人として葬儀に参列したのである。

第二章　李王族の一員に

1　婚約発表

大正五年（一九一六）八月一日より、方子は母・伊都子、妹・規子とともに大磯の別荘で過ごしていた。高崎の歩兵第二八旅団長であった父・守正は軍務のため宇都宮にいた。大磯は風もすずしく、しのぎよく、母娘三人は海岸を散歩するなど夏を味わっていた。しかし、同月三日、新聞を手にしたときから、突如、昨日までの方子たちの暮らしが一変した。

「こまる」

「いったいこれは……」

自分の婚約発表を新聞で知らされる……なんとも納得いかない思いでした。

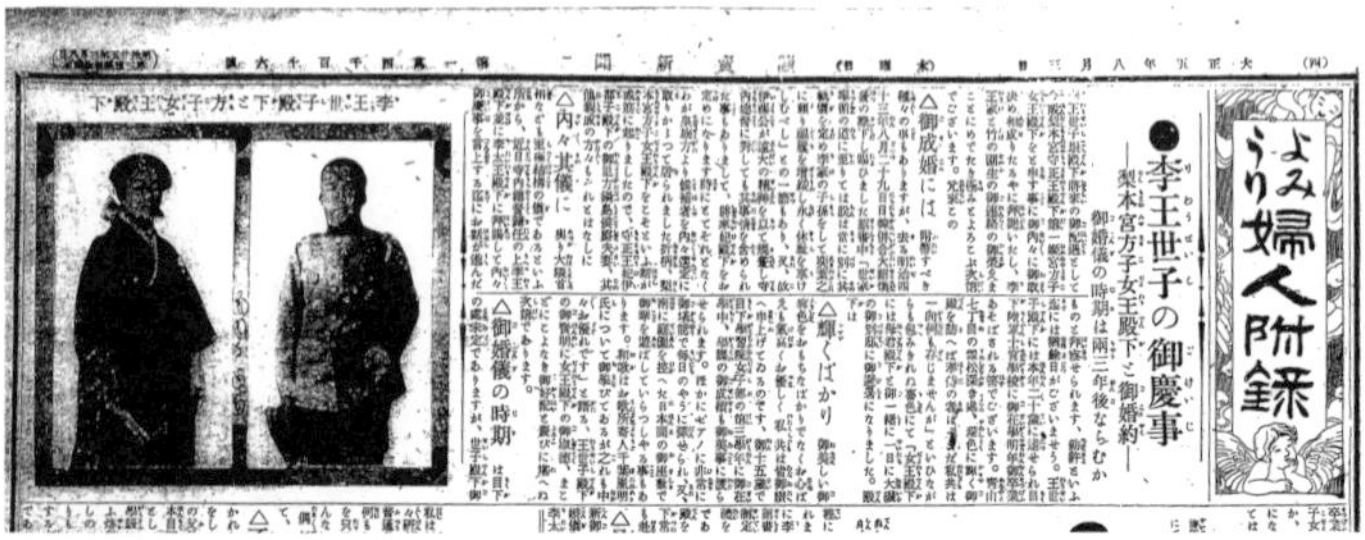

(四) 大正五年八月三日

よみうり婦人附録

李王世子《りわうせいし》の御慶事《ごけいじ》
――梨本宮方子女王殿下と御婚約――
御婚儀の時期は両三年後ならむか

△御成婚には

△輝くばかり

△内々に

△御婚儀の時期

李王世子殿下　方子女王殿下

方子婚約の記事（「よみうり婦人附録」（『讀賣新聞』大正５年８月３日）より）

方子は自分の婚約を知ったときの衝撃を『流れのままに』で、こう記した。方子の政略結婚の「悲劇」を伝える有名な場面である。そして、次のように続ける。

大正もはじめのそのころは、一般世間でも、親とか家とかのために結婚することは珍しくなくて、本人の意志は重んじられないのが普通でした。皇族の場合はもっと自由がないとはいえ、それならそれで、せめて新聞に出るまえに、覚悟もきめ、「お受けいたします」と、きっぱり申し上げたかった、と思うのです。くやしさでもなく、いまとなっては悲しさでもない熱い涙が、わけもなくあふれてきました。

方子は、親の決めた結婚は当時の習いでもあるからやむを得ないとして、せめて公表前に自分の返事を聞いてほしかったというのである。婉曲的に、母・伊都子をとがめていた。伊都子もそのあたりはわかっていて、生涯、娘にわびていた。方子もそうした母を責めきれず、政略結婚の「悲劇」として話題をそらし続けた。

方子の自伝『すぎた歳月』が刊行された時、伊都子は巻末に「老いたる母の願い」と題して、次のように書いた。

世の中のことはなにもしらないうら若い乙女が、ただお国のためにとおしつけられた思いもかけぬ結婚、しかもそれは、ひとことの相談もなく決められ、一生を犠牲にしてしまう運命となったのです。

母親としてなんともしてやれない悲しさ、苦しさ。表面は笑顔で過ごしていても、心の奥のなやみは、その後、長く長く、耐えしのびつづけてきたことでした。同じく悩み多き日々を過ごしてきた方子――これもなにかの因縁でありましょうか。母は、ただただ、つつがなかれと祈るのみでした。

方子もまた母を気づかう。『歳月よ王朝よ』の冒頭には、こうある。

母を思うと今でも胸がいたむ。八年まえ、九十五歳でなくなる間際まで、娘の運命を哀しみ、とめどもなく涙を流した母だった。

私は二人きりの姉妹の長女として生まれた。娘のはなやかで幸福な将来をひたすら思い描いていた母が、「お国のため」という名目で私を嫁がせながらも、「娘二人きりなのに……」と涙ぐんでいた姿が忘れられない。

ともに戦後の回想なので、方子が朝鮮王族妃の身分を失って苦労した戦後の時代も意識され、かつ、方子が韓国で福祉事業に専心しているころなので、時間の流れがもたらした「和解」の部分もあろう。とはいえ、母と娘との間の反目はなく、両者とも政略結婚を仕組んだ政府や軍部への不満として処理し、方子が母を恨む言葉を発することは生涯なかった。

しかし、この「政略結婚」には、母・伊都子の過失があったのも事実である。伊都子の日々の日記（日々綴られたので、脚色は少ない）には、方子婚約の経緯が次のように記されている。前述のように、大正五年（一九一六）六月二八日に方子が「もはや小児科のみるとしにてあらざる」と診断されて宇都宮に連れて行かれた、翌七月二五日のことである。

午後二時ごろ宮内大臣［波多野敬直《はたのよしなお》］来《きた》り一寸逢度旨申入《ちょっとあいたきむねもうしいれ》たる故《ゆえ》、いつ子逢ひたるに、かねて人を以て申上《もうしあげ》しごとく（此度《このたび》、李王世嗣子《せいしし》と方子の縁組いよ〳〵取きめ寺内［正毅《まさたけ》・朝鮮総督］を以て申こみ、陛下［大正天皇］にも申上た故との事なりき）

つまり、七月二五日以前に人を介して李垠と方子の婚約が進められており、寺内正毅朝鮮総督から李王家に申し込み、天皇にも伝えたというのである。天皇に伝わるということは最終決定であり、そこに行きつくには、多くの経緯があったはずであるが、伊都子の日々の日記には記載がない。そして、同七月二九日には、守正と伊都子は宮中に挨拶に出て、宮家などもまわっている。

午前四時五十分宇都宮発にて宮様〔守正〕御上京。七時五十八分渋谷着あらせらる。午前九時より自動車にて両人〔守正と伊都子〕、伏見宮、閑院宮へ一寸立寄、宮中へ参内。此度、天皇陛下より李王世嗣子に対する方子の縁組に付、内々ながら御礼のため拝謁遊ばさる。又、御内儀に参り、皇后陛下〔貞明皇后〕にも御礼言上して退出し、かへりに久邇宮へ一寸御よりして十一時半かへる。

守正と伊都子は方子の婚約内定のお礼に参内したのである。この日にまわった伏見、閑院、久邇の各宮家でも方子のことは話題になったろう。なお、この日の日記の「久邇宮へ」の後に「寺内に」と加筆されており、寺内にも挨拶したのかもしれない。

ところが、八月三日の日記の欄外には、「方子と李王世嗣《せいし》との婚約の事、新聞でこまる〔出〕」とある。すでに天皇皇后にまでお礼を述べた婚約が公表されたことが、どうして「こまる」のであろうか。おそらく、伊都子はこの時まで方子から受諾の返事を聞いていなかったのではないか。

多すぎる誤認

日記が必ずしも事実や真実を記しているとは限らないが、伊都子の自筆回想録や自伝の中には明らかな誤認がいくつか見られ、とくに方子の婚約に関する記述は、時期や経緯について、事実と矛盾するものがかなりある。

たとえば、方子婚約決定について、伊都子の自筆回想録である『宮様の御生い立ちから御一生あまし』（伊都子が自筆で記した梨本宮守正の伝記）には、大正五年（一九一六）の方子の婚約についてこうある。

「陛下の思召《おぼしめし》により梨本宮第一王女方子を朝鮮王族李王世子の妃として遣す様に」との御沙汰となった。これでは否応《いやおう》なしに御受けしなくてはならぬ事になった。そこで大臣［波多野敬直宮内大臣］にも相談して万事不都合でない様にすべてたのむ旨を申《もうし》、大臣も承知して其御心配無用、御入費の事はこちらで考へてをります。又一生御不自由なき様《よう》取りはからひますといふ返事であった。

この自筆回想によれば、方子と李王家との縁談は、大正天皇の「思召」なので「否応なし」に受けることとなり、波多野宮内大臣に、結婚の費用や、結婚後の生活の保障を頼んだということになる。

しかし、伊都子の日々の日記から日付つきでクロノロジー的に整理した『永代日記《えいだい》』（伊都子の人生で主要な事件と思われる記事を、その都度書き残していったもので、日々の日記にもない情報もふくまれ、回想記録とも異なる）によれば、大正五年（一九一六）七月二五日の記事には、こうある。

宮内大臣（波多野［敬直］）参られ、伊都子に逢たき旨故、直《じか》に対面す。外にはあらず、兼々《かねがね》あちこち話合居《おり》たれども色々むつかしく、はかぐ〳〵しくまとまらざりし方子の縁談の事にて、極《ごく》内々にて寺内を以て申こみ、内実は申こみとりきめなれども、都合上、表面は陛下思召により、御沙汰にて方子を朝鮮王族李王世子垠殿下へ遣す様にとの事になり、同様、宇都宮なる宮《みや》殿下すでに申上たりとの事、有難く御受けして置く。しかし発表は時期を待つべしとの事。

この記事は同日の日々の日記の記事とほぼ同じ内容だが、「発表は時期を待つべし」など微妙な加筆がある。もっとも気になるのは、「都合上、表面は陛下思召により」、「内実は申こみとりきめ」とあることだ。つまり、方子の縁談は朝鮮総督の寺内正毅を通して、日本側から「極内々にて」申し込んだもので、天皇の「思召」は都合上、表面上のことであり、それを伊都子は知悉《ちしつ》していたのである。李垠との婚約は半ば伊都子が望んで申し込んだようなものなのである。

戦後に書かれた伊都子の自伝『三代の天皇と私』では、さらに明らかな誤認が目立つ。方子縁談について、まずこう書き出す。「晩秋のある日、東京の御殿に子供の用事で帰って来た時でした。波多野宮内大臣から突然電話がかかったのです」。「帰って来た」とあるのは、当時、守正が宇都宮の第一四師団歩兵第二八旅団長であったため、伊都子は栃木と東京を往復する生活だったからである。前述の『永代日記』にも「宇都宮なる宮殿下」とある。ところが、『三代の天皇と私』では、「翌日、京都に行き宮様［守正］にことの次第をお話し申し上げました」とあり、守正は京都にいたことになっている。守正が京都の第一六師団長となるのは、一年後の大正六年（一九一七）八月六日のことであり、明らかに伊都子の記憶違いである。

そして、『三代の天皇と私』では、波多野から突然、李垠との縁談を持ちかけられて、「頭の血がスーッと引くように思いました」とある。波多野が、李垠の結婚相手を日本の皇族から選び、宮内省としても調べた結果、伏見宮恭子《ふしみのみややすこ》、山階宮安子《やましなのみややすこ》、梨本宮方子《なしもとのみやまさこ》の名前があがり、「評議の末、白羽の矢は方子女王さま」となったと伝えたからである。伊都子は、「宮内大臣は『悪いようにはいたしません』と繰り返しますが、なんと無責任な言葉でありましょうか。私は腹立たしかった。口を開けば『お国のため……』これで押し通そうとする役人や軍人が憎らしかったのです」とまで記している。

『三代の天皇と私』は、昭和五〇年（一九七五）一一月に刊行されたものであり、戦後的な価値観が加わっていると推定できるが、伊都子自身の残した日記や自筆の回想録とは、かなり違っている。少なくとも伊都子自身が日々の日記をもとにまとめた『永代日記』には、方子の縁談は「兼々《かねがね》あちこち話合」ったが、「はかぐしくまとまら」ないでいたとあり、突然、一方的に宮内省が評議して「まだ十六歳」の方子に縁談が押しつけられたわけではなかったのである。

また、『三代の天皇と私』では波多野が李垠との縁談を持ってきたのが「晩秋のある日」とあるが、これも奇妙な記述である。晩秋といえば陰暦九月であり、陽暦一〇月半ばごろとなる。となると、新聞での婚約発表が大正五年（一九一六）八月三日なのだから、波多野は少なくともその前年の大正四年晩秋に梨本宮邸に来たことにならないと、時期の矛盾が起こる。しかし、これは虚偽ではないだろう。伊都子の自筆回想録や『永代日記』では大正五年に李垠との縁談を決定したとあるが、当然、話はそれ以前から進んでいたのである。ただ、残念ながら伊都子の日々の日記には、それらしい記事はなく、方子と皇族講話会に出席したり、京都で買い物をしたりしたことが書かれている程度である。

婚約の時期の混乱については、方子の自伝である『流れのままに』にもある。「私が十五歳の、まだ［学習院女学部］中等科三年《ママ》のころ、早くも李王世子《せいし》［皇太子］さまの妃殿下候補にあがっているということが、かなり確かな筋から入ってきたため、母は夜も眠れないくらいに心を痛めておられたとか」、「私が〔かぞえ〕十六歳の大正六年六月、父宮は京都師団長として転勤になり〔中略〕、じつはその年のはじめごろから、私を李王世子妃に、という話が、噂ではなく、非公式ではあっても宮内大臣からもちこまれていました」。方子も大正四年から大正六年の時期の出来事を、かなり混同して書いているのである。守正が京都に転勤した年は間違いないが、その時には、すでに方子の婚約は発表されていた。そして、方子は大正五年当時かぞえ一六歳で、その年齢は正しいのだから、一五歳〔かぞえ一六歳〕のころというのは、大正四年となる。ここでも、婚約発表の一年前から縁談話が進行していたと解釈すれば、辻褄《つじつま》が合う。

伊都子や方子に記憶違いがあったとして、これらの情報を整合的にまとめると、大正四年晩秋に波多野宮内大臣と伊都子との間で、方子の縁談の話が持ち上がった。その後、各方面を打診したがうまくいかず、結局、寺内正毅を介して李王家に縁談を申し込んだ。しかし、伊都子は方子の正式の返事を得られず、方子が知らないうちに大正五年八月に新聞で公表されてしまった、となろうか。

伊都子の負い目

では、どうして伊都子は方子の返事を重視したのだろうか。おそらくは、一般に流布《るふ》されているように、王族とはいえ当時日本が蔑視《べっし》していた韓国の皇太子との結婚であるし、また必ずしも良好とはいえなかった日韓の間のもめごとの多さも予測されたからであろう。伊都子は波多野宮内大臣に求めて縁談を進めてもらい、天皇も了承したにもかかわらず、まだ一六歳の娘には強く言えずにいたのであろう。そのことの負い目が、伊都子の自伝『三代の天皇と私』にある婚約経緯の歯切れの悪さとなったと思われる。

さらに驚いたことには、伊都子の自伝『三代の天皇と私』では、方子は新聞発表前に李垠との婚約を知っていて、しかも承諾していたとあるのだ。

宮様〔梨本宮守正〕には、学校から帰って来た方子と久しぶりの対面でした。私が見ても大きく美しい王女様になっていました。宮様は軍人らしく冷静に淡々というのでした。

「このようなことになるというのも、あなたの運命なのです。惨《むご》い親だと思うだろうが、どうか許してくれ。いまさら嫌《いや》のなんのというたところで、はやそれは決められてしまったこと、お国のためといわれては、親としてもどうすることもできないのだ。どうぞ覚悟してくれ」

涙も浮かべず聞いていた方子は、父宮の顔をじいっと見つめながらきっぱりと答えたのです。

「ご両親のお仰せのことはお受けいたしましょう。よろしくお願いいたします」

この後に、婚約の新聞記事が出るが、伊都子はその時の様子も記す。

この年〔大正五年（一九一六）〕八月、私たち母娘三人は大磯の別邸で夏を過ごしていたのです。ある朝、朝刊を広げた方子は「アッ！」と息をのんだかと思うと、両手をわなわなと震わせました。その新聞には、「いよいよ王世子と方子女王とのご縁談発表せらる」という大きな活字と二人の写真が並べられてあったのです。

「やはり本当になったのですか」

驚きを押さえながら方子はいうのでした。私は言葉より先に涙が溢れ落ちそうになるのを堪えるのに必死でした。それでもやっと気を取り直し、宮様の言葉を伝えなければなりませんでした。

「あなたにはなんとも気の毒ながら、おもうさま（宮様）とご相談の上、いろいろの事情でお受けすることになったのです。陛下の思召しでお国のためといわれては、どうしようもありません……」

方子の「やはり本当になったのですか」の「やはり」という言葉は、婚約を承諾した方子の言葉としては不自然である。少くとも、伊都子が、方子に半ば押しつけた印象はぬぐえない。

李垠の父・高宗（韓国皇帝・徳寿宮李太王・李㷩）
（『流れのままに』より）

伊都子が晩年にまとめた『思ひいづるままを』は、『三代の天皇と私』よりも愚痴っぽい。伊都子は、「李太王《りたいおう》［高宗《コジョン》《こうそう》・李㷩《イヒ》《りき》］殿下には色々御考への末、日本で勉強した事故《ことゆえ》、日本の王女でも戴《いただ》けたら日鮮のためにもよくはないかとの仰せのあつたから、先ごろからあれこれしらべて参りましたが、梨本宮第一王女方子女王がよからんとの事になりましたがいかがでせう」と波多野宮内大臣が述べたと書き、李王家側から縁談が提案されたことになっている。しかも、「方子様、御不自由なき様、御化粧料として年三千円差出しますといふ事でほぼきまり」とあり、相応の経済援助が条件の一つであったことを記す。総理大臣の月給が「千円」だったころで、化粧料としては破格といえる（ちなみに、方子の妹・規子が結婚した時は梨本宮家が五〇円の化粧料を出した）。そして、伊都子は「御国のため故辛抱してくれといふてとう〳〵一生を犠牲になってしまった」と書く。

伊都子は方子によかれと思って勧めた結婚だったが、その後、方子が多くの苦労をしたので「御国のため」と転嫁せざるを得なかったのだろう。

「日韓融和」のシンボル

実際、「御国のため」でもあったろうが、伊都子がまったくいいなりになって方子と李王家との縁談を進めたわけではないのだ。

たしかに、戦前において韓国は日本に蔑視され、その王室に嫁ぐことには覚悟が必要と予測されたが、伊都子の当時の日記を読む限りそうした悲壮感はない。ひたすら娘の嫁ぎ先を求めている母の姿しかみえない。そもそも、韓国王室に嫁ぐことは、当時としては資産的にも栄誉的にもかなり恵まれていた。日本政府は韓国併合に際して、李王家の従来通りの資産と待遇および日本皇族に匹敵する身分を保証したからである。

すなわち明治四三年（一九一〇）七月、日韓併合に先立って日本政府は「韓国の皇室及功臣の処分」（国立公文書館蔵）を閣議決定し、「義親王《ウィチンワン》《ぎしんのう》［李垠の兄の純宗《スンジョン》《じゅんそう》］以下李朝の皇族に対しては其の班位《はんい》

〔順位〕に応じて皇族の待遇とし又は公侯伯《こうこうはく》を授け相当の公債証書を下賜せらるること」としており、李朝の上層階層は朝鮮王公族あるいは朝鮮貴族となることで、その身分的経済的特権を保証されていたのである。伊都子が、財力のない華族家などに嫁がせるよりは、という「親心」を持ったとしてもおかしくはない。

日本における李垠の本邸や別邸は時期により場所と数は異なるが複数あり、本邸は麻布鳥居《とりい》坂（のち紀尾井《きおい》坂に移る）、別邸は大磯、熱海、三島、那須などにあった。所蔵美術品も多かった。経済的には良縁であった。金英達《キムヨンダル》《きんえいたつ》「王公族」はこう書く。

王公族に対しては、当然に皇族と同じように、国家により経済的保障がなされました。李王家に対しては、韓国皇室時代と比べてその収入が減らないように特に配慮され、朝鮮総督府特別会計より歳費百五十万円が毎年支出されました。それとともに、李王家には宮殿・離宮・墳墓地・御料林野・牧場・美術品・株券などの旧来の王室財産を引き継ぐ莫大な私有財産があり、それからの収入も大きく、日本の宮家（皇族）をはるかにしのぐ大金持ちだったのです。

李垠の兄・純宗（韓国皇帝・昌徳宮李王・李坧）
（『流れのままに』より）

しかも、方子は当初から日本で暮らすことを約束されていた。方子が朝鮮に渡ることは特別の時だけであった。伊都子の自伝『三代の天皇と私』には、結婚に際しての波多野宮内大臣の次の言葉がある。「王世子のお住居《すまい》は東京と定め、使用人も日本人というお約束をいたしましょう」。

さらに付言すれば、伊都子の実兄であり鍋島直大《なおひろ》侯爵の長男である鍋島直映《なおみつ》は、明治三九年（一九〇六）に外務省嘱託として韓国方面に出張し、のちに韓国統監府より韓国における農事調査を嘱託されて、韓国の荒蕪《こうぶ》地《ち》購入に従事している（『鍋島直映公伝』）。伊都子の日記には、韓国の土産などを持って帰って来る直映や、韓国に出かける使用人たちの動向がしばしば記される。こうした鍋島家と韓国との密接な関係が、方子を李王家に嫁がせることの抵抗感を和らげていたと考えられる。また、佐賀鍋島家が、豊臣秀吉の朝鮮出兵の際に連れてきた朝鮮人陶工を佐賀地方で陶磁器生産に携わらせた話は有名であり、そうした歴史を方子も意識していたであろうことは、二四四頁で後述する。

異国の王妃となることの困難も、国家のために尽くすという大義名分がむしろ励みとなった面もある。まして、佐賀鍋島藩主の末裔《まつえい》でもある伊都子は、かつての武家の「政略結婚」の意味と重要性を方子に聞かせていたろうし、また異国の王室と婚姻関係を持って政治的安定を図ってきた諸外国の事例なども教えていたろう。

もちろん、近代日本の上層階級間では、婚姻における異常なほどの「民族純血主義」があり、朝鮮人のみならず、他のアジア人や欧米人との結婚も歓迎されていなかった。皇族が欧米をふくむ外国人と結婚することは、現在でも例がなく、極度に警戒され、反対されている。華族制度が存在したころの華族の国際結婚の例も、数える程度である。たとえば、外務大臣を務めた青木周蔵《しゅうぞう》子爵夫人のエリザベット、公家分家の一条実基《さねもと》男爵夫人のテスなどがあげられる。

戦前上流階級のアジア人との「国際」結婚となると方子以前にはなく、対馬の宗《そう》伯爵家と李垠の妹・徳恵《トケ》《とくえ》、李垠の甥・李鍵《イコン》《りけん》と松平誠子《よしこ》（佳子）、満州国皇帝弟の溥傑《プーチエ》《ふけつ》と嵯峨侯爵家の浩《ひろ》などが、方子結婚後の事例としてあげられる。逆に言えば、方子は、日本の支配力を強めるためのアジア人との「政略結婚」のさきがけとしての重要な意味を持ったのであった。とくに、韓国併合後の社会状況は日本人と朝鮮人の「同化」を促し、日本の皇室と朝鮮王族との間の婚姻を実現させる必要性が生まれ、「国民に率先垂範を示す」ために、方子に「白羽の矢」が立てられたのである。これこそは「御国のための崇高な犠牲的行為である」と当時の伊都子なら思ったであろう。

実際、方子の結婚は「日鮮融和」のシンボルとして喧伝された。李垠と方子の婚約が発表された大正五年（一九一六）八月三日の『東京日日新聞』には、京城で語った小宮三保松《こみやみほまつ》李王職次官の談話が掲載された。小宮は、司法省法律学校の第一期生として原敬《はらたかし》らとともに学んだあと、伊藤博文の知遇を得て、大審院検事などを歴任したエリート官吏であった。記事は「李太王〔高宗〕の御喜び　鮮人また陛下の御思召《おんおぼしめし》に感激す」と題して、以下のようにある。

> 李王世子殿下と梨本宮殿下姫君御成婚の報達し鮮人の喜悦大方《きえつおおかた》ならず、陛下の深き思召に感激せり。これ皇室及び李王家の慶事なるのみならず、日鮮同化の実を挙げらるるものにして、やがて今

後、日鮮人結婚の気運を促進し、国民的同化を早むるならん。殊《こと》に李太王の御満足は非常にて、最近の新愁をも打忘《うちわす》れさせりと、小宮李王職次官は語れり

（二日、京城電報）

竹下修子『国際結婚の社会学』によれば、方子の婚約発表が報道された大正五年（一九一六）の日本在住朝鮮人人口は五六二四名であったが、その翌年には一万四五〇二名と急増し、さらに大正七年（一九一八）には二万二四一一名と倍増する。こうした日本在住朝鮮人の増加傾向の時代にあって、方子の婚約は重要な意味を持った。日本在住の朝鮮人が増加すれば、必然的に日本人との近接機会が増え、結婚の可能性も高まるからだ。

日本における朝鮮人人口と「内鮮結婚」（日本人と朝鮮人との結婚）との件数はおおむね比例しているといわれ、人口の〇・一パーセントほどとされている。これを目安に考えると、大正五年当時の「内鮮結婚」件数は五～六件、大正六年で一四～一五件となる。つまり、方子婚約当時の「内鮮結婚」件数はさほど多くはなく、明らかに「国民に率先垂範を示す」ための意味あいが強かったといえる。

そして、方子婚約中の大正七年（一九一八）四月一七日に、婚姻について日本と朝鮮との共通法が公布される。従来、日本では民法、朝鮮では慣習を適用していた結婚の規定を統一したのであった。その条文には「婚姻成立の要件は各当事者が属する地域の法に準拠する（各当事者が婚姻成立の要件を具備しているかどうかについては、日本人の場合は民法、朝鮮人の場合は慣習に従うこと）」、「婚姻の方式は挙

行地の法に準拠する」、「婚姻の効力は夫が属する地域の法に準拠する」などとある。日本の「同化政策」の中で、「内鮮結婚」を奨励し、その実現を促進するための法制定であった。
以後、「内鮮結婚」は増え続け、昭和一三年（一九三八）には八一一件、昭和一七年（一九四二）には一四一八件を数える。李垠と方子の存在は、こうした「内鮮結婚」の「率先垂範」として有効に機能していったのであった。その意味では、方子の結婚は、当時は「悲劇」というよりも、「国民的模範」としての栄誉を担っていた面もあったのである。

親心

方子が皇太子裕仁の妃候補であったという説がある。しかし、そのためにかえって妨害されて、李王家に無理やり嫁がされたというのである。こうした話は必ずしも根拠がないが、しかし荒唐無稽ともいいがたい。
当時、李垠の結婚相手候補については、方子以外にも、伏見宮恭子《やすこ》と山階宮安子《やすこ》がいたといわれる。本書四二頁でもふれたが、伏見宮恭子は明治三一年（一八九八）一一月一四日生まれ、華頂宮博恭《ひろやす》の長女であり、博恭の伏見宮復籍により伏見宮恭子となる。のち大正七年（一九一八）五月二九日に浅野長武侯爵と結婚し浅野寧子《やすこ》となるが、翌大正八年（一九一九）一月一六日にかぞえ二二歳（満二〇歳）で他界する。

山階宮安子は明治三四年（一九〇一）一〇月三一日生まれ、山階宮菊麿の長女であり、大正九年（一九二〇）一一月九日に浅野長武侯爵の後妻となる。伏見宮恭子も山階宮安子も浅野侯爵家に嫁いだというのは奇遇である。

年齢的には、伏見宮恭子、山階宮安子、梨本宮方子の順で、方子と安子が同い年、恭子が三つ上である。相手の李垠は明治三〇年（一八九七）一〇月二〇日生まれであり、恭子より一歳年長となる。三者ともとくに年齢的に不都合な点はなく、誰が選ばれても問題はなかったろう。

一方、李垠との結婚相手となりうる皇族女子の適齢者は、実は、皇太子裕仁の相手ともなりえたのである。裕仁は明治三四年（一九〇一）四月二九日生まれで、李垠の四歳下だからである。その場合、年長女子を排除するかどうかが問題となるが、皇室の前例を見れば、かつて明治天皇は皇后（美子）より年下であり、年下との配偶が許されていないわけではなかった。また、孝明天皇の女御であった夙子《あさこ》（のちの英照皇太后）は、弘化二年（一八四五）九月一四日、満一〇歳にて皇太子統仁《おさひと》（孝明天皇）の御息所《みやすどころ》となった。この時、天皇との年齢差が「中四つ」になり、不縁として忌む俗信があるので、これを避けて生年を天保四年（一八三三）と改めた。年齢差の縁起は生年の変更で処理していたのである。そうしたことを踏まえれば、方子が同年の裕仁や、あるいは一年下の雍仁《やすひと》（秩父宮）の婚約者となることも可能ではあった。

伊都子も方子を皇族か資産家の上層華族に嫁がせて、苦労の少ない生活をさせることが「親心」と思っており、そうした相手をさがしていた。それが皇室であれば、「身に余る光栄」であったろう。ただ、方子も『流れのままに』で「当時、世間では、私も有力候補の一人としてあげられていたとか。父や母はそういうことも聞いていたそうですが、とにかく東宮［皇太子］さまとはおない年ですし、万一にもありえないこととして念頭におかず、私にも何も申しませんでした」と記しているように、年齢の条件は微妙だった。

　そして、方子の判断通り、方子は皇太子妃候補が決定する前に李垠の婚約者として公表されてしまったのである。久邇宮良子が皇太子妃として内定したのは、大正七年（一九一八）一月一四日であり、方子はその一年半ほど前に早々と皇太子妃候補から「はずされた」ことになる。

　ところで、当時の方子と同年代の適齢者たちをまとめると、表のようになる。

方子と適齢の皇族・王族	生年月	妃	妃の出自	妃の生年月	年齢差
李垠	明治三〇年一〇月	方子	梨本宮守正長女	明治三四年一一月	四年一カ月
華頂宮（伏見宮）博義	明治三〇年一二月	朝子	一条実輝公爵三女	明治三五年六月	四年六カ月
山階宮武彦	明治三一年二月	佐紀子	賀陽宮邦憲二女	明治三六年三月	五年一カ月
賀陽宮恒憲	明治三三年一月	敏子	九条道実公爵五女	明治三六年五月	三年四カ月
久邇宮朝融	明治三四年二月	知子	伏見宮博恭三女	明治四〇年五月	六年三カ月
裕仁	明治三四年四月	良子	久邇宮邦彦長女	明治三六年三月	一年一一カ月
華頂宮博忠	明治三五年一月	なし（独身のまま大正一三年三月に他界）			
雍仁	明治三五年六月	勢津子	松平保男子爵養女	明治四二年九月	七年三カ月
閑院宮春仁	明治三五年八月	直子	一条実輝公爵四女	明治四一年一一月	六年三カ月

表の「妃の出自」を見ると、松平保男《もりお》子爵家以外は、方子をふくめて妃は皇族か五摂家《ごせっけ》の女子である。いうまでもなく、五摂家は皇后となりえた家柄であり、なかでも一条と九条は、それぞれ孝明天皇の女御（九条夙子）、明治天皇の皇后（一条美子《はるこ》）、大正天皇の皇后（九条節子《さだこ》）と、近代の皇后・皇太后の座も占めていた。その意味で、華頂宮博義《ひろよし》妃となった一条朝子《ときこ》が皇太子妃候補であったという話はうなずける。

松平保男の場合は、子爵とはいえ、幕末の雄藩である会津松平家の当主である。戊辰戦争当時、薩長との確執がなければ公侯爵に匹敵する家柄であった。勢津子の実父は保男の実兄にあたる外交官の松平恒雄、実母は梨本宮伊都子の実妹で鍋島直大侯爵の三女である信子であり、皇族家の女子と比べて遜色《そんしょく》はなかった。しかも、皇室は会津との「和解」を求めており、皇室に望まれてのことであった。

それはともかく、当時の妃《きさき》はみな年下であり、裕仁と良子の一歳一一カ月をのぞけば、三歳以上の開きがある。結果的にみれば、近代になって皇室も妃には年下の女子を優先するようになったといえなくもない。その意味では、裕仁より七カ月年下の方子が皇太子妃になる可能性はなかったわけではないが、同年で一歳以内の差は難しかったとも考えられる。

母である伊都子としては、皇太子妃に次ぐ良縁をさがしていたのだろう。

そして方子の縁談には、伊都子のもっと深い「親心」があったようにも思われる。というのは、皇太子妃の地位には、多くの政治的思惑が働いていたと思われるからだ。その一つは、皇族間の政治バランスである。つまり、父・守正は久邇宮朝彦《あさひこ》の四男であり、久邇宮家を嗣いだ邦彦《くによし》は一つ違いの弟にあたる。そして邦彦には良子、信子、智子の三姉妹がおり、彼女たちは有力な皇太子妃候補であった。良子ではなく、妹の信子や智子が本命であったという説すら流布しているほど競っていた。こうした久邇宮本家への期待がある以上、分家ともいうべき守正は、必然的に身を引く立場に置かれていたとしても不思議はない。

とりわけ近代皇族家の中における久邇宮家の勢いは強く、本書一二頁にも記したように初代の久邇宮朝彦は孝明天皇の信任篤く、一方で幕末維新の政治に能動性を発揮し、天皇の座を狙ったと疑われたほどの野心家でもあった。朝彦を嗣いだ邦彦もまた、病気中とはいえ皇室の長である大正天皇を軽んずる言動があり、貞明皇后を立腹させたほどの人物であった。邦彦の妃となった俔子《ちかこ》も、幕末維新期に中心的役割を果たした薩摩の島津忠義《ただよし》の七女であり、一筋縄ではいかない家系であったことは想像できる。

二つめの政治的思惑は、皇太子妃選出における藩閥の動きである。方子の母方の佐賀鍋島は、薩長の藩閥勢力にとって警戒すべき勢力であったのだ。方子と李垠との縁談に長州の伊藤や寺内が介入していたことは、方子の皇室入りを阻もうとする長州閥の計らいともとれる。実際、皇太子妃に決定した良子でさえ、母の久邇宮妃俔子が薩摩出身であるため、婚約後に長州閥の山県有朋らによる色覚疑惑問題が起こった。これは宮中某重大事件と呼ばれる騒動となるが、皇太子妃の選出に藩閥の思惑が深くからんでいたことを示した事件ともいえる。

伊都子は、こうした皇太子妃選考における藩閥勢力の政治的計らいを肌で感じていた。かつて伊都子自身、皇太子嘉仁《よしひと》の妃候補としても年齢的に問題はなかったが、すでにかぞえ一五歳（満一四歳）で早々と梨本宮との婚約が決定していたのである。伊都子は、適齢期になると同時に、皇太子妃候補としての資格を剝奪《はくだつ》されていたともいえる。明治天皇と伊都子の父・鍋島直大との公私の交わりや、伊都子と嘉仁の日常的な親密な交流、たとえば、式部長官であった直大は、明治天皇の酒席の相手をつとめているし、嘉仁も、結婚直後でも日光滞在中の伊都子のもとをしばしば訪問し、犬を預けたりするのである。こうした天皇家と鍋島家との関係の深まりを薩長閥が警戒しないはずはない。もちろん、身分や慣習を踏まえると、佐賀鍋島家と、皇太子妃となった節子の実家である九条家とでは競いようがなかった。そして、伊都子も佐賀鍋島家も、皇太子妃の地位にとくに強い野心は示さず、事は穏便に進んだ。薩長閥にとって鍋島家は危険な存在であり、鍋島家もそれを認識していたはずだ。

方子と李垠の婚約の背景には、佐賀鍋島の政治的立場を知る伊都子の「親心」が見え隠れする。

2 皇室典範増補

皇族の婚嫁

李垠との婚約報道がなされた翌日、大正五年（一九一六）八月四日の『東京日日新聞』は、一一月三日の「先帝天長節《せんていてんちょうせつ》」に結婚勅許《ちょっきょ》を下し、皇室典範および皇室婚嫁《こんか》令による婚儀とすることを伝えている。「御結婚勅許は先帝の天長節　李王世子と梨本宮姫君」と題された同記事には、「既記、李王世子《おうせいし》垠殿下と梨本宮方子女王殿下との御結婚勅許は来《きた》る十一月三日、明治天皇天長節佳辰《かしん》なるべしと承る。又方子女王殿下御婚儀は万端は総て我が皇室典範及婚嫁令に拠りて行はせらるる由」とある。

「皇室典範」とはいうまでもなく、明治二二年（一八八九）二月一一日に制定され、皇室に関する事項を規定した法律である。同法によれば、皇族の結婚相手は皇族か特定の華族に限定され、養子はもらえず、女子の場合で「臣籍《しんせき》」に降嫁したものは原則として皇族扱《あつか》いはされない。

賢所正門（『宮城写真帖』より）

「皇室婚嫁令」は、明治三三年（一九〇〇）四月に公布されたもので、同年五月の皇太子嘉仁《よしひと》と九条節子《さだこ》との結婚に備えて、「三箇夜餅《みかよもち》の儀」（結婚当夜から三日間にわたって餅を供えた）など古来の儀式も残して法文化したものであった。方子の母・伊都子も嘉仁の結婚に続いて、「皇室婚嫁令」に基づく結婚をしており、「そも皇室婚嫁令定まりてより初めて、皇族第一番の御婚儀、実に名誉此上《このうえ》なし」と日記に記している。「皇族第一番」とあるのは、嘉仁が皇太子であるので、いわゆる宮家皇族では一番先という意味である。同令では、宮中賢所大前《かしこどころおおまえ》での神前結婚などが規定され、男子は束帯《そくたい》、女子は五衣唐衣《いつつぎぬからぎぬ》とされた。「三々九度《さんさんくど》」に代わる御祭文《ごさいもん》朗読と

「お盃《さかずき》の儀式」があり、ついで「朝見《ちょうけん》の儀（天皇皇后に初の謁見《えっけん》をする儀式）」がなされた。なお、新聞記事に「婚嫁令」とあるが、皇室婚嫁令は明治四四年（一九一一）三月二日に皇室親族令となっている。

こうした皇室法に基づいて、方子の婚儀は準備が進められる。ところが、朝鮮王公族《おうこうぞく》は、日韓併合後、日本の皇室に準ずる存在として創設されたが、必ずしも法的には明確ではなかった。このため、大正七年（一九一八）一一月二八日、皇室典範増補《ぞうほ》がなされ「皇族女子は王族又は公族に嫁《か》することを得《う》」との条文が付される。が、そのいきさつは、単純ではなかった。

後手にまわった法整備

方子は自伝『流れのままに』で、「李王世子さまと私との結婚を実現させるためには、『皇室典範』の改正という大きな問題もありました。それまでの『皇室典範』には、「皇族の女子は皇族または華族に嫁すことを得」とあり、朝鮮の王公族には嫁ぐことができないので、この改正のため皇室会議が召集されて、大正七年十一月二十八日、『王公族との婚儀の条項』が『皇室典範』に増補されました」と記している。「皇室会議」とあるが、戦前の場合は「皇族会議」である。

旧皇室典範の第一一章「皇族会議」には、「皇族会議は成年以上の皇族男子を以て組織し、内大臣、枢密院《すうみついん》議長、宮内大臣、司法大臣、大審院長《だいしんいんちょう》を以て参列せしむ」、「天皇は皇族会議に親臨《しんりん》し又は皇族中の一員に命じて議長たらしむ」とある。

方子は、「皇室会議が召集されて」と簡単に記しているが、実際には、皇族会議にいたるまでに、多くの調査と議論がなされ、帝室制度審議会と枢密院とが真っ向から対立し、帝室制度審議会委員の辞任騒ぎまで引きおこした経緯があった。

朝鮮王公族についての法的解釈は、韓国併合後の明治四三年（一九一〇）八月二九日に発された「前韓国皇帝殊遇《しゅぐう》の詔書《しょうしょ》」と「李家殊遇の詔書」が根拠となっている。「殊遇」とは「格別に手厚いもてなし」の意味だが、そこには朝鮮王公族に対して「皇族の礼を以てし、特に殿下の敬称を用」いさせるとのみあった。そのため、李垠と方子との婚約が成立すると、あらためて朝鮮王公族の法的地位を明確にする必要性が生じたのである。

その具体的な動きは、婚約が報道された一カ月後の大正五年（一九一六）九月上旬に、枢密顧問官の伊東巳代治《いとうみよじ》が「皇室制度再査議《さいさぎ》」を提出し、朝鮮王公族に関する軌儀《きぎ》（定まった法）の制定を促したことにはじまる。伊東は、「皇室制度再査議」において、帝室制度調査局の起草に係《かかわ》る皇室令法案でまだ施行されていないものの制定促進とともに、従来から懸案《けんあん》とされていた朝鮮王公族の法的位置づけの解決を主張したのであった。

伊東巳代治
（『近世名士写真』其1，より）

「皇室制度再査議」の中で、伊東は「朝鮮の王公族に就《つい》ては韓国併合の際、待つに皇族の礼を以てし殿下の敬称を用ひしむべき旨を定められたるに止《とど》まり、婚嫁・誕生・命名・薨去《こうきょ》・相続等の事項は総て別段の規程に待つこと、明治四十三年八月廿九日の詔書に『世家率循《せいかそっとん》の道に至りては朕《ちん》は当《まさ》に別に其の軌儀を定め云々』とあるに徴《ちょう》して昭《あきらか》なり」と述べる。「世家率循の軌儀」、つまり「朝鮮王公族の継承規則」を法令化するというのである。

そして、「結婚に関し依遵《いじゅん》すべき規定は新《あらた》に制定せられざるべからず。将又《はたまた》、皇族女子の婚嫁に付《つい》ては皇室典範及《および》皇室親族令の規定する所、素《もと》より王族公族に嫁する場合を予期せず」と、李垠と方子の結婚に伴う法整備を求める。さらに、「後日、王世子の王子誕生せらるることあるに於ては其の身位と礼遇とを如何《いか》にすべきかの問題亦《また》必ず生ぜざるべからず」と、将来の「王子誕生」の場合の法的不備を指摘する。つまり、伊東は、朝鮮王公族は皇族の礼遇を得ているが、皇族ではないことは明確だし法的な概念は曖昧だと言うのだ。

朝鮮王公族について、皇室典範を王公族に適用することはできず、法的不備を解決すべきと主張した伊東は、朝鮮王公族は皇族と同一ではなく、「皇族の礼遇を得る」が「一般臣民」と同列であるという解釈をとっていたのである。こうして、婚約当時に報道された「皇室典範」と「皇室親族令」による婚姻は不備とされ、婚約発表後に朝鮮王公族を法的に明確化する作業がはじめられた。

伊東巳代治の「皇室制度再査議」をうけて、大正五年（一九一六）一一月四日、宮内省は伊東巳代治を総裁とする帝室制度審議会を設置した。一一名の委員が任命されて、五つの特別委員にふりわけられ、平沼騏一郎《ひらぬまきいちろう》、倉富勇三郎《くらとみゆうざぶろう》、岡野敬次郎《おかのけいじろう》、奥田義人《おくだよしと》、有松英義《ありまつひでよし》、富井政章《とみいまさあきら》、二上兵治《ふたかみひょうじ》ら八名が「李王家関係の諸案起草」にあたる第一特別委員となった。

同年一一月一五日、「李王家関係の諸案起草」の第一特別委員会が開かれ、「王族公族に関する法規の件」と「皇族と王族との婚嫁に関する件」とが審議される。

「王族公族に関する法規の件」の審議では、「王公族礼遇の詔書は併合条約を根拠として発せられたるものなりや」、「王族公族は臣民なりや」と、朝鮮王公族の法的根拠を一から問いはじめた。そして「王族公族を臣民にあらずとせば」と「王族公族を臣民なりとせば」との双方の可能性とその具現化のためのあらゆる方策をあげていった。

併合によって設置した朝鮮王公族の範囲を、併合後六年経ってから、いまさらのように「純法理論」を持ち出して議論しはじめたのである。

「皇族と王族との婚嫁に関する件」の審議でも、同じように「純法理論」の徹底した議論がなされ、「皇室典範を改正又は増補すべきや」とし、「皇室典範を改正せずとせば」、「皇室典範を改正又は増補するとせば」、「皇室典範を改正せずして別の形式に依るとせば」の三つの選択肢を設け、さらにそれぞれの選択肢を具体化する案を出しあった。

たとえば、「皇室典範を改正せずとせば」では、「皇室典範と形式的効力を等しくするある法規（仮に王家典範）を制定すべきや」、「皇室典範第三十九条〔皇族の婚嫁は同族又は勅旨に由《よ》り特に認許せられたる華族に限る〕の解釈上、王公族は華族以上なるを以て皇族が王公族と婚嫁するは、皇室典範に抵触《ていしょく》することなきものと解すべきや」、「華族令を改正して、例へば王爵、大公爵の如きものを設けて王族公族を華族に列すべきや」などが論点として出された。

しかし、なにゆえに「皇族の礼を以てし」とされた朝鮮王公族をいまさら華族と同列にする議論をするのか、すでに婚約した李垠や方子が知ったならば、どのような気持ちになったであろうか。実際、審議でも「皇族の礼遇を与へられたるものに対し、更に華族に列するは著しく不穏当なるの嫌《きらい》なきか」との意見もあった。

結局、「王族公族に関する法規の件」については、「王族公族に関する制度は一般臣民と同一の法規を以てせず、命令を以て之を定むること」、「其の命令については公式令《こうしきれい》を改正して皇室令に非ざる別段の形式を定むること」、「王公族は各々一家として之を認め、其の家族は王族又は公族とするも相当の制限を設くること」、「王公族の相続は男子に限ること」の四点が予決《よけつ》された。

しかし、「皇族と王族との婚嫁に関する件」は、「皇室典範第二増補として女王は王族に嫁することを得る旨の規定を設くること」、「皇室典範第三十九条の解釈上女王の王族に嫁するは差支《さしつかえ》なきこと」、「皇室典範の外《ほか》に之と同一の効力を有する根本法（仮に王家典範《おうけてんぱん》と称す）を制定すること」の三説が出されたが、同審議会では決定しなかった。

少なくとも、法整備が後手《ごて》にまわっていたことだけは確かであった。そして、後手にまわった朝鮮王公族に関する法整備は、この後、さらに混乱を深める（小林宏・島善高『日本立法資料全集　明治皇室典範（上）（下）』）。

「王公家軌範案」

当初は「純法理論」で押してきた伊東だが、調査の過程で朝鮮王公族のおかれた状況を容認するようになる。ところが、今度は法案諮詢《しじゅん》をうけた枢密院の多くの委員が「純法理論」に固執する。そして、伊東と枢密院との対立にはさまれた波多野敬直《はたのよしなお》宮内大臣が「右往左往」し、事態は混乱していった。

すなわち、大正五年（一九一六）一一月一五日の「李王家関係の諸案起草」第一特別委員会後、「李王家関係の諸案起草に関する予決問題」が作成され、翌大正六年二月一七日と同二月二一日にあらためて審議会が開かれた。その結果、「王公族に関する規程は単一の皇室令を以て制定す。但《ただ》し名称は『典範《てんぱん》』及『家範《かはん》』を避け、其の他に就て熟慮《じゅくりょ》す。猶《なお》、皇族女子と王世子との婚嫁に関する儀礼は仮に案を定めて施行す」などが決議され、同年三月に「総則」「身位《しんい》」「財産」「親族」「相続」の五編一六九条に及ぶ「王公家軌範案」が作成された。

ところが同案は旧韓国王室の制度を勘案《かんあん》せずに起草されたため、岡野敬次郎、馬場鍈一、栗原広太らが朝鮮に出張し、大正六年四月九日朝、「京城に着し、直に昌徳宮《チャンドックンしょうとくきゅう》及徳寿宮《トクスグンとくじゅきゅう》に伺候《しこう》して、李王・李太王に謁し、次《つい》で朝鮮総督府及李王職を歴訪して、諸般の打合せを遂げ、その翌十日より、李王職の一室を事務所と定めて、日々調査に専念」したのであった（栗原広太『明治の御宇』）。

こうした調査を経て、二〇章からなる「李王家旧制調査報告書」が作成され、帝室制度審議会で六項目からなる「王公家軌範《おうこうけきはん》案要項」がまとめられた。同要項によって、「王公族の国法上の地位は韓国併合条約及《および》併合の際公布せられたる詔書を根拠として、皇族に準ずべきものなり」、「王公族は皇族に非ず、又一般臣民に非ず。乃《すなわ》ち特殊の階級に属するものなり」、「王公族に関する法規は皇室令の形式を以てすべきものなり」、「皇族女子の王公族に嫁するは皇室典範の解釈に於て妨げなし。今、之《これ》が為《ため》に皇室典範を改正するが如《ごと》きは断じて容《ゆる》すべからざる事に属す。而《しか》して降嫁と王公族の国法上の地位とは全然別箇の問題なり」などの基本的認識が定まった。伊東も李王や朝鮮総督府側の情報を得てか、当初の「純法理論」ではなく、皇族に準ずる王公族の存在にかなり理解を示しはじめていたのだ。

帝室制度審議会は、この「王公家軌範案要項」に基づき「王公家軌範」の起草にとりくみ、大正六年一二月一七日、伊東総裁は「王公家軌範案」を波多野宮内大臣に提出した。波多野はこれを上奏し、天皇は内閣の合議と枢密顧問の諮詢を求めた。

内閣では、寺内正毅《てらうちまさたけ》総理大臣以下、各大臣の意見をまとめ、「異存無之《いぞんこれなし》」の回答案を作成した。ところが、伊東巳代治を委員長とした枢密院の審査委員会において、一木喜徳郎《いっききとくろう》委員が王公家軌範制定の必要性を認めつつも、皇室令の形式ではなく、制令と法律という一般の普通法で制定することを主張した。さらに、「王公家軌範案」の第一一二条にある「皇族女子、王公族に嫁するときは結婚の礼を行ふ前、賢所《かしこどころ》・皇霊殿《こうれいでん》・神殿《しんでん》に謁《えっ》し、且《かつ》、天皇・皇后・太皇太后・皇太后に朝見す」の規定を削除するよう求めた。王公族は皇族や「特に認許せられたる華族」と同列ではないので、皇室令形式にしたり、王公家軌範に婚嫁の規定を設けたりするわけにはいかないというのである。

皇室典範増補案の可決

「王公家軌範案」の諮詢をうけた枢密院で、「純法理論」に基づいて反対したのは一木喜徳郎のみではなかった。末松謙澄《すえまつけんちょう》、穂積陳重《ほづみのぶしげ》、小松原英太郎《こまつばらえいたろう》、浜尾新《はまおあらた》、安広伴一郎《やすひろともいちろう》ら多数の委員も賛同し、金子堅太郎《かねこけんたろう》のみが原案を支持するという状況となった。

議論を重ねても意見はまとまらず、王公族の地位を明確にするために皇室典範改正を求める末松ら枢密院委員と、改正に反対する帝室制度審議会の伊東や平沼との対立構造が生まれた。しかも、大正七年（一九一八）九月に寺内正毅内閣は米騒動などで倒壊して、同問題は原敬内閣へと引き継がれた。帝室制度審議会、枢密院、宮内省、原内閣、前総理寺内らの間で、駆け引きがくりかえされ、その間、原が波多野に「既に李王家に御思召《おんおぼしめし》の御伝《おつたえ》ありたる已上《いじょう》には、是《これ》は絶対的不変更のものとして御遂行相成《あいな》るべし」と語ったように、天皇の勅許した方子の結婚すら危ぶまれるほどになっていた。

また、原は伊東から、皇室典範改正が王公族の国法上の地位を臣籍にする方向で行われるときは、「併合条約並びに詔書の精神に反する」、「皇族の結婚は同族または特に勅許せられたる華族に限るとする従来の方針を変更し、平民との結婚を許す端《たん》を開く」、「王公族を皇族に準ずるとしない以上、結婚は降嫁となる」が、その場合、「朝鮮君臣の悪感情を招き、延《ひ》いては従来の朝鮮統治策を破壊する」、「もし典範改正の事情が明らかになれば朝鮮側が結婚を拝辞するかもしれない」、「典範改正後に結婚の実質並びに形式が降嫁なることが判然すれば李王家は結婚を辞退するかもしれない」、「典範改正後に婚儀が辞退せらるるような失態を生じたならばその責任は宮内大臣のみならず内閣にも及ぶ」、「婚儀は天皇の内許を経たものであるから、典範改正論よりすれば、元老や宮内官僚がこれまで行ってきたことは典範違反の行為」などの説を聞かされる。

伊東は「皇室制度再査議」を提出して王公族の法的規定を進めようとした当初とは、かなり意見を異にしてしまったようだ。伊東は調査を重ねるうちに、朝鮮支配のために王公族の存在が重要なこと、婚儀はすでに天皇の勅許を得ていることなどを、強く意識するようになり、「解釈のみにて問題を決すべし」という態度に傾いたのである。しかし、末松謙澄ら枢密院委員たちは、当初の伊東がそうであったような「純法理論」による厳密な規定を求めていた。こうした事態の中、波多野宮内大臣が「今回の婚嫁について別段天皇の内許《ないきょ》があったわけではない」と失言したいきさつもあった。波多野は、方子の母・伊都子に「天皇にも申上《もうしあげ》た」と伝えた人物だけに重大発言である。

また、大正七年（一九一八）一〇月二六日、伊東は後藤新平《ごとうしんぺい》に、「虚心坦懐《きょしんたんかい》に此の問題［降嫁問題］を考慮するときは将来容易ならざる悪結果を来《きた》し、朝鮮統治は根本的に破壊する而已《のみ》ならず、延ひて民族自立問題をも引起《ひきおこ》すに致る」（伊東巳代治『翠雨荘《すいうそう》日記』）と言われている。台湾の植民地行政に辣《らつ》腕《わん》を奮った後藤は、王公族の存在が、朝鮮ナショナリズムの動向と不可分の関係にあることを見抜いていたのだ。

他方、伊東と枢密院議長山県有朋《やまがたありとも》との間で、「王公家軌範案」をめぐりあらたな議論が展開される。大正七年一一月一一日の『東京日日新聞』紙上で、山県は「王公家軌範案」を制定しようとする帝室制度審議会を批判し、こう述べる。「我輩は敢《あえ》て此《ここ》に朝鮮の王公家軌範に就《つい》て論議することを欲せず、只《ただ》此に一言すべきは、我帝国の其植民地に対する統治関係は、政治問題にして為政者総て其責に任ずべきものなることを主張するに止《とど》むべし」。伊東が帝国憲法制定当時の発想で帝室制度審議会を設置したことは、宮中と府中の別を乱すものだと指弾したのである。この山県の言葉に代表されるように、枢密院は伊東が宮内省のもとに帝室制度審議会を設置したことに、強く反発していたのである。

結局、枢密院の多数派が典範改正を求めたため、伊東はこれに対抗して帝室制度審議会総裁辞任の上奏文を波多野宮内大臣に提出。驚いた波多野が、原敬首相の承認のもと、典範改正は「増補」とし、その文言も「皇族女子は王族又は公族に嫁することを得」とあらため、その理由説明文は添付しないことで、伊東を説得しようとした。こうした妥協を重ね、大正七年一一月一日、枢密院にて皇室典範増補案が可決され、翌二日の皇族会議でも可決し、同月二八日公布された（前出『日本立法資料全集明治皇室典範（上）（下）』）。

このように皇室典範に「皇族女子は王族又は公族に嫁することを得」の一行が増補された背景には、様々な思惑がからみあっていたのである。方子の婚約を契機に、朝鮮王公族の法的規定を求める動きが活発化したが、併合による朝鮮統治の政治的配慮が底流にあり、かつ帝室制度審議会と枢密院との確執が重なり、「純法理論」としては歯切れの悪い結果となった。言い換えれば、法的整備が不十分なまま婚約を決定してしまった寺内正毅朝鮮総督や波多野敬直宮内大臣の動きが、いかに安直なものであったかを物語っているともいえる。とはいえ、近代皇室法の多くが、皇室婚嫁令などのように既定事実が発生して後に制定されてきたことを考慮すれば、寺内や波多野の個人的責任のみに帰するわけにもいかない。法的整備が不十分なまま近代法治国家として成立した君主制社会の持つ「ジレンマ」であったというべきかもしれない。

この後、大正一五年（一九二六）一〇月二九日、「王公家軌範案」も枢密院で諮詢されて、一一月一〇日に原案通り可決。一二月一日、公布される。この「王公家軌範案」可決の背景には、大正一一年の山県有朋の死去による山県系官僚閥の崩壊などがあり、このために枢密院が伊東らの帝室制度審議会案に同調したことがあったともいわれる（伊藤之雄「近代日本の君主制の形成と朝鮮」）。

なお、同案には「王系及公系は男系の男子之を襲《つ》ぐ」とする第一条があるが、それは男系を規定したのみならず、王公族の子孫も王公族とするという意味がふくまれたのである。すなわち、李垠と方子の間に生まれた男子は王族を嗣ぐことが法的にも認められるのだが、同法が公布されるまでの数年の間に、方子はいくつかの「悲劇」と「試練」に遭遇することになる。

3 結婚の延期

朝鮮貴族の祝辞

話題は婚約発表当時にもどるが、大正五年（一九一六）八月四日、李垠と方子の婚約を喜ぶ李完用《イワニヨン／りかんよう》伯爵の談話が、『東京日日新聞』に掲載された。同記事によれば、李完用は以下のように述べた。

伊藤［博文］公在世の砌《みぎり》、世子《せいし》の御婚儀に就て屢々《しばしば》相談し、伊藤公も欧米各皇室の例を引き、日鮮両国永遠の親交の為《た》め、両皇室の結婚を実行せざるべからずと語られしが、併合後の今日は当時と違ひ、両皇族間の御結婚は当然のやうなれど、朝鮮に取つてはこの上もなく喜ばしき事なり。こは世子殿下の学問その他の御成績よき事と、聖上［（大正）天皇］をはじめ各皇族方に認められし結果なるべけれど、寺内［正毅・朝鮮］総督の斡旋の労は感謝に堪へず。李王家は申すまでもなく鮮人一般、限りなき喜びなり。願はくば今後日鮮の貴族をはじめ一般が盛んに結婚して同化の実を挙げたきものなり。

婚約の祝辞を述べた李完用伯爵とは、韓国併合直後の明治四三年（一九一〇）八月二九日に公布された朝鮮貴族令に基づいて設置された「華族に準ずる貴族たち」の一人であった。彼らは李王家の近親と李王家に尽くした者たちから選出された韓国の上層階級であった。

朝鮮貴族たち（『朝鮮実業視察団記念写真帖』より）
前列左から，李秉武，李完用，朴斉純。

朝鮮貴族は華族同様、公・侯・伯・子・男の五爵からなったが、公爵は該当者が存在しなかったことから、華族よりもやや下位に位置づけられた印象がある。当初は七六家が選出され、侯爵六名、伯爵三名、子爵二二名、男爵四五名であった。

朝鮮貴族には、一般的に「親日的高級両班《ヤンバン》」のイメージがある。「両班」とは、もともとは高麗《こうらい》時代の高級官僚に起源があり、李氏朝鮮《りしちょうせん》時代の最上位の貴族階級である。実際、朝鮮貴族となった人々の多くは、李氏朝鮮を母体とした大韓帝国の閣僚や高級官僚たちであった。

李完用も日韓併合条約調印当時、首相を務めるなど要職にあった。李完用は、親日的といわれる朝鮮貴族の代表的人物であり、近年では再評価の動きもあるが、韓国では「乙巳五賊《ウルサオジョク》《いっしごぞく》」、「丁未七賊《チョンミチルジョク》《ていびしちぞく》」と呼ばれる売国的両班として悪評高い。

「乙巳五賊」とは、明治三八年（一九〇五）、乙巳の年に韓国の外交権を接収した第二次日韓協約（韓国名は乙巳条約）締結を助けた売国的閣僚を意味する。学部大臣であった李完用はじめ、内部大臣の李址鎔《イジヨン》《りしよう》、軍部大臣の李根沢《イグンテク》《りこんたく》、法部大臣の李夏栄《イハヨン》《りかえい》（代わりに外部大臣の朴斉純《パクチェスン》《ぼくせいじゅん》の場合もある）、農商工部大臣の権重顕《クォンジュンヒョン》《ごんじゅうけん》の五名である。

「丁未七賊」とは、明治四〇年（一九〇七）、丁未の年に当時の皇帝高宗を退位させ、さらに韓国の内政権を接収した第三次日韓協約（韓国名は丁未条約）締結時の閣僚を意味する。首相であった李完用のほか、内部大臣の任善準《イムソンジュン》《にんぜんじゅん》、度支部《たくしぶ》大臣（大蔵大臣）の高永喜《コヨンヒ》《こうえいき》、軍部大臣の李秉武《イビョンム》《りへいぶ》、学部大臣の李載崐《イジェコン》《りさいこん》、農商工部大臣の宋秉畯《ソンビョンジュン》《そうへいしゅん》、法部大臣の趙重応《チョジュヌン》《ちょうじゅうおう》の七名である。

李完用は、両賊に名を連ねたばかりでなく、後述する明治四〇年（一九〇七）のハーグ密使事件で首相として高宗の責任を追及して退位させたり、大正八年（一九一九）の三・一独立運動では韓国側に強圧的態度で臨み侯爵に陞爵《しょうしゃく》したりするなど、「売国親日」ぶりが際立っている。このため李完用は家を放火され、自らも負傷した経験も持つ。

ところで、朝鮮貴族はそのすべてが「売国親日」ではなかった。日本政府によりやむなく爵を授かったものの、これに同意せず、爵位を拒絶、返却、あるいは反日言動のために剝奪された子爵や男爵も少なくなかった。なかには、爵位を捨てて、上海で韓国独立運動に関わった金嘉鎮《キムガジン》《きんかちん》男爵（元中枢院《ちゅうすういん》議長）のような「愛国者」もいた。

朝鮮貴族たちの中は、李王家に対する忠誠心からやむをえず爵位を受けた者が多かったのだが、李王家も朝鮮貴族たちも、日本の上層階級に組み込まれてしまうことで、ナショナリズムに覚醒した韓国の民心から離れ、むしろ憎悪の対象となってしまった。ここに李王家や朝鮮貴族の以後の歴史的「悲劇」の原因があるのだが、方子もそうした朝鮮王族に嫁ぐことで、李王家の歴史的「悲劇」に巻き込まれていくのであった。

「売国親日」的な朝鮮貴族である李完用の祝辞は、反面では、韓国の民心から離れた結婚を意味していたのである。

納采の儀

皇室典範改正や朝鮮貴族の祝辞など、方子の前途にはいくつかの「暗雲」があった。方子も自伝で、当時の不安な心を綴っている。

覚悟は固まったとはいえ、当の垠殿下に改めてお会いしたわけでもなく、お見合いのようなことがあったわけでもないので、やはり実感としては遠いお方なのでした。

「殿下はこんどのことについて、どうお考えになっているのかしら……」

まさか私同様に、新聞をごらんになってびっくりあそばすということはないにしても、ご自分のご意志でないことだけは、想像するまでもありません。まだご両親にあまえたいお年ごろに、いわば人質のようなお立場で日本へこられたと聞き、「お気の毒に……」と、宮中なので遠くからお見あげしたこともあったのが、いままた政略的なご結婚を余儀なくされておいでのお心のうちを思うにつけ、殿下も私もおなじ犠牲者なのだ、という親近感のようなものが湧きあがってきました。

李垠への親近感を抱き、結婚への覚悟もできた方子は、母・伊都子とひたすら結婚の準備を進めていく。伊都子は自伝に「こうなったらとにかく、お国の恥にならぬようにお支度をせねばなりません。そこでいちいち宮内省に相談し、宝石類をはじめとして調度品一式の用意を役所の者たちに命じました。私の時と違って宝石類は銀座の御木本《みきもと》真珠店ですべて間に合う時代になっていました」と記している。

伊都子の日記にも、大正六年（一九一七）一一月から一二月にかけて、御木本真珠店とやりとりをしていた様子が書き残されている。「御木本など来り。宝石に付相談」（一一月二九日）、「御木本も下絵をかき来る」（一二月六日）、「御木本来り、色々きめ、一万二千円にて冠をあつらへる事」（一二月一〇日）、「御木本、下絵を持参。あまり気に入らず。再考」（一二月一五日）。「下絵」とあるのは王冠の下絵であろうか、伊都子は細かく注文をつけていた。「一万二千円」は、大正九年の総理大臣の年俸に相当した。

方子も自伝に、大正六年当時のあわただしさを綴っている。

秋にはだんだんとお支度のピッチもあがってきて、調度品があわただしく母上のお指図で運びこ

納采の儀（『梨本宮伊都子妃の日記』より）
左から，方子，守正，伊都子，規子。

まれ、デパートの呉服部の人たちが出入りして染物のことや図柄など相談し、洋服の仮縫いだけでもたいへんでした。御木本真珠店の王冠や指輪なども、他の妃《ひ》殿下方《でんかがた》とおなじにならぬようにと、いろいろ母上が苦労されながら準備がすすめられていくのでした。

このころ、前述した皇室典範改正をめぐる帝室制度審議会と枢密院との紛糾がはじまるのである。このためか、方子の自伝にも、伊都子の自伝や日記にも、この後、皇室典範増補が決定するまでの一年間の動きがない。

動きが再開するのは皇室典範増補が公布された大正七年（一九一八）一一月二八日を過ぎてからであった。『東京日日新聞』

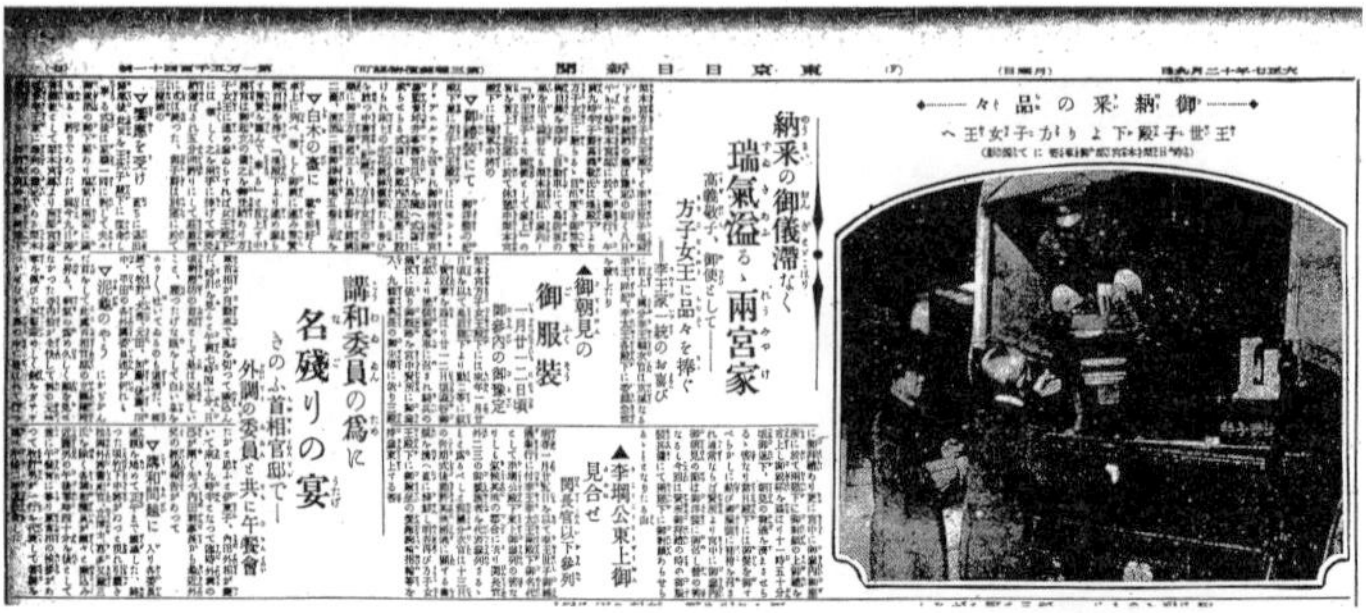
東京日日新聞

御納采の品々
王世子殿下より方子女王へ

納采の御儀滞なく
瑞氣溢るゝ兩宮家
高義敬子、御使として
方子女王に品々を捧ぐ
——李王家一統のお喜び

▲御朝見の御服装

▲李堈公東上御見合せ

講和委員の爲に
名殘りの宴
きのふ首相官邸で—
外調の委員と共に午餐會

納采品運搬を伝える新聞記事（『東京日日新聞』大正７年12月９日）

も、一二月五日になって「王世子の御縁談　めでたく成立す　昨日宮家より正式御承諾　本日勅許、御結納は八日」と、久しぶりに具体的な情報を掲載する。結納、すなわち納采《のうさい》である。翌日には、「御婚儀　一月廿五日　方子女王の御結婚勅許　李王世子本日御礼参内《さんだい》」、「御親署《ごしんしょ》の勅許書　李太王へ電報復命　告期式は来《きたる》十三日」と報道する。大正五年（一九一六）八月三日の婚約報道から二年以上も経っていたのである。

その後、新聞は結婚への順調な経過を伝える。大正七年一二月九日、梨本宮邸の車寄《くるまよせ》に運ばれる「御納采の品々」の写真と、「納采の御儀　滞《とどこおり》なく　瑞気《ずいき》溢るゝ両宮家高義敬《コヒギョン》《こうぎけい》子、御使として方子女王に品々を捧ぐ　李王家一統のお喜び」の記事が掲載された。高義敬子爵は朝鮮貴族で、李王職事務官であり、のちに伯爵となる。この日、守正は陸軍中将の礼装、方子はモント・ド・デユルテの洋装であった。さらに「御朝見の御服装　一月廿一《にじゅういち》日頃　御参内の御予定」の記事も載り、方子が皇后節子《さだこ》（貞明皇后）から勲二等宝冠章を授かることが伝えられた。

李堈の欠席

「納采の儀」の喜びを伝える記事と同じ紙面には「李堈《イカン》《りこう》公東上御見合せ閔《ミン》《びん》［丙奭《ビョンソク》《へいせき》］長官以下参列」の記事もある。李垠の二〇歳年長の異母兄である李堈が、翌月二五日に予定される李垠の婚儀に李太王［高宗《コジョン》《こうそう》］の名代として参列するはずであったが、「気候其他の都合」で長官の閔丙奭子爵ほか二、三の親族者が参列することとなったという。一カ月後の婚儀欠席理由に「気候」というのも不自然な話である。

李堈は、朝鮮公族として京城に住んでいたが、日本政府や朝鮮総督府を悩ませる存在であった。この二カ月後の三・一独立運動に際しては、密かに公邸を脱出して上海への亡命を図っている。結局、日本官憲に捕まり京城に連れ戻されるなど、「厄介者」扱いであった。このため李堈の行動は、当時の朝鮮総督であった斎藤実に逐一報告されていたのである。

「丁未七賊」とされる朝鮮貴族の宋秉畯子爵は、原敬首相に「厄介者」の李堈の日本招致を口添えし、その時、李堈は王族である李垠の兄にあたるのに冷遇されていて不平が多く、そのため「不穏分子」に誘惑されやすいと弁解した。さらに、道楽人ではあるが「帝室に対しては他意あるに非《あ》らず」、明治天皇崩御の際も一年間喪服を着ていたほどだと、説明している。

李垠の兄・李堈
（『皇族画報』より）

ところが、李堈は元来が奔放な性格で、多くの側室に子を生ませたり、派手で金遣いが荒かったりした。このため昭和五年（一九三〇）に病気を理由に日本政府によって隠居させられる。李堈を嗣いだのが、李鍝であり、その夫人誠子《よしこ》は、高松の松平胖《ゆたか》長女、広橋真光《ただみつ》伯爵養女である。松平胖夫人の俊子は、方子の叔母（母・伊都子の実妹）であり、広橋真光夫人の規子《のりこ》は、方子の実妹である。しかも、広橋真光の大叔母が方子の母方の祖母・栄子《ながこ》（伊都子の実母）である。李鍵は昭和二〇年（一九四五）の敗戦後、桃山虔一《ももやまけんいち》の日本名で帰化する。方子の母・伊都子の家系が、朝鮮王公族の「親日」化に大きな役割を果たしていたともいえる。

ともかく、李堈の欠席は、ある種の意図がふくまれていたようにも思われ、方子にとって前途の不安を示すものでもあったが、方子の結婚準備は着々と進められた。方子の伝記にも、その経緯が記されている。

いよいよ挙式は翌年一月二十五日と正式に決定しました。

年末のあわただしさに、婚儀の迫ったあわただしさが加わり、また、新年のめでたさに、婚礼を目前にしたおめでたい気分が重なって、無我夢中の目まぐるしさのうちに、大正八年の新春を迎えました。

明けてすぐの一月九日には宝冠章勲二等を賜わり、翌十日は、女王として最後のおいとまごいに、賢所奉拝《ほうはい》及神殿、皇霊殿に奉拝の儀をすませました。この日の私は、濃紫色の袴をつけ、髪はおすべらかしの小袿袴《こうちぎはかま》姿でした。婚儀のときは英国風のデコルテーなので、生まれてはじめての、そして最後の姿です。

納采の儀があって以後は殿下も日曜日ごとにお訪ねくださっていました。大正六年に陸軍士官学校をご卒業になって、すでに少尉に任官され、近衛歩兵第二連隊付でいらしたので、日曜日以外のお出かけはむずかしいのです。お互いに少しでも多く、いそいで理解を深め合わなければと、心ではわかっていながら、お会いするとなかなか思うようにお話できず、庭を散歩したり、ときには子どもがするようにトランプあそびをしてみたり、といった程度でした。

結婚前に参内したおすべらかし姿の方子
（『梨本宮伊都子妃の日記』より）

伊都子の大正八年一月の日記にも、方子に同行する侍女たちの荷造り、宮中への挨拶、学校関係者や縁故者の招待、調度品陳列など、あわただしい様子が記される。同月一五日には「学校の同級生、願ひかなひ、四十八名来り」、一九日「けふは、御道具を長棹《ながさお》に入れこみ、そこらかたづけて終る」とある。そして、二一日「御荷物送り開始。宮内省の自動車二、通運会社の三にて、それ〲はこび、午前中に四回、午後二回」と、鳥居坂に方子の多くの「道具」が運ばれ、あとは式を待つばかりの

噫、李太王
突然腦溢血を發して
昨朝全く絶望に陥せらる
―御重體の儘になし置き
本日喪を發せん
御危篤に陥られし
李太王殿下
▼氣懸りな御一言
▼御婚儀は延期
▼驚愕の世子邸
勲章加授
御端座

李太王急逝を報じる新聞記事
（『東京日日新聞』大正８年１月22日）

状態となった。

李太王急逝

ところが、調度品を運び入れたところ、突然の情報が入る。

伊都子の大正八年（一九一九）一月二一日の日記欄外には、「夕刻、電報にて李太王御危篤のよし来り大さわぎ」とある。翌二二日、「いよ〳〵李太王御危篤薨去《こうきょ》のよし。王世子殿下午前八時三十分にて帰国のよし、実に言葉にも筆にも尽されぬかなしさ。何事も手につかず、只《ただ》ぼんやりとした事なり」と記した伊都子の気持ちは、方子の心でもあったろう。この日の日記には「午後三時頃、李太王薨去の旨、宮内省より発表あり」と加筆されている。

同日の『東京日日新聞』は、「噫《ああ》、李太王突然脳溢血《のういっけつ》を発して　昨朝全く絶望に陥《おちい》せらる　御重体の儘《まま》になし置き　本日喪《も》を発せん」の記事と同じ紙面に、「御婚儀は延期世子《せいし》殿下今朝東京駅発　御帰鮮の事に決定す」と「驚愕の世子邸　御調度搬入中に御異変の報　王世子には二時まで連隊に　早速帰鮮の御準備」の記事を掲載している。

李太王の容態について、京城特電は、「李太王殿下は予《かね》て持病の僂麻質斯《リウマチス》と痔疾《じしつ》とに悩ませ居《お》られたるも、近来、稍《やや》御快方にて、廿日《はつか》も平常の通り夕飯を召され午後十一時卅五《さんじゅうご》分頃、左の手、急に痺《しび》れ極痛に堪へられで御寝室に起き上り、椅子に掛け御付《おつき》女官に手を執らせ居る中、俄《にわか》に椅子より外れて倒れられしかば、御容体容易ならず」と伝えた。嘱託医師の安商鎬《アンサンホ》《あんしょうこう》らが診察したが、痙攣《けいれん》を起こし、その後、半身不随となり、大痙攣を起こして六時三六分、「絶望に陥らせられたり」とある。

この李太王の急逝には、当時から「自殺説」、「憤死説」などさまざまな噂が流れた。たとえば、「〔李太王〕殿下は内心日韓併合を恨みとし国権恢復《かいふく》を企図」したが、「到底日本の勢力に及ばざるを以て悲嘆の余り自殺」、「世子と日本皇族との婚儀を不満として多量の金を服用して自殺」、などの流言が韓国民衆の間に広まった。

「毒殺説」もあり、「奸臣《かんしん》の奇計による毒殺」とされ、李垠と方子の結婚の「不利なるを説き再三諫《かん》言《げん》したるも用ひられざりし為、遂に憂国の臣二、三は女官と謀り御食事中毒薬を混入し」、婚儀延期を狙ったという（姜徳相編『現代史資料25　朝鮮(1)』）。

方子自身も自伝で、「毒殺」の噂を、こう記している。

……私は李太王さま突然の薨去が、やはりご病死でなかったことを人づてに聞き、身も心も凍るおそろしさと、いうにいえない悲しみにうちひしがれてしまいました。

　ご発病が伝えられた一月二十一日の前夜、李太王さまはごきげんよく側近の人々と昔語りに興じられたあと、夜もふけて、一同が退《さが》ったあと、お茶をめしあがってからご寝所へお引き取りになってまもなく急にお苦しみになり、そのまま たちまち絶命されたとのこと。退位後もひそかに国力の挽回に腐心されていた李太王さまは、パリへ密使を送る計画をすすめられていたそうで、それがふたたび日本側に発覚したことから、総督府の密命を受けた侍医の安商鎬が毒を盛ったのが真相だとか。また、

「日本の皇室から妃をいただければ、こんな喜ばしいことはない」

とおっしゃって、殿下と私の結婚に表面上は賛意を表しておられたものの、じつは殿下が九歳のおり、十一《ママ》歳になられる閔閨秀《ミンキュス》《びんけいしゅう》〔閔甲完《ミンカップワン》《びんこうかん》・閨秀《キュス》は良家の子女の敬称〕という方を妃に内約されていたため、内心では必ずしもお喜びではなかったのです。そうしたこともわざわいして、おいたわしいご最後《〔最期〕》となったのではないでしょうか。


　朝鮮総督府が侍医を使って毒殺したというのだが、その理由は、李太王が「パリへ密使」を送ったことと、李垠に婚約者がいたので方子との結婚に同意していなかったことなどであったという。「パリへ密使」というのは、大正八年（一九一九）一月からパリで開かれた第一次世界大戦後の講和会議へ密使を派遣して、朝鮮の独立を訴えようとした事件である。パリ講和会議では民族自決の原則が唱

えられ、日本に併合されていた韓国内でも独立運動が高まっていた。なかでも、東学をもとにした天道教《チョンドギョ》《てんどうきょう》主の孫秉熙《ソンビョンヒ》《そんへいき》を指導者として、キリスト教、仏教など宗教界の人々を結束した運動が盛んになっていた。こうした機運の中、李太王がパリへ密使を送ろうとしたが、それが発覚したのである。この孫秉熙を指導者とした独立運動は、李太王の死が日本人による毒殺という噂が広まる中、過熱化し、同年三月の三・一事件へとつながっていく。

ところで、方子は発覚を「ふたたび」と書いたが、かつて明治三八年（一九〇五）の第二次日韓協約で韓国が外交権を奪われた後の明治四〇年（一九〇七）に、韓国皇帝であった高宗がオランダのハーグで開かれた第二回万国平和会議に全権委任状を持った密使を派遣して失敗したことを指している。この時、高宗は韓国の主権回復を訴えたのだが、提訴は拒絶され、日本はこれを機に高宗を譲位させ、第三次日韓協約を結んで韓国の軍隊を解体させたのである。密使の一人であった李儁《イジュン》《りしゅん》は、日本の侵略を容認する国際会議に抗議して自決したとされている（病気による憤死だが割腹死とも伝えられる）。譲位させられた高宗は、日韓併合後、李太王（李王の父）として遇されたのであった。

李垠の実父であった高宗は唯々諾々《いいだくだく》と日本のいいなりになっていたわけではなかった。

「毒殺説」

朝鮮総督府が李太王の「パリ密使」を理由に「典医の安商鎬《アンサンホ》《あんしょうこう》」が毒を盛ったという説を、方子の母・伊都子も支持している。母と娘で、同じ情報源であったろうから、似た話にはなろう。しかも、伊都子は、この「毒殺説」が民衆の間にもれて、三・一独立運動につながったことも明記している。伊都子は、自伝『三代の天皇と私』でこう記す。

李太王の死は、日本の総督の陰謀によって毒殺されたと信じられているのです。それは、パリへの密使派遣の企てが発覚し、典医の安商鎬が紅茶に砒素《ひそ》剤を混入し、年若い侍女が李太王に差し上げたという。だが、証拠の茶碗は盗まれてしまったのでした。

王宮のこの秘密は、雑婦《ざっぷ》の口から世間に伝わり、望哭式《ぼうこくしき》「殯所《もがりどころ》に向かって哀哭する儀式」にひれ伏した群衆に知れ渡ったのです。望哭の悲哀はたちまち憤激と変り、武断《ぶだん》政治に圧されて忍べるだけ忍んでいたあらゆる怨恨が一時に爆発したのでした。韓国の志士たちは独立宣言し、独立万歳運動という無抵抗運動が起こったのです。規律正しく、そして静粛に、太極旗《たいきょくき》［大韓民国国旗］を先頭に、

「今日、只今、わが大韓国は独立する。大韓独立《テハントクイプ》、万歳《マンセー》！」

「テハン、トクイプ、マンセー」

と行進したといいます。

お葬式を三月三日に控えたその一日《ついたち》、独立万歳騒動事件の幕は切って落とされました。だが、日本軍の機関銃は火を吐き、全半島の大地は鮮血にまみれたのでした。

方子と伊都子の母娘の自伝にある「毒殺説」を補うような記事が、司法官僚で朝鮮統治や李王家にも深く関わった倉富勇三郎《くらとみゆうざぶろう》の『日記』（国立国会図書館憲政資料室蔵・なお同日記にある李太王毒殺関係記事は、永井和「倉富日記にみる李太王毒殺説について」に紹介されている）にもある。大正八年（一九一九）一

○月三〇日に李太王が亡くなって一〇カ月ほど後のことである。
宗秩寮《そうちつりょう》に到り仙石政敬《せんごくまさゆき》［宗親《そうしん》課長兼爵位《しゃくい》課長］に遇《あ》ひ、閔丙奭《ミンビョンソク》《びんへいせき》［李王職長官・子爵］、尹徳栄《ユントクヨン》《いんとくえい》［李王職賛侍《さんじ》・掌侍司長《しょうじしちょう》・子爵］が辞職したることに付《つき》、寺内正毅［元朝鮮総督］より長谷川好道《よしみち》［前朝鮮総督］に意を伝へ、長谷川をして李太王に説かしめたることあるも、太王が之《これ》を諾《だく》せざりし故《ゆえ》、其事を秘する為、尹徳栄、閔丙奭等の太王を毒殺したりとの風説ありとの話を聞きたるも、寺内より長谷川に話したりと云ふ事柄を聞かず。君は之を聞きたることなきやと云ふ。仙石、之を聞かず、明後日、田中遷《たなかせん》［李太王付事務官］が来ることになり居《お》る故、之を問ひ見るべしと云ふ。

長谷川が「ある事柄」を李太王に説いたが、これを拒否され、そのことを秘するために李王職にあった閔丙奭と尹徳栄が李太王を毒殺したという噂があったというのだ。倉富は、李太王に説いた「ある事柄」が何かわからないので、仙石に聞いたが、仙石も知らず、田中遷に聞くように促された。

その数日後の一一月三日、倉富は宮内省で田中と会い、「朝鮮にては尹徳栄等が李太王を毒殺したりとの風聞ありたる由《よし》なるが、其《その》原因に付《つい》ては如何《いか》なることを云ひ居るや」と尋ねた。これに対して、田中は、「或人《あるひと》が李太王の署名捺印したる文書を得て、巴里《パリ》の講和会議に赴き、独立を図らんとせしに、閔丙奭、尹徳栄、宋秉畯《ソンビョンジュン》《そうへいしゅん》等が太王をして署名捺印せしめざりしが、愈々《いよいよ》独立が出来る様《よう》になれば閔等が立場なきことになる故、之を殺したりとの風説ありたり」と、説明した。

つまり、「或人」が、李太王の親書を持った密使をパリ講和会議に派遣しようとしたところ、閔丙奭、尹徳栄、宋秉畯らがこれを妨害した経緯があり、この事実が独立によって露顕することを恐れて、李太王を殺害したというのである。独立機運の高まりに閔らが危機意識を持ったというわけだ。

いずれにせよ、李太王の「毒殺説」は、方子や田中遷ら李王家の中枢にあった人々の間では、閔丙奭、尹徳栄、宋秉畯ら朝鮮貴族や侍医の安商鎬の名があがるなど、かなり具体的な情報として伝えられていたのである。

韓国で連載された『歳月よ王朝よ』では、日本官吏に脅迫された安商鎬の犯行としてこうある。

「もしや毒殺では?」と首をかしげる人も多かった。入棺前の着替のとき、屍《しかばね》から膚肉《はだにく》がむきでたことでこの疑いはいっそう強くなった。毒殺の場合、屍から膚肉がむきでるといわれていたのである。

ついに、宮中典医の安商鎬が日本政府官吏の賄賂《わいろ》におぼれ、脅迫におびえて、毒を盛ったことが明らかになった。

流布する噂

ちなみに、赤瀬川隼《あかせがわしゅん》『青磁《せいじ》のひと』は、方子の半生を追跡した小説であるが、荒唐無稽なフィクションともいえない迫力がある。赤瀬川は、作中で洪百成《ホンペクソン》《こうひゃくせい》なる老人に語らせながら、次のように書く。

世界にひろがる民族自決主義への対抗策として、日本は、日韓併合が両国の合意に基づくものであることを国際間に印象づけようと腐心し、三つの策を案出した。

一つは、各道知事に命じて朝鮮民衆をして合併の連判状に捺印させる。これの強要は当時の軍警の力をもってすれば、わりあいたやすいことである。

二つめは、合併合議書の承認者として、李太王の署名と御璽《ぎょじ》を得る。

「そしてもう一つがね、新婚の李垠夫妻をヨーロッパに新婚旅行に行かせてね、パリ平和会議に立ち寄って『日韓合併は韓国政府の要請によるものである』と表明させることだったんですよ。結局、第二の行為を父君が拒んで毒殺されたために、第三の案の前提となる結婚が一年延びてしまい、日本の策はみのらなかったという結末です」

李垠と梨本宮方子の結婚の日取りは、だからパリ平和会議に合わせて決められていたとも考えられる。国際舞台に、李朝皇太子と日本の天皇の親戚の女王が、夫婦として手をたずさえて登場するのである。合意に基づく合併を示すこれ以上の演出は望めまい。

しかし、日本は李太王の説得に失敗した。ときの朝鮮総督長谷川好道は、親日派の親玉である、李王賛侍長《さんじちょう》の尹徳栄をして説得工作に当たらせたが、李太王は度重なる尹の進言を斥けた。

「朕《ちん》は、たとえ腕を切り落とされようとも、断じて署名には応じないぞ」

ついに尹徳栄は、朝鮮総督の意向を受け、典医の安商鎬に命じて太王の飲む紅茶に砒素を混入させた。

「毒殺」の理由が、倉富日記では「独立妨害の露顕を恐れた朝鮮貴族の口封じ」であるのに対して、赤瀬川説では、「併合同意の拒否に対する朝鮮総督の報復」となっており、犯行主体が微妙に違う。しかし、「毒殺」に関与した人々という点は、倉富日記と符合するものがあり、「火のないところに煙は立たず」の感を深めさせる。少なくとも李太王の「独立」の精神を妨げる親日派の存在が、朝鮮の人々の間で不信の目で見られていたのは確かなようだ。

朝鮮貴族らによる「毒殺説」については、朝鮮キリスト教界の重鎮であり、「愛国」から「親日」派へと揺れた尹致昊《ユンチホ》《いんちこう》の『日記』にも、興味深い記述がある。前出の永井和「倉富日記にみる李太王毒殺説について」にある李昇燁《イスンヨプ》《りしょうか》「李太王の薨去をめぐる噂」によれば、尹は当初は「毒殺説」を相手にしなかった。動機が見あたらないからである。大正八年（一九一九）一月二六日、李太王が急逝した五日後の日記には、「王世子の結婚の四日前に李太王が急逝したので、自殺の噂が流れているが、馬鹿げている」とある。

その後、三・一運動後の三月四日になって、尹徳栄子爵らが「食醯《シッケ》〔甘酒〕」に毒を入れて李太王を殺害し、朝鮮人が日本の統治に満足していることを証明するため、尹徳栄、李完用、趙重応《チョジュンヌン》《ちょうじゅうおう》子爵らがある文書に署名したとの噂が流れた。尹致昊は、この時も「煽動者」の仕業と見ている。

ところが、同年一一月に、尹は衝撃的な事実を知る。閔丙奭と尹徳栄が李太王の住居であった徳寿宮《トクスグン》《とくじゅきゅう》と永成門の内側の土地を日本人に「売却」したというのである。徳寿宮は、主人不在の慶運宮《キョンウングン》を修理して高宗の居所とした宮殿であり、皇帝となり昌徳宮に移った純宗が高宗の長寿を願って徳寿宮と改称したのである。李垠の生まれた宮殿でもあった。同月二九日、尹は日記にこう記す。「私は李太王『毒殺』の噂を信じなかった。必要性が感じられなかったからである。しかし、閔丙奭や尹徳栄たちが徳寿宮を売ったことを知り、噂を信じるようになった」。そして、こうもつけ加える。「彼らが経済的に困った時は、李王世子や李王も警戒すべし。昌徳宮〔李王の住居〕も売られるかもしれない」。

徳寿宮正門（大漢門）（当時の絵葉書）

徳寿宮売却のための李太王毒殺説は、いくつかのあやふやな「毒殺説」とも呼応する情報もあり、動機としてもわかりやすい。しかし、一体、誰に、いくらで売ったのかは不明だし、本当に「売却」されたのかも疑問である。もし売却が事実であれば、「毒殺説」の確率が高まるばかりでなく、徳寿宮売却そのものが歴史的重大事件として記録されねばなるまい。

朝鮮総督への陳情書

こうした朝鮮貴族による「毒殺」説の流布を、日本側官憲が放置しているとした陳情書が斎藤《さいとう》実《まこと》朝鮮総督の下に届いている（国立国会図書館憲政資料室『斎藤実文書』）。同陳情書によれば、閔丙奭李王職長官、尹徳栄賛侍長の辞職辞爵、および尹沢栄《ユンテギョン》《いんたくえい》侯の辞爵決意の動機は、尹徳栄一派や李完用らが李太王を毒殺したという噂が広がり、朝鮮民衆の誤解を受けたからという。事態を憂慮した

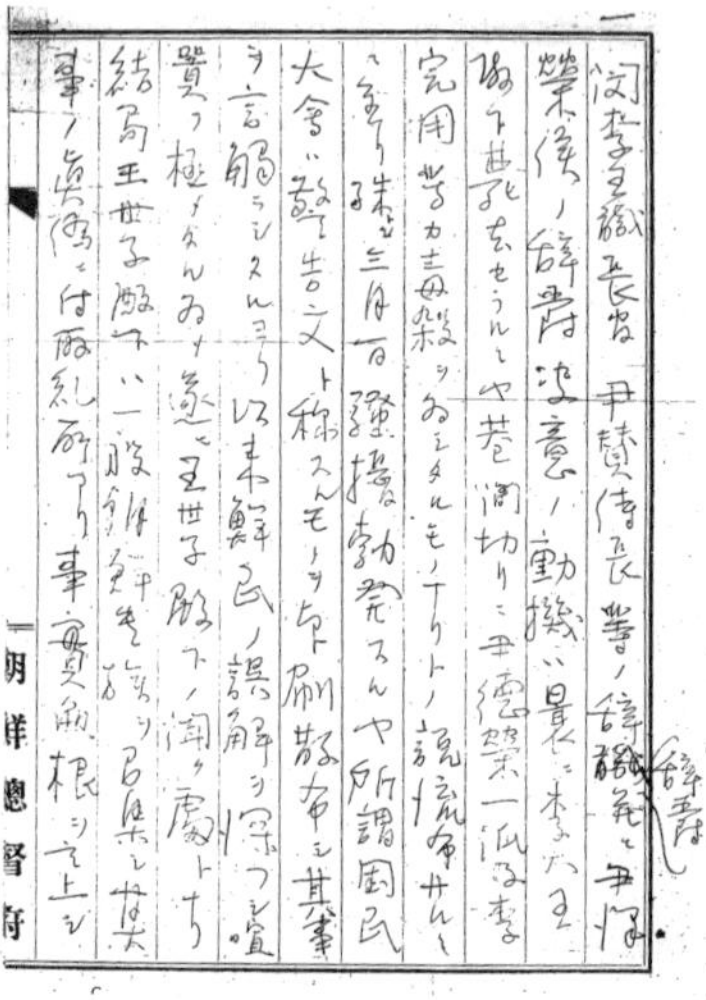

斎藤実朝鮮総督への陳情書の写し
（国立国会図書館憲政資料室蔵「斎藤実文書」）

王世子（李垠）は朝鮮貴族を召集し真偽を確かめ、事実無根が証明されて事が落着したにもかかわらず、尹徳栄一派のもとには毒殺を信ずる民衆から数十回もの「不穏投書」がある。だから、その解決のために王世子に提出した証明書をもって長谷川総督が誤解を解いて欲しいと願ったが、「其儀《そのぎ》に及ばざるべし」と却下されたとある。その後も毒殺説は広まり、「某貴族の如きは毒殺の状況を目撃したと聞けり」とまで述べており、尹徳栄の立場は悪くなっているという。

陳情書はさらに、総督府は「誣告《ぶこく》の犯人を検挙せず、社会に対し吾等《われら》（尹徳栄等）の潔白を宣明し呉《く》れむとの誠意なく」、「何ぞ安閑として職に堪《た》へ得《う》べきものぞ」と述べ、「惟《おも》ふに吾人等が現在全く危急の状態に陥りつつあるに拘《かかわ》らず、当局、我等の言に耳を仮〔貸〕さざるは、畢竟《ひっきょう》、信任なき結果たるべし。果して然《しか》りとせば寧《むし》ろ此際《このさい》辞任して社会と没交渉となり余生を閑静の地に送らむと決意せり云々」と訴えている。

陳情書の封書には、「三月廿日《はつか》頃陳情書　酒井検事　京畿道長端郡　兵使　高　宋秉畯の所に出入」

とあり、尹徳栄一派の一人と目されている「高」という人物が「酒井検事」に宛てて書いたものであることが示されている。

流言を取り締まらなければ日本の統治に協力しないという脅迫であった。あるいは朝鮮総督府は、親日派の朝鮮貴族による「毒殺説」をあえて広めさせて、民衆の怒りの対象をそらそうとしていたのかもしれない。

ところで、おもしろいことに、李太王危篤を伝える大正八年（一九一九）一月二二日『東京日日新聞』の記事には、毒殺の主犯と噂されていた長谷川好道朝鮮総督と宋秉畯の談話が載っている。長谷川はこう語る。

誠に驚き入つた事である。私は去る十三日上京に就《つい》て御暇乞《おいとまごい》に伺候《しこう》した時には平素の接見所でなく奥の御居間であつた。私が「もうすつかり御宜《よろ》しいのですか」と申上《もうし》げると、「いや全癒とはいかない、椅子は苦しい」と仰《おお》せられ、立つたり坐つたり遊ばした。そして「杞憂《きゆう》かも知れぬが、どうも永《なが》いことはあるまい」と、何となくお気がゝりの御言葉であつたが、御急変とは全く意外である。御酒は召上がらぬ御平生《へいぜい》から拝察して、脳溢血は又御遺伝ではあるまいか。［中略］

御婚儀に就ては非常なお喜び方で御秘蔵のダイヤモンド、真珠等をば世子殿下に贈り給ふ御心《こころ》組《ぐみ》で毎日悦に入らせられ、御両方の朝鮮服を御 誂《あつら》へ遊ばしたと 承《うけたま》はつて居《お》る。御成婚後、御同列で御帰り遊ばす日をどんなにか御待ち兼ねであつた。

宋秉畯も、李垠と方子の婚儀のため東京に来ていた。その談話は、こうである。

御退位後の太王は一世の英主より、暖かき家庭の王者に御境遇が変つて、読書に余念もなく、御書なども極めて御堪能《たんのう》な方であつた。天若《も》しも一ケ年寿を大主《たいしゅ》に藉《か》し奉《たてまつっ》たならば世に一世の御盛儀に嘸《さぞ》かし御満足遊ばしたらうに。

私は廿二日夜帰鮮の予定である。

「毒殺説」の周辺に登場する二人の談話だけに興味深い。ともに、李太王急逝の時は東京におり現場にいなかったこと、李太王が李垠と方子の婚儀を楽しみにしていたと証言していることなどが、かえって違和感を与える。長谷川にいたっては、李太王自身が「永いことはあるまい」と述べたと証言し、飲酒の習慣がないので脳溢血は「遺伝」と力説している。いかにも突然死を正当化するいいぶりであった。もし、彼らが「毒殺」に関与するなり、その謀議を知るなりしていたならば、かなりの鉄面皮であったといえる。

4　婚　儀

李太王の急逝によって、方子の結婚は延期されたが、婚約者の李垠との交流を深める機会となった。

服喪の日々

方子は自伝『流れのままに』でこう回想している。

その当時の皇族方は、ご結婚前の交際といっては、形式的な一、二回の訪問が普通だったのですが、私たちの場合は、結婚までの期間が長くなったせいもあって、月に二、三回は相知りあうよき機会をもつことができました。

母・伊都子も自伝『三代の天皇と私』で同様の回想をしている。

李世子には、近衛《このえ》歩兵《ほへい》第二連隊付の少尉としての職務がおありになるので、李太王の葬儀が終るや東京にお帰りあそばされました。そこでご相談申し上げ、日曜ごとにおうかがいするか、または殿下のほうからこちらにお出《いで》いただき、気楽にお過しになるようにお願いしたのです。

この一年間の婚約時代の交際は、二人にとって大変に幸せそのものでした。これは母として非常

結婚前（1918年当時）の李垠
（『英親王李垠伝』より）

に嬉しいことです。私の場合は交際とてろくになく結婚生活に入りましたが、方子の場合は不幸を幸せに転じ、親しみがますます深くなるように見受けられました。

婚儀が延期された一年間、方子は李垠と毎週日曜日に会い、愛を深めていったというのである。方子の『流れのままに』には、「といっても、お目にかかって少しだけお話ができる程度のこと。ときには琴をおきかせしたり、相変わらずのお庭の散歩、テニスもしましたし、雨でも降っておればトランプをしたり……」ともある。

伊都子の日々の日記には、梨本宮邸に通ってくる李垠の姿が書き残されており、大正八年（一九一九）六月四日には、こうある。水曜日であった。

かねて御約束の如《ごと》く、午後二時ごろより王世子殿下ならせられ、御庭やら色々。御《お》やつに紅茶と西洋菓子上《あぐ》。写真なども写し、其内《そのうち》に小雨降り出したれば、居間にて、どう［撞］球「ビリヤード」など遊び、五時より御食事上、ゆるりとめし上り、後、方子と二人にて琴を弾《ひく》。又、殿下はピヤノを御弾《おひき》になり、トランプなどもして、九時過、御かへり相成《あいなり》たり。御《お》みや［土産《みやげ》］に、果物頂戴す。

同年六月二八日土曜日には、「午後二時、王世子ならせられ、いろ〳〵御あそび遊ばし、御やつにくづそうめん、御夕食事は日本食などさし上。九時半還御《かんぎょ》相成たり」とある。この日は第一次世界大戦講和のベルサイユ条約調印の日であり、日記上欄には「巴里《パリ》に於て平和の調印」と特筆されている。翌日から、伊都子たち皇族は「平和祝賀の観兵式」「平和の晩餐会」「平和祝賀の大夜会」などに参列し、多忙な日々を送った。

この間、伊都子は祖国を失った李垠の胸中をどのように思っていただろうか。同年七月一四日、伊都子は大磯から届いた桃のうち「大きなのをよりて王世子邸へ二十三個」送った。七月二〇日日曜日にも、李垠は午後二時に梨本邸に来て「ゆる〳〵遊ばし」、午後一〇時に帰った。ともに来邸した高《コ》《こう》羲敬《ヒギョン》《ぎけい》事務官には、土産として「いちごとオレ〔ン〕ヂのシロップ半ダースづつと御菓子」を渡している。

その後も李垠と方子の交流は続き、同年九月一九日には、「午後二時より王世子殿下ならせらる。いつものごとく御二階にて色々遊び、御やつ、御夕食も上げ、ゆる〳〵遊ばし、十時、還御」している。一〇月一九日にも、「午後二時より王世子殿下御出《おいで》。いつものごとく色々して、御やつ後は玉突〔ビリヤード〕して、皆々大にぎわひ。御夕食後も玉〔突〕にて、十時ごろ御かへり相成たり」とある。

方子にしてみれば、男子のいない梨本宮家に「兄」ができたようなものであった。李垠にしてみれば、幼い頃から父母と離れて暮らし、さらに父が急逝したなかで、家族として安らげる場を得たのであった。伊都子も、息子のように可愛がっていることが読みとれる。

方子は、結婚が延期されたことを「非常に幸運」とまで、自伝『流れのままに』に記している。

考えてみれば、ここまで愛情が成長し、理解しあったのちに結婚できたことは（李太王さま不慮のご最期という禍《わざわい》を福と転じて）、なにぶん国際結婚など極めてまれな時代で、しかも国家的な背景と特別な意味をもった結婚であっただけに、非常に幸運だと、つくづく思わずにはいられません。

［中略］

婚儀までの期間が長くなったことの、もうひとつのさいわいは、あちらの風習とか、ことば、宮廷内のしきたりを、十分とはいえないまでも、結婚後に勉強するときの基礎になるくらいまでは学んでおけたということです。朝鮮の国字ハングルも、どうにかお手紙を書けるくらいまでになっていました。

服喪の日々、李垠と方子は、互いの意を固めていった。そのことは「日韓融和」という国家的使命を二人が担いはじめたことでもあった。

「三々九度」

方子の結婚は李太王の急逝によって、大正九年（一九二〇）三月か四月の「陽春の吉日」とされた。その後、四月二八日と決定し、方子は大正八年末から大磯の別荘で梨本宮方子としての最後の時期を過ごした。方子にとって幸いなことに、父の守正が病気療養で師団長から軍事参議官となり、大磯別邸で静養を命ぜられていたため、両親と妹の家族水入らずの生活を送れたのである。

というのは、守正が師団長を務めていた第一六師団（京都）は、満州守備隊と交替して、満二カ年の防衛勤務につくことになり、大正八年（一九一九）四月に、守正もあわただしく満州に赴任したのであった。そのため、伊都子は京都深草の官舎から青山の梨本宮邸に引き上げて、方子ら姉妹と暮らすこととなった。ところが、一〇月下旬に守正が風邪で演習中に発熱し、肺炎の恐れが出た。その後、恢復《かいふく》したが、冬場の寒気が強まることもあり、守正は養生を命ぜられ、帰国し、転地療養となったのである。

李太王の急逝、守正の病気という、方子にとって不幸が重なった大正八年も終わり、結婚予定日が近づく。大正九年（一九二〇）四月、鳥居坂《とりいざか》の李垠邸に、方子の荷物が運びこまれる。方子は自伝『流れのままに』で、こう記す。

> いままで男世帯であった鳥居坂の御殿には、新しく奥の詰所ができ、日本間や侍女たちの部屋も新築されて、万端ととのい、老女（女中頭）の中山貞子《ていこ》他二名が、婚儀に先立って御殿に移り、荷物も送り届けて、あとはただ当日を待つばかり。

結婚前日の四月二七日、李垠は陸軍歩兵中尉に進級し、大勲位菊花章を授けられた。

そして、結婚当日。方子の回想が『流れのままに』にある。

> 若葉すがすがしいその朝は、早くより身を浄めて、屋敷の西南隅にあるお社に詣《もう》で、つつがなく

晴れの儀式が終わるようにとお祈りしました。

やがて、白絹地に刺繍をした英国風宮廷大礼服、ローブデコルテー・ド・トレーンの着付けがはじまり、そして、いよいよ駝鳥《だちょう》の羽を飾ったチュールを頭に付けた上から、ダイヤをちりばめた王冠をのせた瞬間、思わず身がひきしまり、同時に、旧《ママ》朝鮮王妃としての責任が、重くのしかかってきたのを感じました。〔中略〕

定刻となり、私と桜井〔柳子〕御用取扱をのせた宮内省さしまわしの二頭立ての馬車は、儀杖兵《ぎじょうへい》に守られながら、多数の見送人の中を鳥居坂の御殿へとむかいました。

御殿へ着くと、すでに皇族代表として、朝香宮〔鳩彦〕、久邇宮〔邦彦〕両殿下が、妃殿下〔允子・俔子《ちかこ》〕とおそろいでお待ちになっており、親戚代表の鍋島侯爵夫妻〔直大・栄子〕、李王家からの使者、李達鎔《イタルヨン》《りたつよう》侯爵、その他、宮内大臣〔波多野敬直〕、伊藤博邦公夫妻〔たま〕など、多くの方々が列席されていました。

皇族女子の結婚には、袿袴《けいこ》姿（十二単衣《じゅうにひとえ》）の式服を着用するのがならわしのところ、特例として殿下は陸軍中尉の礼装、私はローブデコルテーで、儀式は小笠原《おがさわら》流古来の礼法によりとり行なわれ、三々九度の盃も、とどこおりなくかわしました。


「李達鎔侯爵」とあるが、当時は李載完《イジェワン》《りさいかん》侯爵嗣子であった。結婚当日二八日の『東京日日新聞』によれば、参列者には、ほかに李載克《イジェグク》《りさいこく》男爵（昌徳宮御使李王職長官）、金亨奭《キムヒョンソク》《きんこうせき》（李堈公御使）、斎藤実朝鮮総督、井上勝之助宗秩寮総裁らがいる。同新聞は、さらに、婚儀は「小笠原流に現代式を折衷せる御儀」で、「三々九度の御盃事蓬萊《ほうらい》事は総て純日本式」でなされたと報道した。皇室親族令では「三々九度」ではなく、それぞれが掌典《しょうてん》と「神盃《しんぱい》」をやりとりすることになっているが、あえて「純日本式」に「三々九度」としたのだろう。同記事には、「宮岡、西、松田各宮御用取扱、皇后職御用掛中山貞子、同吉田友子等夫々《それぞれ》袿袴にて御酌《おしゃく》」ともあり、方子の立場を重視して日本側の女官たちが奉仕したことがわかる。

「差別撤廃」の論調

同じく四月二八日、李垠と方子の結婚当日の『東京日日新聞』は、「意義深き御婚儀」と題し「日鮮人の差別撤廃を意味する」と論じた。

> 李王世子と梨本宮方子女王との御婚儀は、愈《いよいよ》本日御挙行の事となつたが、日鮮文化史の上から観て、極めて意味の深いことであると思ふ。何故なれば、日韓の併合は多く政治的理由（併合宣言に明《あきら》かなるが如く）に基くものであるけれども、李王家と梨本宮家との御縁組は更に日鮮人の差別撤廃を意味するものであるからである。御婚儀が純日本式であらうが、韓国式であらうが、形式的の事を問ふの必要はない。唯我《ただわが》宮家と李王家との御婚儀を勅許遊ばされた畏《かしこ》き辺《あたり》の御趣旨が通りさへすればそれで充分である。

結婚式を嫁側の実家がある場所で、嫁側の属する社会の慣習に則って行うことは、「男尊女卑《だんそんじょひ》」の

朴賛珠（李鍝妃）
（『女子学習院五十年史』より）

風潮が強い当時の日本の常識で考えれば異様なことである。まして、結婚後に婿側の姓を名乗るというのは日本社会の慣例であって、韓国社会にはない。韓国では結婚しても男系同族を示す姓（厳密には祖先の発祥地名である「本貫《ほんかん》」と男系血統を示す「姓」）を変えることはないからだ。韓国皇室でも、高宗（李太王）の正室は閔妃、純宗の正室は尹妃と、それぞれの姓を名のった。朝鮮王公族となって後も、公族の李鍝《イウ》《りぐう》（李垠の甥・李堈の子で李埈《イチュン》《りしゅん》公の養子となる）妃は朴賛珠《パクチャンス》《ぼくさんじゅ》（朴泳孝《パクヨンヒ》《ぼくえいこう》侯爵の孫）であった。梨本宮方子が李方子と改名することは、いかにも婿側に従った形となるが、それぞれの社会の慣例を踏まえれば、嫁側の論理で改名したことになる。

つまり、方子の結婚は、日本の伝統に基づき、日本で、日本式により行われたというべきだろう。そのことを知るからこそ、記事は「形式的の事を問ふの必要はない」とあえて述べたのである。しかし、これは「形式的の事」ではない。「日韓の差別撤廃」とされる婚儀は、日本側の慣習や文化や伝統を優先したものだったという重要な意味をふくんでいたのである。同記事を読んだ日本側の人々は、婿の家に嫁ぐ方子の姿に、あるいは「差別撤廃」を感じたかもしれないが、韓国側の人々には違和感があったろう。婚儀で折衷すべきは「小笠原式と現代式」ではなく、「韓国式と日本式」であるべきであった。記事は、さらにこう続ける。

日韓併合条約第三条には「日本皇帝陛下は韓国皇帝陛下、大皇帝陛下、皇太子殿下並に其《その》后妃及後裔《こうえい》をして各《おのおの》其位置に応じ相当なる尊敬威厳及名誉を享有せしめ、且《かつ》之を保持するに充分なる歳費を供給すべき事を約す」とあり、爾後《じご》、旧韓国の皇帝及皇族は条約の明文に従つて帝国皇族の礼を以て之を待《ま》ち、又李王家の歳費としては年額百五十万円を支出して居る。

さらに「意義深き御婚儀」の記事は、日韓併合により、日本が韓国の治安維持と福利増進をしていることも強調する。かつて韓国が各国と結んでいた「屈辱的条約」を失効させ、治外法権を撤廃させ、産業を発達させたというのである。しかし、こうした説明は日本が韓国を独占支配するための一方的な言い分であった。利権を得た一部の親日派はともかく、多くの韓国民衆が経済的収奪や人道的屈辱を受けたことは、多くの研究が明らかにしている。たとえば、華族などをふくむ資産家の中には、資産運用の好機として韓国の土地収奪に関わっていた者も少なくない。日本の収奪で土地を失った韓国民衆たちは、低賃金労働者として日本への「出稼ぎ」を余儀なくされたのであった。

当時の日雇労働者の賃金は約二円、三六五日休まず働いて七三〇円だから、李王家の歳費「年額百五十万円」は実に彼らの二〇五五年分の収入にあたる。まして韓国人日雇労働者はもっと低収入であったろうから、李王家は、韓国の低賃金労働者からすれば、とてつもない額を得ていたことになる。

李王家の栄誉と経済力は保護されたが、そのことがかえって韓国民心を王家から遠ざけたことは否めない。李垠と方子の結婚が、必ずしも韓国民衆に「差別撤廃」の実感を与えなかったのはいうまでもない。

通婚の奨励

しかし、「意義深き御婚儀」の記事は、日本人と朝鮮人との通婚を奨励する。ここでも日本に都合の良い論理が展開される。

梨本宮家と李王家との御縁組みの示すが如く、日鮮人間の結婚は、其処《そこ》に何等の不自然がない。其先祖を同じくして居るといつてもよい日鮮人の結婚は寧《むし》ろ当然のことであつて、文化史的には、初めから日鮮は一家であるべきであつた。昨年末、朝鮮各地に暴動あり、議会でも屢《しばしば》問題となつたが、李王世子と方子女王との御婚儀は、実に凡《すべ》ての政治問題を超越したもので、我が皇室としては、政策の如何《いかん》に依《よ》つて動かすことの出来ない根本方針を示されたものであると云つてよい。

「昨年末」とあるのは、大正八年（一九一九）末であり、既述の通り、その年の三月以来、京城や平壌などで朝鮮独立宣言を発表して示威《じい》運動がなされ、それが朝鮮全土に広がっていた（三・一運動）。日本政府はこうした運動を抑圧するために、四月に常駐の二個師団に加えて六個大隊と憲兵四〇〇名を派遣し、朝鮮総督府は「政治に関する犯罪処罰の件」を制定して、政治変革をめざす大衆行動とその煽動への厳罰方針をとった。このころ、朝鮮の民族主義者たちは李承晩《イスンマン》《りしょうばん》を大統領とする大韓民国臨時政府を上海に樹立した。

そして一一月九日、朝鮮公族で李垠の兄にあたる李堈が、朝鮮独立のために上海に向けて京城を脱出した。李堈は安東《アンドン》駅で発見され、連れ戻されたが、朝鮮独立の機運は沈静化しなかった。同月二七日には、独立指導者の呂運亨《ヨウンヒョンろうんきょう》が東京で朝鮮独立の抱負を記者団に語る事件も起きたのである。こうした動きに連動して、朝鮮各地でも様々な暴動が起きていたのであった。

こうした民族自決への運動は、第一次世界大戦後の世界的傾向であり、中国でも列強の支配に反対する示威や抵抗がくりかえされていた。しかし、日本政府は、こうした近隣アジアの民族自決に武力鎮圧で臨み、日本の支配下に置いた上での列強への抵抗をめざそうとした。朝鮮との一体化もそうした文脈でなされ、韓国が日本から独立することは許さず、日本と一体となって列強に対抗することを「根本方針」としたのである。李垠と方子の結婚は、そうした「根本方針」の具体化であった。

若き日の李承晩
（『朝鮮人物事典』より）

なお、大韓民国臨時政府の大統領となった李承晩は、朝鮮王家につながる名門出身といわれ、四代目国王世宗《セジョンせいそう》の兄である譲寧大君《ヤンニュンテグンじょうねいたいくん》の一六代末裔という。もっとも没落王族であり、科挙制度も廃止され、出世の道は閉ざされていた。しかし、キリスト教と英語に接したことで開化ブームの時流に乗り、ジャーナリストとして国権守護運動を主導するようになる。明治三一年（一八九八）には、国王であった高宗を譲位させ、次男の李堈を擁立する陰謀に加担して終身刑となった。日露戦争がはじまった明治三七年（一九〇四）八月に特赦で出獄し、一一月に高宗の密使として渡米し、翌年八月ルーズベルト大統領に日本の横暴を訴え、韓国支援を懇願したが、無視された。李承晩はそのままアメリカに残り博士号をとり、明治四三年（一九一〇）に帰国したが、この年に韓国は日本に併合されており、二年後、李承晩は再びアメリカに亡命、独立運動をはじめた。そして、大正九年（一九二〇）一二月、李承晩は上海に向かい、大韓民国臨時政府大統領に就任したのであった（池東旭『韓国大統領列伝』）。のちに李承晩は、第二次世界大戦後に独立した大韓民国大統領として李垠と方子の入国を拒むが、その背景には、この当時からの政治的関係も大きな要因としてあったろう。

さて、「意義深き御婚儀」の記事は、通婚を奨励して結語となる。

「韓国の静謐《せいひつ》を維持し韓国民の福利を増進する」為に併合が必要であつたとすれば、併合後、更に必要なものは、日鮮人の完全な一致である。而《しか》して日鮮人の完全なる一致を図るは、日鮮人間に通婚の風を熾《さか》んならしむるが一番である。永く国民の模範たらん事を祈つて止《や》まない次第である。

方子結婚当時の「内鮮結婚」の実数は少なく、今後増大するであろうと予測される日本在住朝鮮人と日本人との婚姻に対応するための措置として、婚姻に関する日本と朝鮮との共通法が公布される。李垠と方子の結婚はその模範として挙行されたわけだが、同法には「婚姻の方式は挙行地の法に準拠する」とあり、方子の結婚も日本で行われたのだから日本式で矛盾はなかった。とはいえ、李王の後継者の結婚を日本で挙行したことには、美辞麗句に隠された日本の朝鮮支配の意図が明白に現れていた。

しかも、日本と朝鮮との共通法が公布されたにせよ、結婚後の国籍や言語は、日本を主とする以上、「同化」は「日本化」の言い換えであり、朝鮮側からすれば民族の消滅をも意味した。実際、李垠は日本に住み、日本語を使い、日本軍人となり、日本化する。方子は朝鮮文化に親しむが、結局は日本の皇室につくすための結婚であった。ただ、戦後になって、方子は自らの歩んだ道に整合性を持たせ、韓国人として生きようとしており、そこに「内鮮結婚」の政治的意図と当事者意識との間における乖《かい》離《り》が見られ、歴史は必ずしも為政者たちの謀議通りに進んだわけではないことを示してもいる。

恩赦と恩賞

李垠と方子の結婚は、朝鮮人に恩赦と恩賞を下した。

恩赦については、「王世子李垠と方子女王との御婚儀に当り、恵沢《けいたく》を施《ほどこ》さんが為、朝鮮人に対し特に恩赦を行ふ」というもので、大正九年（一九二〇）四月二九日、各大臣の副署の上、公布され即日施行された。

その結果、主として婚儀以前に朝鮮刑事令による刑の言い渡しを受けた政治犯を対象に、恩赦がなされた。朝鮮刑事令は、日韓併合後、旧韓国法規に替えて明治四五年（一九一二）三月一八日公布され、同年四月一日より施行されたものである。

この恩赦では、「政治上の目的」、「保安法の罪」、「爆発物取締罰則の罪にして治安を妨ぐる目的を以て犯したるもの」、「左記の罪に関する犯人隠匿、証拠隠滅または偽証の罪」に問われた朝鮮人を減

斎藤実朝鮮総督
（『朝鮮人物事典』より）

刑した。そのため、「風俗を壊乱する文書図書を出版、販売、頒布または輸入したる罪」や「殺人、放火もしくは強盗の罪またはその未遂罪」などは対象外となった。明らかに政治犯の減刑を目的としたのであった。

この恩赦に関し、斎藤実朝鮮総督は、恩赦公布の四月二九日、婚儀の祝辞と朝鮮人に対する皇室の恩恵を述べた。斎藤は同日の『東京日日新聞』にて、朝鮮の独立運動を「架空の謬想《びゅうそう》」による「盲動」ととらえ、それを法に照らして処罰したが、それは政治犯たちが「併合の真義」などを理解しないからであり、恩赦によって皇室の「仁慈」を知り、奉公せよ、と述べている。斎藤はいわゆる「武断《ぶだん》政治」から「同化政策」に転じた朝鮮総督として知られるが、方子結婚による恩赦も、そうした「文治《ぶんち》政治」の一環であった。

なお、水野錬太郎朝鮮総督府政務総監《せいむそうかん》も同日、京城にて、恩赦は「三千人」と、次のように語った（『東京日日新聞』）。

恩赦の範囲は官報に明《あきら》かなるが、其の総人員は未だ正確なる調査を遂げざるも、入監者三千人を数ふべし。以上の中、減刑により刑の満期となりたるものは、廿八日以後続いて放免せらるべし。是等《これら》の者には相当保護を加へ、帰郷の旅費なきもの、衣類なきものには、給与の途を講ぜしむべし。

逆に言えば、帰郷する旅費も衣類もない朝鮮人たちが逮捕され、獄につながれていたのであった。それにしても、方子の結婚による恩赦が、独立運動に関わった朝鮮人に集中していたことは、政治配慮としてはあまりにも露骨であった。そうした露骨な恩義の「押し売り」が、人の心をかえって不快にすることもあり、あるいは、そうした感情が、恩赦の契機となった婚儀の主である方子へも結びついていったかもしれない。方子の「悲劇」は、その結婚が異国の民心を「癒《いや》す」のではなく、むしろ「逆なで」する結果になったことにあったともいえる。

一方、恩賞としては、李垠のいままでの教育に功があった者たちに、陞爵《しょうしゃく》、金杯下賜、授章などがなされた。

陞爵については、李王職事務官であった高義敬子爵が伯爵となった。

金杯一組を賜った者は、李完用伯爵、宋秉畯子爵、趙重応子爵嗣子の趙大鎬《チョデホ》《ちょうたいこう》、李王職長官の李載克男爵、元李王職長官の閔丙奭子爵の五名。嗣子もふくまれるが、全員、朝鮮貴族である。

金杯一個は、李允用男爵、陸軍副将の趙東潤《チョドンスン》《ちょうとうじゅん》、宮内省内匠頭の小原駩吉《おはらせんきち》男爵、宮内省宗秩寮宗親課長兼爵位課長の仙石政敬子爵である。小原は旧大垣藩家老の家柄で、祖父の維新の功績で父が男爵となった。詮吉は東京帝大法科政治学科を卒業して、宗秩寮主事、調度頭《ちょうどのかみ》などを歴任した。小原が内匠頭に就任したのは、婚儀直前の大正九年（一九二〇）三月六日であり、経歴から推して、婚儀の調度品などを整えた功績だったのだろう。

そのほか、李王職事務官の田中遷らが賜杯一組を授かった。前述したが、仙石や田中は、かつて倉富勇三郎が李太王の毒殺説についてその真偽を質《ただ》した李王職中枢部に関わる宮内官たちであった。

李太王を毒殺し、徳寿宮を売却したと噂された李王職賛侍の尹徳栄子爵は旭日大綬章を授かった。そのほか日本人をふくむ多くの李王職や宮内省関係者が恩賞を得たのであった。独立を求めたものは恩赦を施され、「日韓融和」の結婚に尽力した者は恩賞を授かったのである。

第三章　動乱の時代

1　光と闇

母・伊都子の日々の日記には、方子の婚儀の様子が記されている。大正九年（一九二〇）四月二八日のその日は快晴で、「はれわたる空に、のどかなる若葉の風そよ〳〵とふく」とあり、梨本宮邸を出る方子一行について伊都子はこう綴る。

「大に安心す」

正九時といふに万事の支度も出来、方子はいよ〳〵かど［門出］出の用意。美々《びび》しき御馬車は玄関にあり儀仗《ぎじょう》騎兵は一小隊。すみわたりたる日和《ひより》をあびて、しづ〳〵と出立《いでたち》ぬ。次の馬車に高［義敬］事務官、次に南部《なんぶ》［光臣《みつおみ》・梨本宮家宮務監督］、次に坪井［梨本宮家事務官］にて、帰路、王世子邸へ赴きぬ。御玄関側には御縁故の人、みうちの人、御出入りの人、数十人ゐ［居］ならび、御見送り申《もうす》。終りて、

東京日日新聞

めでたき兩殿下

(右)李王世子殿下 (左)梨本宮方子女王殿下

小笠原流と現代式で けふ王世子の婚儀

午前十時鳥居坂の世子邸で 方子女王は九時宮邸御出門

李王世子に 昨日恩命あり 歩兵中尉に陞進

白米小賣下落 廿八日から實施

大電料金修正 市で實收の前提

明日聖上へ謁見 ―皇后宮には明後日 邸内は淨砂を敷詰め淸々し

御成婚を機に 恩赦行はれん 昨年の騒擾罪に連座せる 朝鮮人を主として 死刑囚に減刑あらん

李垠と方子の結婚記事（『東京日日新聞』大正9年4月28日）

人々へ御祝酒、御白むし［赤飯と異なり小豆を入れない白い強飯《こわめし》（おこわ）］、御まんぢう等被下《くだされ》、にぎ〳〵し。

十時、両人［守正・伊都子］と中島、沢田［美代子・梨本宮家御用取扱・沢田節蔵夫人］御供にて王世子邸へ。十時二十分御式はじまり、新古まじりて、いと神々しき御式にて、めで度《たく》、十一時過終り、退出す。

伊都子は、当日の方子の服装について、「白紋織デコルテに白繻子《しゅす》にバラの縫《ぬいとり》あるトレーンを引《ひき》、ダイヤモンドの冠、胸飾り、万々神々しくよそほひ」と書き残している。そして、婚儀の日の日記の最後には、こうある。

御色直し、其他、とゞこほりなくすみ、九時三十分、御床に入らせられしよし、電話にて承り、大《おおい》に安心す。

「毒殺説」すら流布した李太王の急逝で一年遅れた婚儀は、ようやく無事に済み、母・伊都子も安堵したのであった。この日の『原敬日記』にも、「朝鮮李王世子、梨本宮女王と結婚成る。故伊藤公の苦心も現はれ地下に喜び居る事ならん」とあり、原も伊藤博文が築き上げようとしてきた朝鮮「同化」政策の一つの到達点と感じたのであった。

ところで、伊都子と方子は、それぞれの自伝で、婚儀がテロで妨害されようとしたと回想している。伊都子の自伝『三代の天皇と私』では、こうある。

馬車が鳥居坂の御殿の正門に近づいた時であったといいますが、何者かが馬車めがけて手投弾を投げつけました。だが天の恵みというか、その弾は不発のままコロコロと転り、行列の速度は少しも乱れることもなく、邸内に辷《すべ》り込みました。

方子は、この話を婚儀が終わり生活が落ち着いてから聞いたという。

二、三日は祝宴がつづいて、さて、いよいよ新生活が始まってまもなく、私ははじめて、婚礼の日に私の馬車に爆弾を投げようとした人があったことを知りました。

方子の結婚式の時に、韓国独立運動家に爆弾を投擲《とうてき》されたが未発に終わったというこの逸話は、テレビドラマ『虹を架ける王妃』でも取り上げられた。しかし、投擲があったとするのは伊都子の自伝だけである。結婚が独立の妨害になると憤慨した徐相漢《ソサンハン/じょそうかん》なる韓国青年が式の関係者の爆殺を狙ったが、密告されて事前に発覚し、張り込んでいた西神田警察署に検挙されたというのが大筋であった。同計画は、朝鮮皇太子李垠暗殺計画として知られ、斎藤実《さいとうまこと》朝鮮総督や親日的な朝鮮貴族の李完用《イワニョン/りかんよう》らも出席すると想定されて狙われた。検束された徐は銃砲火薬類《じゅうほうかやくるい》取締法違反で六年の懲役を宣告されている（朴殷植『朝鮮独立運動の血史　2』、森川哲郎『朝鮮独立運動暗殺史』）。もし、事前に事件を探知しながらも爆弾を投擲されていたのなら、当局の大失態となったはずである。投擲されていないはずの爆弾が未発でコロコロ転がったというのは、未遂と聞いた話に、粉飾をともなった誇張が加わったのではないだろうか。なお、『歳月よ王朝よ』の脚注では首謀者は徐相日《ソサンイル/じょそうにち》（一八八七～一九六二）で「独立運動家、政治家、普成専門学校（高麗大の前身）卒業。戦後も国会議員として活躍した」とあるが、徐相漢は明治大学経済科修了で、事件当時二〇歳（つまり一九〇〇年ごろの生まれ）といわれるので、別人と思われる。

いずれにせよ、李垠と方子の結婚が、朝鮮独立を願う者たちにとって、許されざる事態であったことは間違いない。もっとも、方子は「われながら冷静に、その未遂事件のことを聞きながら、『当然おこるべきことだったのかもしれない』とも思うのでした。まだまだ古いかたくなな考え方が、日本側にも朝鮮側にも根強くのこっていて、これからも、さまざまな攻撃となって向けられてくるかもしれません」と、自伝『流れのままに』に記しており、国際結婚への無理解による「古いかたくなな考え方」からの攻撃と認識していた。

方子の幸せと気がかり

方子は、李垠との結婚後の困難を予想しつつも、幸せな新婚生活に入った。自伝『流れのままに』には、満ち足りた日を過ごす姿が綴《つづ》られている。

夢のようにしあわせな日々……月並みなことばかもしれませんが、そのとおりの、そうとしかいいようのない新婚生活がすぎてゆきました。

殿下のご出勤のあとは、家内を整理し、高事務官はじめ朝鮮から来ている職員たちから、つとめてあちらの風習を聞き、朝鮮服の着方も教わって慣れるようにつとめました。

「よく似あうね」

初めての朝鮮服姿の私をごらんになったとき、心からおうれしそうだった殿下。無口な殿下は、それ以上はあれこれおっしゃいませんが、厳妃《オムビ》《げんぴ》さまのチマ［朝鮮女性が着用するスカートに似た胸からくるぶしまでの丈の裳《も》］の下にもぐられた幼い日のことを、ふとなつかしく思い出されているのではないかと、そっと横顔をお見あげしながら、おたずねすることもできない稚《おさな》い妻なのでした。

考えてみれば、十一歳で日本へおいでになったきり、男世帯のご生活だったので、朝鮮服にはなじみうすい歳月をへだてて、チマもチョゴリ［朝鮮の男女が着用する丈の短い上衣］も、殿下には、はるかな夢かあこがれのように、淡く美しい印象だけかもしれないと思いました。それならば、

「これからは、折りあるごとに朝鮮服を着て、殿下をおなぐさめしてさしあげよう……」

そうしたひそやかな覚悟も、新妻のしあわせのひとつだったかもしれません。

李垠の生母・厳妃
（『流れのままに』より）

厳妃《オムビ》《げんび》は李垠の生母である。高宗（李太王）には王妃の閔妃がおり、その第一子は生後数日にして毒殺されたといわれている。第二子が拓《チョク》《せき》、すなわち純宗（李王）である。閔妃が、三浦梧楼らによって謀殺されたことは前述した。高宗の側室である李氏に拓より六歳年長の完和大君《ワンファテグン》《かんわたいくん》が生まれていたが、一三歳の時に閔妃に毒殺されたとの説もある。また、別の側室である張氏の子が李堈である。李垠の母・厳妃も側室であったが、閔妃亡き後、高宗の寵愛を一身に受けたといわれる。垠は、三歳か四歳のころ、厳妃のチマの下に隠れて、拝謁に来る人々を面白くのぞいていたというのが、もの心ついてからの最初の思い出だと語っている（『英親王李垠伝』）。

　李垠と方子の結婚は、朝鮮独立を妨げる政略的な意味を持っていたが、当人たちは相互に理解を深めていた。李垠は、皇太子嘉仁《よしひと》（のちの大正天皇）にも気に入られるなど、日本の皇室には好意的に受け入れられていたようだ。

　幸せな新婚の日々、方子に気がかりなことがあった。李垠の婚約者の閔甲完《ミンカップワン》《びんこうかん》のことであった。自伝『流れのままに』にこう記す。

そのしあわせのなかで、なぜか、ときおり閔姫《びんひめ》さまのことが、心に浮かんでは消えてゆきました。殿下が九つ、姫は二つ年上の十一歳で、ご内約とはいえ、将来の妃として李太王さまがお定めになった婚約者でいらっしゃる姫とは、お互いにご内約の意味もおわかりにならず、無邪気なお遊び相手だったとか。それも、一年後に殿下が祖国を去られてからは、もとよりご文通などあろうはずもなく、二度とご対面もないままにすぎてきているのです。

ただそれっきりの、はかないご縁だったにもかかわらず、朝鮮のならわしでは、いったん許婚者となられた方は、一生独身で終わらなければならないおきてがあって、花のさかりを、むなしくおすごしになっているはずでした。

許婚者・閔甲完

閔甲完については、本田節子『朝鮮王朝最後の皇太子妃』に詳しい。本田は李方子の調査を進める中で、閔甲完が上海に亡命したことを知り、「なぜ亡命まで」と疑問を持ったのであった。

閔甲完の父はイギリス公使などを務めた閔泳敦《ミンヨントン》《びんえいとん》。本田によれば、李垠と閔甲完は「奇《く》しくも誕生日が同じ」で、明治三〇年（一八九七）一〇月二〇日であるという。方子は二歳年長と記しているが、閔甲完はその著書『百年恨《ペクニョンハン》』に「王室内では王世子が誕生され、私の家では私が生まれた」と書いている。

幼児時代の閔甲完は「相当のおてんば」で、「石けりや弓矢」など男児の遊びが上手で、「のそりの

上海亡命時代の閔甲完（右）と弟
（『朝鮮王朝最後の皇太子妃』より）

そりと歩いていた」という。「一日にチマを三、四枚ずつ着替えてもたりなくて、ついに男装にさせられた」という。そして、本田は、こう記す。

主人の悪口をいう雇人たちを鞭《むち》でたたくかと思えば、貧しい人にと米や味噌を持ち出しては母に叱られる。こんなことも二度や三度ではなかったらしく、極から極へゆれる甲完を、人は、おかしい子供と評し、度量があって意地も強いので、きっと有名人になるだろうと噂した。

閔甲完は揀択《カンテク》（皇太子妃選考制度）で李垠の許婚者に選ばれたという。揀択は書類選考の初揀択から三段階にわたってなされ、三揀択で残った三名が、宮中礼式など三カ月の修業をして、その成績で最後の一人を決めた。閔甲完は、この三揀択で選り抜かれた逸材であったのだ。李垠の揀択は明治四〇年（一九〇六）三月一〇日からはじまったが、決定後に高宗が譲位、拓が即位して純宗皇帝となった。そして李垠は皇太子（王世子）となったものの、そのまま日本に留学し、閔甲完には婚約指輪を渡されたが結婚は延期状態となった。

幼くして婚約した閔甲完は、その後、家族と親戚以外には会わず、門外にも出ない暮らしを余儀なくされた。その間に、伊藤博文が暗殺され、韓国が併合され、李垠の生母厳妃が他界し、閔家では弟と妹も生まれた。

大正七年（一九一八）一二月一日、李垠は朝鮮に戻っている。その時の様子を、本田はこう記す。

垠は、一九一八年（大正七年）十二月一日に帰国してきた。二日後、垠を囲んでの陪食《ばいしょく》に父泳敦〔閔甲完の父〕も出席した。

席上李太王は、垠に、揀択のことを覚えているかと尋ねる。垠は記憶していると答え、李太王は早く嘉礼《カレ》（結婚式）を挙げねば、という。

その言葉が終らないうちに、日本人の側近者たちが二人の会話を止めさせた。

「陛下は韓国語でいわれ、王世子は日本語で話し通訳が入った。やりとりする対話が自分たちが企《たくら》んでおいた計画と手違いが生じたためである」。

このやりとり以前に、李垠と方子の婚約はすでに報道されており、翌月には結婚式をあげようというころのことであった。李垠は方子の結婚を報告するために朝鮮に戻ったのであり、そこで、李太王から婚約者である閔甲完のことを持ち出されたわけである。

垠は同月一六日に日本へ帰る。その二日後、昌徳宮《チャンドックン》《しょうとくきゅう》からの使いが閔家を訪れ、純宗の意志を理由に婚約破棄が告げられる。

当時の朝鮮では、揀択された女性は一生結婚できないという不文律があり、あまりのことに、閔家では抵抗して婚約指輪の返還を拒むが、甲完をただちに他家に嫁がすように迫られ、もし相手がいないのなら朴泳孝《パクヨンヒョ》《ぼくえいこう》の子息ではどうかとまで言われる。結局、「日本の強圧で何の理由もなしに指輪を強奪してゆく」という一筆を受領書として婚約指輪と交換することで、閔家では失意にうちひしがれながら同意した。しかし、その受領書も失意の混乱の中で盗まれてしまう。破談を推進したのが、純宗や総督府ではなく、むしろ朝鮮の親日派で、閔家に権力を奪われるのを恐れた結果と聞かされていただけに、閔家の憤慨は尋常ではなかったのだ。

方子を見つめていた女性

なぜ、李垠のかつての婚約者である閔甲完は、上海に亡命したのであろうか。閔甲完『百年恨《ペクニョンハン》』によれば、閔甲完は婚約を破棄されたばかりでなく、父の閔泳敦は「お上の御意志」により「他家へ嫁がせない時は、父娘が重罪に問われてもよい」との誓約書を書かされたという。その期限は、大正八年（一九一九）一月三日から一年以内であった。泳敦は「こんな風だからわが国は滅亡するんだ」と嘆き、酒浸りの日々となった。

本田は、閔甲完の回想に沿って、こう書く。

泥酔して帰宅した泳敦はそのまま床につき、ついに起き上れなくなった。あらゆる医者の診断を乞い、手を尽したが病勢は悪化する一方である。末娘の栄順《ヨンスン》に、お父さんと呼ばれて首だけでかすかに応えるが、ほとんど昏睡状態である。仕方なく最後に安商鎬《アンサンホ》典医に投薬を頼んだ。薬をのむやいなやどす黒い血を吐き、そのまま体が冷たくなっていった。十二月三日（陰暦）に五十六歳であった。喪主の千幸《チョンヘン》はまだ十三歳である。弟萬植《マンシク》も栄順も、どうしてそうなったのか訳も分からないまま、目上の人がすることに従っているよりほかなかった。

当時のことを、とても不安でした、という栄順は、父は火病《ファビョン／かびょう》でしたと証言する。

そして十二月十九日（陰暦）、李太王が昨夜急逝されたとの報を受ける。甲完は、たてつづけに両家の父を喪うとは、と憤怒し、慨嘆する。

「火病」とは、抑鬱した感情を発散せず、抑制した中で起こる神経性的な火（鬱火）によって現れる症状といわれ、胸が重苦しくなり、不眠症や拒食症、性機能障害などを併発する事が多いという。方子の自伝『流れのままに』などに、李太王は安商鎬に毒殺された噂があったことは先に記したが、閔泳敦の急死も安商鎬の投薬とされているのだ。安商鎬はかなり重要な立場にあり、かつ怪しまれていたようだ。

閔泳敦と李太王の逝去後、三・一運動が朝鮮全土に広まり、それも一段落すると、閔甲完を結婚させようという動きが「あからさま」になったという。そのため、甲完の母方の叔父が甲完の海外亡命を提案した。上海亡命を決めた叔父は、自分もバス会社に就職先を見つけた。そして総督府で有力な地位にある宋某に、甲完を「気晴らしにしばらく外国にいかせたい」と頼んだ。宋はこれに同意したが、上海ではなく、寺内正毅（前朝鮮総督）の姪や随行員をつけて日本観光をすることを勧めた。それでも叔父は上海行きを哀願し、なんとか出国許可が出たが、甲完は病気となってしまい、就職を決めてしまった叔父だけが上海に向かった。

その後、大正九年（一九二〇）四月二八日、李垠と方子が挙式、喪中で病床の甲完も新聞でこれを知らされた。病気恢復した甲完は、他家へ嫁がせて功を得ようとする人々から逃げるため、六月七日（陰暦）に出国した。上海では、大韓民国臨時政府の金奎植《キムギュシク》《きんけいしょく》に会い、中国語の勉強のため学校に入った。縁談を持ってくる人もいたが、すべて拒否し、昭和二一年（一九四六）五月、帰国。生活苦の中、李垠の兄である義親王《ウィチンワン》《ぎしんのう》（李堈）の姻戚のつてで、義親王宮殿に住むようになった。甲完は社会事業を興し、国家と民族に貢献しようと決心したところ、朝鮮戦争が勃発、新たな苦難を負った。そして独身のまま、一九六八年（昭和四三）三月五日、数え七二歳の生涯を閉じた。食道癌であったという。

なお、閔甲完は自分の運命について、次のような言い伝えを思い合わせて「閔一族の因果応報」と諾《うべな》っている、と本田は記す。

高宗《コジョン》は即位する前に安東金氏《アンドンキム》の女性と婚約していた。それまでの安東金氏の勢力はすさまじかった。それ以上の勢力拡張を恐れた大院君《テウォングン》は、高宗に、妻の姪である閔妃《ミンビ》を娶《めと》らせ、安東金氏の女性との婚約を破棄させた。その女性は悲しみのあまり尼になり入山してしまう。しばらくは国政の忙しさに忘れていた大院君も、国情が一応の安定をみると、その女性のことを思い出し、急に恐怖の念にかられ始める。そして後患《こうかん》を恐れて刺客をさし向けた。

その後、刺客はその尼の清楚、高潔な姿に感動し、自害をすすめ、尼は感謝して自ら命を絶ったという言い伝えがあるのだが、甲完は自分の不遇はこの「報い」と見なしていたというのである。「報い」かどうかはおいても、甲完が韓国内での有力者の熾烈な勢力争いに巻き込まれたと認識していたことは確かであろう。甲完の「恨み」が方子よりも、韓国の親日派に、より向けられていたことは、その現れでもあった。

甲完は、方子の結婚については、こうみていた。

　方子女王も個人的には幸福だったかもしれないが、国家的に利用されたことでは不幸だったに違いない、［中略］。我も人も人間的欲望はみな同じであり、民族が異っても、創造主から授けられた本能は大同小異であろう。だとすれば、皇太子とはいえ、相手が弱小国では、それほど満足するのでも、誇り高き婚姻でもなかったはずである。

方子は、遠くから自分を見つめ続けている女性の影を、生涯背負っていたのである。

長男・晋
（『流れのままに』より）

第一子誕生

大正一〇年（一九二二）八月一八日、方子の第一子が誕生した。結婚して一年四カ月後のことである。方子の母・伊都子は初孫誕生の喜びを、その日記に綴っている。「午前二時」とあるから、真夜中の出産だった。

> 午前二時、王世子邸より電話にて、いよ〳〵妃殿下御もようしとの事故《ことゆえ》、直《ただち》に支度して居り、出かけんとする所へ又々電話にて、二時三十五分御分娩。御男子御誕生との事に、大よろこび。其《その》まゝ王世子邸へ、いつ子は行《いく》。丁度《ちょうど》、御あと産のころにて、いろ〳〵御しまつすむまで殿下と御書斎に御まちして後、御やゝ［赤ん坊］様みに行く。かわゆらしき御子様なり。

その後、午前九時に伊都子は永田町に出かけ、実父・鍋島直大の墓参をする。直大には曾孫にあたるので、その報告であろう。午後一時半に守正と李垠邸に向かい三時過ぎに帰った。夕方に、千代浦《ちょうら》を使いとして「御重詰、御菓子、アイスクリーム等」を李垠邸に届けた。二〇日には「鮮鯛」などを、二一日には卵、水飴などを贈っている。「御やゝ様」は順調で、「けふは御乳も方子ののみ、御元気なり」（二〇日）などとある。夏場のこともあり、方子の枕元には冷蔵株式会社より届けられた「氷柱」が置かれた（二二日）。

二四日、「御や、様」は晋《チン》《しん》と命名される。この日は、晋に「鮮鯛」と「白羽二重《はぶたえ》」を、李垠と方子に「交魚《こうぎょ》」を、李王家職員一同に「金一封」を渡している。一〇月六日に初参内し、一二月一五日に御箸初め《はしぞ》と儀式は順調に進んだ。この間、伊都子は「空色紋縮緬《ちりめん》ボカシ鶴七羽飛」の産着《うぶぎ》を晋のために新調する。「菊の紋付」であった。

方子の自伝『流れのままに』にも、この間の事情がこう記されている。

さて、七月七日の戌《いぬ》の日には、九ヵ月の着帯式を行ない（民間では五ヵ月を祝いますが宮中では九ヵ月を本着帯とします）、京城からも祝電をいただきました。

あとは近づく喜びの日を待つばかりとなって、八月をむかえ、そして十八日午前二時二十三分、元気な産声が部屋じゅうにひろがりました。

「親王さまです！」

と告げられたときは、大きなつとめを果たした思いで胸がいっぱいになり、すぐさま枕辺においでになった殿下から、ねぎらいのおことばをかけていただいたとたんに、よろこびが涙となってこみあげてきました。

「元気な子だ。よかった、よかった」

殿下はただもう笑《え》みくずれておいででした。人の子の親になる……最も平凡で、最も尊いそのよろこびを、私たちも授けられたのです。

「これで李王家もご安泰」

という周囲の声や、『旧李王朝第二十九代にあたる日鮮融和のシンボル』とか、『ここに日鮮一体の結晶実る』といった大きな新聞の見出しも、なにか他人《ひと》ごとのようで、世の常の父であり母であるしあわせだけでいい、それ以上の望みはない、とさえ思うのでした。

お七夜《しちや》に晋と命名。どのような運命に生きようとも、すこやかに、命長く、とひたすら祈ったことが、いまもはっきりと心に刻みつけられています。

2　晋の夭折

またも「毒殺」説

大正一一年（一九二二）四月二三日、李垠は、方子と晋を連れて朝鮮に渡ることとなった。その前日の晋は元気だった。伊都子の日記にはこうある。

いつ子は王世子邸へ赴く。方子少々風［邪］にて床《とこ》に居る。しかし熱も平熱になり大した事なし。晋様元気にて午後まであそび四時ごろかへる。

徳寿宮内での観見式（『朝鮮王朝最後の皇太子妃』より）
左から，徳恵，方子，尹妃，純宗，李垠，晋，侍従。

初孫と遊ぶ祖母・伊都子の姿が見える。翌日、晋を連れた李垠と方子は、「特別急行」にて出発し、京都に二泊し、二六日に京城に着いた。

　京城では、結婚した李垠と方子の、観見《きんけん》式（朝見の儀）と宗廟（天子の祖先の御霊屋《みたまや》）への奉審《ほうしん》の儀が行われ、盛大な晩餐会が続いた。行事は二週間にわたり、帰国前日の五月八日夜、お別れの晩餐会が仁政殿《インジョンジョン》《にんせいでん》で催された。会を終え、李垠と方子を乗せた車が石造殿《ソクジョジョン》《せきぞうでん》（徳寿宮内の花崗岩造りの洋館、のち李王宮美術館となる。本書二〇四頁以下参照）へ到着するやいなや、御用取扱の桜井柳子《さくらいりゅうこ》が、「半狂乱」になって晋の容態悪化を伝える。

　典医や総督府病院の医師らが「急性消化不良」と診断し、応急処置をとった。「ひと晩じゅう泣きつづけ、翌九日の朝があけても、もち直すどころか、ときどきチョコレート色のかたまりのものを吐いて、刻々と悪化していく」と、方子は自伝に記している。原因は「牛乳」とされた。母乳のほかに少量の牛乳を与えていたのである。観見式のあとの記念撮影が最後の写真となった。晋の葬列は京城市内を通り、崇仁園《スンインウォン すうじんえん》に埋葬された。

方子も伊都子も、晋の朝鮮行きに「不安」であったと記し、その死因に疑念を抱いている。方子は、「私たちが晩餐会へ出る直前まで、あんなに機嫌がよくて、なにごともなかった晋が、息づかいも苦しげに、青緑色のものを吐きつづけ、泣き声もうつろなのを、ひと目みるなり、ハッと思い当たらずにはいられませんでした」と記し、伊都子は、「毒殺以外には考えられませんでした」と断言している。

『朝鮮王朝最後の皇太子妃』をまとめた本田節子によれば、晋の急逝についての韓国側の証言は、「晋の死因については、『毒殺です』と言下に答える人、『真相はわかりませんが、毒殺に違いないと思います』という人、ほとんどの答えがこのどちらかであった」という。理由は、李太王毒殺への「仕返し」説が一番多く、閔甲完の怨恨説もある。また、方子が「石女《うまずめ》」で子孫を残さないと思われていたのに子をなしたため、李王家の血筋を絶やそうとした日本側による陰謀という説もある。「石女」説については、方子自身が本田に「とんでもない」という表情と語調で否定しているという。また、晋の介護にあたった一人といわれる池田季雄《すえお》小児科医の発言として、「生れて八カ月の赤ちゃんを連れて長い旅行をされ、慣れない土地で大きな行事に参列されたのは赤ちゃんに無理だった。疲労からくる消化不良だよ」という言葉が紹介されている。

李太王に次いで、またも「毒殺」説かという感じはある。「仕返し」も、「怨恨」も、「石女」も、どれもありえそうで、どれも無理そうである。そして、決定的証拠は、どれにもない。伊都子は「李王朝の末期には親日、親露、親清の三派が対立抗争し、王宮内には六人の側室がおり、それによって陰謀毒殺、真相は永遠に謎という事件がいくつかあるというのでした」と自伝に記すが、そうした予断も、多くの人々を毒殺説に傾かせた要因となっていたのかもしれない。

なお、朝鮮総督府警務局では、王世子の帰宮と晋逝去により、昌徳宮内に三勢力の動きが活発化するだろうと分析している（「斎藤実文書」）。三勢力とは、第一が尹徳栄《ユントクヨン》《いんとくえい》一派で、「尹家の復活を謀る尹徳栄の一派あり。閔丙奭《ミンビョンソク》《びんへいせき》、常に其腹心たり」とされる。第二が李址鎔《イジヨン》《りしよう》らで、「李王家親族の救済並に勢力を謀る一団あり。李址鎔、李海昌《イヘチャン》《りかいしょう》、李埼鎔《イギヨン》《りきよう》等其幹部たり」とされる。第三が宋秉畯《ソンビョンジュン》《そうへいしゅん》らで「李堈公を擁して李王職の勢力の扶植《ふしょく》を画策する一派あり。宋秉畯、其《その》主謀たり」とされる。そして、同分析は、「晋殿下の御薨去は以上陰謀者流に機会を与へたるものにして、或は一斉に王世子殿下の永久滞留を要請せんとも計れず」としている。それぞれ思惑の異なる朝鮮貴族たちがまとまって、王世子、つまり李垠の永久滞宮を求めるかもしれないと案じたのであった。晋の死よりも、李王家が朝鮮民族独立の「支柱」となることこそが、日本政府の最も恐れていたことであった。

王世子顧問・倉富勇三郎の記録

晋が朝鮮に渡り急逝した時に、倉富勇三郎は王世子顧問として、晋に同行し、その急逝の現場にいた。倉富は、晋の嘔吐した「排残物」の調査を強く主張するなど、その死因に疑問を持っていた。

大正一一年（一九二二）四月二〇日、倉富は牧野伸顕宮内大臣に二三日出発の挨拶をする。その時、倉富は、方子の服装について、『日記』にこう述べる。

予〔倉富〕より、世子妃〔方子〕が李王に覲見《きんけん》するときは洋装することに決し居るも、其後、朝鮮貴族中に之《これ》に反対するもの多き模様なり。此事《このこと》は畢竟《ひっきょう》、李王家の内事なる故《ゆえ》、強《し》ゐて洋装を主張する必要なく、朝鮮服に変更するは已《や》むを得ざることならんと思ふ。其他の事に至りては如何《いか》なる問題ありや予測すべからざるに付《つき》、臨機決定するより外致方《いたしかた》なかるべしと云ふ。牧野之《これ》に同意す。

倉富は、李王（純宗）に会うときの方子の服装は「洋装」と決めていたが、朝鮮貴族の多くがこれに反対したため、「李王家の内事」なので「朝鮮服」に変更し、以後も臨機応変に対応すると述べ、牧野も同意したのである。つまり、方子の朝鮮服は当初からの決定ではなく、朝鮮貴族の反対の結果なのであった。

倉富が帰ろうとすると、李垠の「帰国」に一抹の不安を持っていたのだろう、牧野は宮内大臣として行事が「予定の通り結了」するように李王へ進言するように倉富に依頼した。倉富の『日記』に、以下のようにある。

牧野、予《よ》を留め自分（牧野）より李王職長官李載克《イジェグク》《りさいこく》に伝言したらば幾分の効能あるべきや。其趣旨は世子の帰鮮に付ては何事も予定の通り結了することを希望すと云ふことにて、此の伝言を為したらば李載克も幾分か責任を感ずることになりはせざるやと云ふ。予、夫《そ》れにても幾分の効能はあるべきも、寧《むし》ろ直接李王に申言する方、宜《よろ》しからん。世子の渡鮮となれば両陛下より世子妃に対し金員を下賜せられたることもあるに付、予より宮内大臣の言を王に進言することとなし、其上にて更に李載克に対し此《かく》の如《ごと》く王に進言し置きたりと云ひ置くこととすべしと云ひ、其の辞は左の如く協議せり。

此度《このたび》、世子殿下、世子妃殿下、晋殿下の御渡鮮に付ては、天皇皇后両陛下に於《お》かせられて観見礼其他一切の儀式滞りなく終了することを御希望遊ばされ居《を》るに付、宮内大臣は倉富より此のことを王殿下に言上《ごんじょう》する様に命じました。依《よっ》て謹《つつしみ》て此旨を言上致します。

四月二三日、倉富は李垠、方子らと出発。『日記』によれば、午前八時ごろ、宮内省の自動車に乗って東京駅に行き、李垠、方子、晋、高羲敬《コヒギョン》《こうぎけい》ら関係官数名とで汽車に乗った。その日は京都ホテルに泊まり、翌日に桃山御陵《ももやまごりょう》（明治天皇陵）などを参拝し、二五日、新羅丸《しらぎまる》で下関から釜山に向かった。

二六日午前八時前、船は釜山《プサン》に着き、朝鮮貴族らが李垠の出迎えに来ていた。「予が識《し》る所の朴泳孝《パクヨンヒョ》《ぼくえいこう》、宋秉畯、閔丙奭、尹徳栄、閔泳徽《ミンヨンヒ》《びんえいき》」らがいたと倉富日記にある。釜山からは汽車に乗り、夕刻に南大《ナムデ》《なんだい》門《ムン》《もん》駅に達し、李垠一行と倉富は石造殿に向った。その夜、倉富は朝鮮ホテルに泊まった。

二七日、倉富は昌徳宮で純宗（李王）に挨拶し、牧野からの「予定の通り結了」の意を伝える。

「午前、昌徳宮に行き、李王に謁《えっ》し、先《ま》ず本月二十日、牧野伸顕より李王に伝ふることを嘱したる意を致し、次《つい》で予が先年来、王世子の顧問となり居ることに付挨拶し、又、世子妃及晋の来鮮を賀す」と『日記』にある。倉富は昌徳宮を辞して、李鍝《イウ》《りぐう》と李堈《イカン》《りこう》の公邸に向かい「機嫌を候《こう》す」。李堈は倉富に会い「慰労の語」を述べた。その後、倉富は、斎藤実朝鮮総督の官邸を訪ねた。

二八日は観見《きんけん》式のため、倉富は午前七時三〇分より李垠、方子、晋とともに昌徳宮に行った。九時に方子は「観見礼」を行い、十時三〇分に「饌《せん》」(膳)を受けた。倉富は朝鮮貴族とともにこれを見てから十二時に昌徳宮を辞し、ホテルに返った。夜は司法官や弁護士たちの宴会に出席している。

二九日は李垠や方子と李家の祖廟《そびょう》に行き、三〇日は六宮を参拝。その後、公私の宴会が続いた。五月五日には、午後二時から昌徳宮の後苑にて李王夫妻の催す園遊会に会し、六日には、斎藤実らが李垠と方子のために催した午餐に参列した。七日には、午後七時に李垠主催による石造殿の晩餐に出席した。倉富の多忙さは李垠、方子、晋の多忙さでもあった。

「排残物」の分析

公私の宴会が続き、帰京予定の前日である五月八日夜も晩餐会があった。倉富の『日記』には、こうある。

午後二時後、昌徳宮に行き、李王同妃に謁《えっ》し、別《わかれ》を告ぐ。午後三時後、王世子同妃と倶に総督府督院を視る。又、昌徳宮後苑に動物及植物を観る。午後七時、李王同妃の晩餐に会す。

夜、晋殿下、今日下痢二三回、嘔吐数回ありたることを、小山善より聞く。

小山善は日本から随行した医師で、伊藤博文がハルビンで暗殺された時にその最期をみとった随行医師として知られる。倉富は小山から晋の下痢と嘔吐の報告を受けたが、それ以上の心配はしなかった。しかし、翌九日早朝、帰京の準備を進めるさなか、晋の容態悪化を伝える使いが来る。

早朝、朝鮮ホテルの僕《ぼく》、予の室外に来り、予を呼ぶ。〔中略〕貴君（予）の来殿を請ふ為、自動車を運〔転〕し来れりと云ふと云ふ。予、乃《すなわ》ち起き直《すぐ》に石造殿に行き、高義敬に面す。

高、晋殿下昨夜来の病状宜しからず、朝鮮総督府病院長志賀某及び同院の小児科医某等を召《めし》ひたり。今日出発せらるることは到底出来難《かた》かるべしと云ふ。

驚いた倉富は、「総督府、軍隊其他《そのた》警衛に任ずる者に通知」し、「兎《と》も角《かく》、今日の出発は延期のことに決すべしと云ひ、諸般の手続を為すことを指揮」した。そして、「牧野伸顕に電報し、帰京延引することを」告げた。

一〇日の『日記』には、「晋殿下の病状漸《ようや》く悪し。予は終日、石造殿に在り。夜、朝鮮ホテルに帰りて宿す」とだけあり、緊急事態の中、筆まめな倉富も「寡黙」になっていた。ところが、ホテルで寝ていた倉富は夜中の三時に突然、「排残物」の分析を思い立つ。不信があったからだろう。一一日の『日記』には、次のようにある。

褥中《じょくちゅう》にて晋殿下の排残物を分析するの必要あることを思ひ、急に起きて石造殿に電話し自動車を遣はさしめ直《すぐ》に行く。小山善に対し晋殿下は中毒の病状なきか、此事は昨日も問ひたることにて、君（小山）は其病状なしと云へり。固《もと》より其通りに相違なかるべきも、排残物は調査し置く必要ありと思ふと云う。小山其都度検査し居るが、勿論異状なしと云ふ。予、如何《いか》なる方法にて検査するやと云ふ。小山、之を視るのみと云ふ。予の考《かんがえ》にては夫《そ》れ丈《だ》けにては不十分なり。化学的に分析し見る必要ありと思ふ。是非、其手続を為し置き呉《くれ》よと云ふ。小山之《これ》を諾《だく》す。

この間、晋の病状が思わしくないので、開業医の池田季雄の応援を頼んだ。この池田は、前述の本田節子の調査で、「消化不良」説を語っていた小児科医である。

晋殿下の病状益々《ますます》悪《あ》しく、朴泳孝、宋秉畯等は昨日より開業医池田季雄に診察せしむる必要あることを主張し居るに付、予より世子夫妻に説き、夫妻とも之を望まるるを以て、更に小山に謀りたるに、小山も之を諾したるに付、小山より志賀某に謀らしめ急に池田を召《よ》ばれり。

十一時頃、池田来り。診察したる後、体中の水分欠乏し居れり。只今にては滋養物を注入せし

［め］ても腐敗するのみにて効なし。飲むことは嘔漿《おうしょう》ありて出来ずとのことなるも胃部に氷嚢《ひょうのう》を当て嘔漿を鎮めて少しでも水分を送るより外なし。既に肝臓も乾き居り非常なる重体なりと云ふ。然れども志賀等は其《その》療法には同意せず。予等が梨本宮に重態の電報を発せんとしたるも、未だ重態とは云ふべからずとて之を肯《がえ》んぜざるに付、結局、食塩水の注射を為したる事実を報告するに止めたり。

午後三時前に至り晋殿下危篤なり、来り視るべき旨を報じ来る。乃《すなわ》ち寝室に入る世子夫妻、侍女、医員等あり。酸素注入を為し居りたるが、少時の後、終に絶《た》へたり。

懸命の看護にもかかわらず、晋の病状は好転せず、五月一一日午後三時ごろ他界した。

「死期を早めたり」　倉富の大正一一年（一九二二）五月一一日の『日記』には、晋の容態を心配する人々の動きも記されている。

此朝、内地の婦人にて気合術を以て病を療する者あり。水野錬太郎の妻も其治療を受け居るとのことにて之を呼び来りたるものありとも、病人の身体に触れざれば治療を為し難しと云ふに付、治療を為さしめられず、之を返したり。又、侍女中、大神宮に祈願することを願ふ者ありたるを以て、世子付武官金応善《キムヌンソンきんおうぜん》と桜井某［柳子］（御用取扱）を大神宮に遣はし、神官に祈願を依頼せしめたり。

治療にあたった医師の間にも不信感はあったようで、総督府病院長であった志賀潔が、池田を批判している。池田が治療を邪魔して、死期を早めたというのである。同日の『日記』。

> 晋殿下既に薨したる後、医の志賀某、池田季雄は朝鮮貴族の依願を受け単に御見舞の為に来《きた》りたるものにて、池田自ら治療を為すべきものに非ざるに拘《かか》はらず、勝手に病体を揺がし治療方の指図を為す等余り乱暴なる事を為すに付、自分（志賀）は之を見兼《みかね》て指留《さしと》めたり。池田が体を揺がしたる為、三時間位は確かに死期を早めたり。主治医の方にては胃部を温め居るに拘はらず、池田は正反対に之を冷やすことを主張せりと云ふ。
>
> 予、池田をして診察せしむることに付ては世子［李垠］に伺ひ、小山［善］に謀り、小山より君（志賀）に謀りたる筈《はず》にて、単に貴族の依頼に因《よ》り見舞に来り、主治医より容体を聴き承り貴族に報告する丈《だ》けの為に来りたるものに非ず。矢張《やは》り世子よりの依頼に因り来りたるものにて其点には行違《ゆきちがい》あるに非《あ》らずやと云ふ。志賀、左様《さよう》なる訳なりしが、夫《そ》れは夫れとして確かに死期を早めたりと云へり。

倉富は志賀の意見に異を称えるが、志賀も反論して譲らなかった。池田の介入についてやりとりがあったのだが、その間に、「排残物」の分析の話が消えてしまっていた。その後は、晋の葬儀の日取りや儀式に追われていく。同じ一一日の『日記』に「成《な》るべくは五日目に葬らんとしたれども準備出来ず、七日目に葬ることに決したり。夜十一時頃まで通夜す」とある。
五月一二日、方子は倉富に晋の遺品の扱いを尋ねている。

> 桜井某より世子妃〔方子〕の意を伝へ、晋氏の守刀《まもりがたな》及手遊物《てあそびもの》〔玩具〕あり如何《いかに》処分すべきや、然《しか》れ之を棺内に入るべきやと云ふ。予〔倉富〕、之を棺内に入るることは固《もと》より差支なかるべし、然《しか》れども晋氏を当地に葬れば東京にては歳時《さいじ》祭るべき所もなき故、何か墓に非《あら》ざるも一寸《ちょっと》礼拝する所でも設けらるる様ならば其処《そこ》に守刀等を納むることとしたらば宜しからんと思ふと云ふ。其後（其日なりしか其翌日なりしか記憶せず）桜井来り、守刀のことは妃殿下に話したる処、大層喜ばれ是非其《その》通《とお》りに致《いた》し度《たし》と云はれたりと云ふ。

この後、倉富は、小斂《しょうれん》式、大斂《たいれん》式など一連の儀式に参列する。五月一四日、枢密院議長の清浦奎《きようらけい》吾《ご》より電話で弔意が届き、倉富は清浦の代理で、李王（純宗）、李垠、方子らへ弔意を伝えた。この日の朝、開業医の池田季雄が、倉富の泊まっているホテルに遺憾の意を伝えに来ている。『日記』には、「午前七時後、池田季雄朝鮮ホテルに来り、晋殿下の治療功を奏せず遺憾なる意を世子同妃に伝ふることを囑《しょく》す」とある。

一五日、葬儀の会葬について、徒歩か否かで、日本側と朝鮮貴族との間で意見が対立した。一八日、倉富は李垠や方子とともに帰京する。二〇日午後七時過ぎに東京駅に着き、倉富は宮内省の自動車に乗り李垠邸に行って、九時頃家に帰った。そして二一日日曜は、日記の記載がない。健筆家の倉富も久しぶりの休養をとったのだろう。

翌二二日午後、倉富は「晋氏薨去の顚末を説明」するため、高羲敬、上林《かんばやし》敬次郎とともに梨本宮邸に出かけた。「両殿下〔梨本宮守正・伊都子〕別に慊《あきた》らざる所なく慰労の意を致されたり」。守正も伊都子も、とりたてて感情の高ぶりは見せなかった。

しかし伊都子の日記には、訃報に接した時の驚愕が記されている。五月九日に「晋殿下御発熱」の電報が入り、それ以降、つぎつぎと届く病状が記され、一一日にこうある。

午後二時発のが六時ごろ着、容体危篤に落入りたりとの事。次に午後三時十二分薨去せられたりとの事着電。実に〳〵口惜《くちお》しいやらなさけないやら、とても筆にも尽しがたく何といふいたましき事ならん。アー。

さらに一二日には「かなしき一夜はあけて、朝より色々の人々くやみに参られ、人に逢ふ度《たび》ごとに、色々おもひ出し、かなしき事のみなり」とある。のちに伊都子は自伝『三代の天皇と私』で、「毒殺以外には考えられませんでした」と記しており、それほど初孫を失った衝撃は大きかったのだ。

方子の気持ちは『流れのままに』にこうある。

石造殿西側の大きなベッドに、小さな愛《かな》しいむくろを残して、晋の魂は神のもとへのぼっていったのです。父母にいつくしまれたのもわずかな月日で、何も罪もないのに、日本人の血がまじっているというただそのことのために、非業《ひごう》の死《し》を遂げねばならなかった哀れな子……。もし父王さま

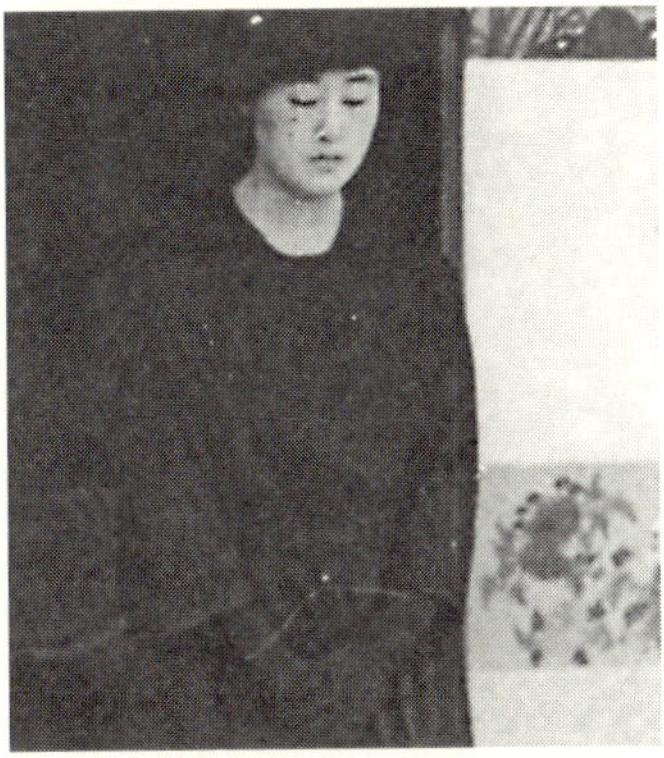

晋の葬列を見送る方子
（『流れのままに』より）

京城市内を行く晋の葬列（『流れのままに』より）

が殺されたその仇が、この子の上に向けられたというのなら、なぜ私に向けてはくれなかったのか……。

冷たいなきがらをかき抱いて、無限の悲しみを泣きもだえたその日の夕方、ひどい雷鳴がとどろいたことを、幾歳月へだてたいまなお耳底《じてい》に聞くことができます。

3 関東大震災

写経

晋が亡くなった一カ月後の大正一一年(一九二二)六月二〇日、摂政となった裕仁《ひろひと》と久邇《くにの》宮良子《みやながこ》との結婚が勅許、また同月、李堈《りこう》《イカン》公の次男である李鍝《ぐう》《ウ》が来日して、学習院に入学した。鍝の兄である李鍵《けん》《コン》はすでに学習院に在籍しており、鍵も鍝も、方子の甥にあたり、のちに陸軍幼年学校に進み、陸軍軍人となる。

晋を失った悲しみを乗り越えるため、方子は写経を始める。自伝『流れのままに』にこうある。

あまりにも強いショックに、当分はただ心が痛むので、なすすべもない毎日毎日をすごしていましたが、なんとかしてこの試練を切りぬけなければと、きびしく自分にいいきかせてもみるのでした。

そうしたある日、信心深い前田朗子《さえこ》伯母上(梨本の母の姉にあたります)がこられて、写経をするようにと、くれぐれもすすめられました。また、小さい観音像を特に老師に開眼していただいたものをお持ちくださって、晋の冥福を祈るとともに、自分の心も修めるようにとさとされ、よいご法話も聞かせていただきました。

「前田朗子伯母上」とは、佐賀の鍋島直大侯爵の長女である。方子の母・伊都子の姉であるが、母は栄子ではなく、前妻の胤子《たねこ》。胤子は村上天皇の後裔とされる公家で羽林《うりん》家の梅渓通善《うめたにみちたる》子爵長女であった。朗子は、旧加賀金沢藩主であった前田利嗣《としつぐ》侯爵に嫁ぎ、長女渼子《なみこ》をもうけた。明治三二年（一八九九）九月二六日の伊都子の『日記』には、「夜食後、踊り場にて、前田御兄姉様他、御両親、われ〳〵兄姉妹、皆カドリール、ランセーユなどおどる」と、前田に嫁いだ朗子らと鍋島邸にて社交ダンスを楽しんだ記事がある。

朗子は、鍋島家以上の資産家である前田家に嫁ぎ、美貌の長女とともに幸せな日々を過ごしていたが、「カドリール」などを楽しんだ翌明治三三年六月、夫の利嗣を失う。朗子が三〇歳の時であった。利嗣亡き後、上野七日市の前田子爵家から利為《としなり》を迎え、長女渼子と結婚させる。利為は政治家になりたかったようだが、朗子らに説得されて陸軍軍人として身を立て、大正時代にはドイツやフランスに私費留学をしたりした。東条英機《とうじょうひでき》と陸軍士官学校が同期であったがそりがあわず、太平洋戦争中は東条によって召集され、前線のボルネオ守備司令官として飛行機事故で亡くなったことでも知られる。

渼子は、利為が大正時代に私費留学したドイツやフランスに同伴したが、病気がちで、晋が急逝した翌年にあたる大正一二年（一九二三）四月一七日、パリで二六年の生涯を閉じた。朗子は若くして夫を失い、また長女をも病死させてしまったのである。そうした境遇が仏門への関心を強め、これを方子にも伝授したのであった。渼子の客死で、利為は姫路の酒井伯爵家から菊子を娶《めと》る。利為と菊子の長女が、マナー教室の主宰や「華族の語り部」として活躍した酒井美意子《みいこ》である。美意子は、母の実家の酒井家に嫁いだのである。

方子は伯母朗子の勧めるまま、写経につとめる。「写経する一字一字に、まだ歩行もできないくらいに幼かった晋の魂を、御仏のご慈悲におゆだねするための祈りをこめ、また、愚かな母が、仏縁によって悟りの彼岸に一歩一歩たどりつくための心のよりどころともなればと、心願かけて写しすすめてゆきました」と、『流れのままに』にある。

こうした嘆きの一方で、方子は「早くつぎの子宝が恵まれますように」と願うようになる。「李王家二十九代目を継ぐべき身であった晋に代わる男の子を、早く生まねばならない責任」を感じたからという。しかし、大正一二年（一九二三）春、方子は流産。その夏、方子は避暑のため日光輪王寺《りんのうじ》の奥庭にある離れを借りる。「静かな寺院の朝な夕なに聞く読経の声や鐘のひびきが、どんなに心のみだれをしずめてくれたことでしょうか」と、方子の自伝にある。

方子は、心のよりどころを仏門に求めはじめていたのであった。

地震発生

方子が夭折した晋や流産した子に心を痛めているころ、突然、大被害をもたらす大地震が発生した。関東大震災である。大正一二年（一九二三）九月一日午前一一時五八分に起きた地震発生を、方子は自伝でこう回想する。

九月一日、この日殿下〔李垠〕は、赤羽《あかばね》の工兵隊へおでましになって、正午まえにご帰邸。昼食のテーブルについて、いざ箸をとろうとした瞬間、ゴツンという強い衝撃とともに、地の底からゆすぶってくるような、不気味なひびきがしたと思うまもなく、ぐらぐらと家がゆさぶられ、

「アッ、地震！」

叫ぶと同時に殿下と手をしっかりにぎりあって、スリッパのまま庭のトチの大木の下まで、まるで遊動円木《ゆうどうえんぼく》を渡っているように大地が揺れ立つ中を、やっとたどりつくと、目の前の日本館の二階の木組みが、ミシミシと音をたててきしみあっています。

かつて、方子が生まれる一〇年前の明治二四年（一八九一）一〇月二八日、岐阜・愛知両県を中心としてマグニチュード八・〇の濃尾《のうび》地震があり、死者七二〇〇余名を出したことがあったが、関東大震災はマグニチュード七・九で死者九万九〇〇〇名と、死者だけで濃尾地震の一〇倍を越える甚大な被害をもたらした。

関東大震災は、人口が集中する東京や神奈川が中心であったこと、昼餉《ひるげ》の炊飯時であったため地震の後に大火災が発生したことなどで、大惨事をもたらしたといわれる。方子の自伝の記述からは、地震の凄まじさや火災の不安が伝わる。

ようやくおさまったと思うまもなく、また揺りかえしがきて、しかもその揺りかえしが幾度となくやってくるので、人心地もなく、家の中へもどる勇気もありませんでした。

外からは、大島の爆発らしいとか、津波がくるかもしれないとか、さまざまな情報がはいってくるうちに、火災がおこって、みるみるうちに、一面の火の海となっていきました。

李垠邸は鳥居坂にあり、当初は安全であったが、翌日、火が押し寄せ、方子の実家である渋谷宮益坂の梨本宮邸に避難する。方子は自伝『流れのままに』にこう記す。

麻布一帯は高台のため、さしあたっては大丈夫だが、万一にそなえて必要品をまとめておくように、との通達があったので、余震の間を縫ってはおそるおそる家に入り、少しずつ荷づくりしたものです。

恐怖のうちにその夜は明け、翌日も燃えつづけた悪魔のような火の手は、修羅場のような街街をはやてのようにすぎ、夕方には麻布の坂下まで迫ってきたというので、夜なかでしたが、ひとまず青山の梨本宮邸へにげて行きました。

方子の母・伊都子の『日記』には、李垠と方子が「二日午前一時」に避難してきたとあるので、方子の回想とは一日違う。

伊都子が日記に描いた関東大震災（『梨本宮伊都子妃の日記』より）
激しいゆれに耐えきれず松の木につかまる人びと（上）と，梨本宮邸内でのテント生活（下）。下図の「宮」は守正,「信」は伊都子の妹・信子,「節」はその長女・節子,「規」は方子の妹・規子。この時，李垠と方子は宮内省に避難していた（本書160頁）。

二日午前一時過とおぼしきころ、庭の方よりこえあり。王世子両殿下、火災近づき危険に付、御避難のため御出になったとの事。直《ただち》にテント内に出、御迎し、今の内に御手まわり品をはこんで置《おい》た方よろしからんと、王世子の自動車とこちらの自動車にてかよひ、御手許品《おてもとひん》・衣服などもてるだけはこぶ。

この間、下町から発生した火災は山の手へと広がり、伊都子の実家である永田町の鍋島侯爵邸は新館の一部を残して全焼した。「東京の内、宮城《きゅうじょう》の外、青山・赤坂のある部分、麹町の一部、小石川・四谷も一部、牛込等の町々をのぞく外は、全部焦土と化す」と、九月二日の伊都子の『日記』にある。

皇室の被害

梨本宮邸に避難した李垠と方子であるが、翌九月二日午後、麻布鳥居坂の李垠邸の安全が確認され、帰邸する。「午後に至り火勢も次第におとろへ、麻布は全く安全のよしゆへ、午後二時ごろ御むかへの自動車来《きた》れる故《ゆえ》、王世子両殿下と一《ひ》と先《まず》、御かへりになれり」と、伊都子の『日記』にある。

方子が鳥居坂に帰邸すると、宮内省から山階宮妃佐紀子《さきこ》、東久邇宮師正《もろまさ》、閑院宮寛子《ひろこ》の三皇族が地震で亡くなったとの情報が入った。方子の自伝にこうある。

麻布も鳥居坂のほうは心配ないということで、一晩だけでまた鳥居坂へもどったころから、宮内省より、鎌倉の山階宮佐紀子妃、片瀬海岸にご避暑中の東久邇第二王子師正王、小田原の閑院宮寛子女王のお三方が家屋の下敷になって死去したとのしらせが、つぎつぎに入ってきました。なんというおいたわしいことかと、胸もつぶれる思い。

「師正」と「守正」とが混乱し、梨本宮守正が大磯の梨本宮別荘で圧死したとの噂も流れた。「守正王殿下は薨去せられた、大磯にて家屋倒壊のため、などゝはり出したとておどろき、はせつけ来るもの多かりしが、皆、無事の顔をみてよろこぶ。こは、東久邇宮第二王子師正のまちがひならん」と、伊都子は九月七日の『日記』に記している。

　梨本宮の大磯別邸は倒壊こそしなかったが、建物被害があったのは確かで、「瓦《かわら》は大かた落《おち》、雨戸は皆庭にはづれ、ガラスもこわれ、電燈は落ち、水のタンクは飛んで下の百姓家あたりに落下、モーターも飛び、煙突もとび、湯わかしもたほれ、避雷針の如き行《ゆ》え不明」という報告を伊都子は聞いて、書き残している。断片的な情報が、様々な臆測を生んでいたのである。

　ちなみに、方子の妹である規子は、のちに山階宮武彦との縁談が持ち上がるが、震災で圧死した山階宮妃佐紀子の後の妻として求められたのであった。地震当時、山階宮武彦は賀陽宮恒憲《つねのり》とともに宮内省に避難していた。また、閑院宮載仁《ことひと》と北白川宮妃富子《とみこ》は別邸のある小田原から駆逐艦で帰京していたと、伊都子の『日記』にある。

　ところで、関東大震災当時、ほかの皇族たちはどうしていたのだろうか。まず、大正天皇と皇后節子は日光の御用邸にいた。陸路が使えないため、侍従武官が飛行機にて地震の状況を報告に来ている。皇太子であった裕仁は、地震の揺れているさなか、「御所《ごしょ》」（宮城）の縁先に出て、側近の者に「両陛下が東京にをられ〔居〕ないで、大変よかつたな」と述べている（『西園寺公と政局』）。

　当日勤務した四竈孝輔《しかまこうすけ》侍従武官の記録によれば、裕仁は午前に赤坂離宮を出て参内し、政務を行った。土曜日なので、午後十二時三十分に宮城を出て赤坂離宮へ帰る予定であったが、「午前十一時五十八分四十四秒六」に大地震にあった。四竈は、侍従武官府から、瓦が落ちはじめる中、宮殿に出て裕仁の御座所《ござしょ》（西一の間）に駆けつけた。裕仁はすでに西一の間より中坪《なかつぼ》に出て、入江為守《ためもり》侍従次長ら側近に警護されていた。「(裕仁)殿下には聊《いささ》かも地震に動じさせ給ふ御様子もなく、種々近侍《きんじ》の者と物語らせ給ふ」とある。

四竈侍従武官は、その後、地方調査をなし、まず鎌倉では、鎌倉御用邸の倒壊、避暑中の賀陽宮邦憲妃好子《よしこ》の負傷、懐妊中の山階宮武彦妃佐紀子と侍女の圧死、療養中の松方正義公爵が倒壊した別邸から三時間後に無事救出(圧死が心配されたが、机の下に避難して負傷さえなかった)されたことなどを確認している。葉山では御用邸と付属邸が半壊したが火災はなかったこと、横須賀では水雷学校学生であった華頂宮博忠が横須賀発の列車に田浦から乗車し、田浦・逗子間の隧道《すいどう》が崩壊して列車は圧潰したが無事であったことなどを確認している。また、大磯では梨本宮別邸が倒壊、箱根は「殆《ほとん》ど全滅」、鵠沼《くげぬま》に避暑中の東久邇宮師正は死亡、小田原に避暑中の閑院宮別邸が倒壊し、三女の寛子が即死など、皇族たちの被害を実視し、慰問している。

裕仁はこうした四竈の情報を得て、九月一五日、地震による東京の惨状を乗馬にて視察し、翌一六日、「今回稀有の大震大火に付き予は親《ちか》しく帝都並びに近県の災害実況を見聞し、傷心益々深し。就いては今秋挙行の結婚式はこの際之を行ふに忍びず。宜しく延期すべき」との決意を述べた。これを聞いた牧野伸顕宮内大臣は「感激恐懼」して、日光御用邸に向かい、大正天皇と皇后節子に、結婚延期決定と、翌年の一月下旬から二月初旬の間に挙式する旨を伝えたのであった。

朝鮮人暴動の流言

実は、いったん鳥居坂に帰った李垠と方子は、今度はすぐさま宮内省に避難し、第二控室前のテントで一週間過ごしていた。方子の自伝『流れのままに』にはこうある。

大東京の大半が灰じんに帰し、騒然たる世情を安定させるために戒厳令《かいげんれい》が布《し》かれましたが、よりどころを失った人心は極度に動揺して、名状しがたい大きな危険をはらんでいるようだと、安否を気づかって尋ねてくれた人々や職員から聞かされ、いやな予感におののくうちにも、

「どさくさに乗じて朝鮮人が独立運動をおこし、方々で暴動がはじまっている」

「朝鮮人が井戸の中に毒をまいたり放火してまわっている」

「火事場泥棒や掠奪が行なわれている」

といった流言がとび交い、朝鮮人への呪詛《じゅそ》はたちまち野火のように燃えひろがってゆき、

「朝鮮人はみな殺しにせよ！」

と、怒り狂う人々によって、むごたらしい虐殺が始まったとのこと。私たちにも危険が及ぶおそれがあるというので、宮内省第二控室の前に張られたテントの中で、一週間すごしました。

朝鮮人暴動の流言を信じた人々の非道な行為が、李垠と方子へもおよぶ危険があるため、避難したというのである。朝鮮人暴動の流言は、方子の母・伊都子も聞いており、李垠と方子が鳥居坂の李垠邸に帰った九月二日、『日記』に次のように記録している。

夕刻、又々行水《ぎょうずい》して、はじめて家の内にて夕食をなし、追々おちつくならんとよろこび居たるに、火事の鐘の音きこえたる故《ゆえ》、裏に出みるに、人々さわぎ、いたづらに、やけない家に火をつける人がある。大へん〳〵と云ひつゝ通る人あり。又、東北の方にあたり火の手はエン〳〵とあがり、又々、昨夜の如《ごと》く雲もあかくなりつゝあり。いづこなるらんと思ふ内、宮様、表よりかけてならせられ、朝鮮人の暴徒おしよせ来り今三軒茶屋《さんげんぢゃや》のあたりに三百人も居る、それが火をつけてくるとの事。

これは大へんと家に入《いり》、色々大切なる品々とりあつめ鞄《かばん》に入れ、衣服をきかへ、立《たち》のきの用意し、庭のテント内に集り、家中の人々、皆々庭に出、火をけし、恟々《きょうきょう》たる有様。日はくれる。心細き事かぎりなし。遠くにて爆弾の音などする。

伊都子は「爆弾の音」を「朝鮮人暴徒」の仕業《しわざ》と思ったのだろうか。そのうちに、実妹の松平信子の一家も避難してきて、武装する。

松平信子は節子《せつこ》をつれ避難し来り。恒雄《つねお》・一郎は護身用のピストル・鎗《やり》等持ちて家の付近を警戒するよし。其内、兵隊十二名・憲兵三名・巡査も来り、邸内のすみ〴〵それ〴〵かため、テントのまわりも兵と家の人々にてかため、いつにても夜はふせぐ有様ものすごし。いまだ、もう、せんなし。運は天にまかせ、もろ〳〵の神の御守護をまつのみと、一日おがみてしづかにテント内に居る。

節子は信子の長女で、後の秩父宮妃勢津子、恒雄と一郎は信子の夫と長男である。『日記』には、「やがて、門内には町よりの避難民ぞく〳〵入りこみ、玄関前など二千人余も居る。此時の心といふものは何もなく、只、無事ならん事のみ、心に神をいのるのみ」とあり伊都子がおしよせる大勢の避難民にも「恐怖」を抱いていたことがわかる。この恐怖心は邸外の音や声で、増幅された。『日記』には、さらに生々しい記述がある。

十時ごろ、よびこ〔呼び子〕［警笛］の音して町の方そう〴〵しく、何かと思へば、今こっちへ朝鮮人にげこんだ、いやあっちと外は外にて人ごえ多く、兵は猟銃をつけ、実弾をこめてはしる。其内にピストルをうつ音、小銃の音、実に戦場の如し。やがて又静かになる。今、宮益にて百数名、六本木にて何名とっつかまったとの事。夜通しおちつかず。一同テント内にて、夢うつゝの如くしてくらす。

「暴動」の流言に恐怖を抱いた人々が、武装して朝鮮人に非道な行為を加えていたのである。伊都子たちはそうした音や声を聞きながら、一夜を「夢うつゝの如く」過ごしたのであった。

李垠避難の理由　ところで、朝鮮人暴動の流言を聞いて激昂した人々が朝鮮人を襲うので、李垠と方子は宮内省に避難したといわれるが、朝鮮の独立運動家たちが李垠や方子を狙《ねら》うかもしれないという危機意識はなかったのだろうか。

朝鮮独立をめざす人びとの皇室への攻撃は、すでに大正一〇年（一九二一）の皇太子裕仁の欧州外遊時から、官憲によって警戒されていた。外遊にあたり、北白川宮能久の四男である小松輝久《てるひさ》侯爵（海軍大尉）を皇太子裕仁の「影武者《かげむしゃ》」に立て、朝鮮独立運動家からの狙撃に備えていたのである。英国政府までも、この朝鮮独立運動家の動きを察知し、日本から英国までの途上の天皇と独立運動家の動静を逐一、英国本国に報告していたくらいである（「皇太子外遊に関する朝鮮人の動向」『日本皇室関係』英国国立公文書館）。

関東大震災時には朝鮮人の朴烈《パクヨル》《ぼくれつ》が検束され、天皇暗殺を企てたとして大逆罪となっている。以後も、大正一三年（一九二四）には上海から派遣された朝鮮人による二重橋爆弾事件が起きた。昭和七年（一九三二）には天皇裕仁の馬車に爆弾を投擲した桜田門事件があり、鈴木貫太郎侍従長が「今日のことは、まことに恐懼に堪へません。犯人は朝鮮人の何々といふものでございます」と奉伺したところ、天皇裕仁は「あゝそれは独立党だな」と即座に答えている（『西園寺公と政局』）。天皇も、その存在を知っていたのである。そもそも、既に記したように、李垠と方子の結婚に際して、暗殺計画があったのである。

にもかかわらず、方子の自伝には、関東大震災時における朝鮮人からの攻撃については一言も触れられていない。方子はひたすら、流言によって虐殺された朝鮮人たちへの「哀歌」を、以下のように綴る。

「何かにつけ朝鮮人は悪いと決められてしまうのはじつになさけない。たまたま労務者として渡ってきたごく一部の人々の非常識なことだけがめだって、それが朝鮮人だという固定観念をつくりあげてしまう……」

殿下はいいようのない悲しみと憤りに声をふるわせておられました。私たちふたりは、民族の血を超越した愛情と理解によって固く結ばれていても、日本と朝鮮の間には、とうてい埋めることのできない深い深い溝が横たわっていることを、この虐殺事件によってまざまざとみせつけられた思いでした。

一週間ぶりで家に帰ると、ただちに罹災者《りさいしゃ》のために慰問袋をつくり、また家の職員で罹災したものもいるので、古着類を分配したりのいそがしさに追われましたが、心は一点に釘づけられて、悲しく、重く、とざされていました。多くの人が死に、むざんな焼野ガ原となった目の前の東京の姿にも、前途暗たんたる思いでしたが、朝鮮人ということだけで、理由もなく殺された同胞のむざんさには、救いもなく、やり場もないのです。

「しょせん、私たちの力ではどうなるものでもないのだ……」

日朝間の人柱にすることを意図した上での結婚であったことを思えば、殿下も、私も、はかないような、寂しいような、いいようのない気持ちにおちいらずにはいられませんでした。

朝鮮独立運動家たちの中には、李垠と方子の結婚が結局は朝鮮の独立の妨げになっていたという認識を持っている者もおり、李垠と方子は朝鮮人暴動の被害者にもなりうると考えるのが自然と思うのだが、そうした懸念を方子も母の伊都子も記していない。

ただ、関東大震災時の朴烈事件やその後の二重橋爆弾事件は、李垠や方子の宮中での肩身を狭くしていたという。本田節子『朝鮮王朝最後の皇太子妃』にこうある。


朝鮮人も天皇の子、日本人であるといいながら、現実には差別的雰囲気が強まる一方であった。朝鮮関係のことが話題になるたびに、周囲も気を遣い、方子たちも遠慮する。そのことを元華族のある人は、

「李王家のことを話題にすることはタブーとされている暗黙の空気がありました」

と声をひそめ、李王家が大富豪であることへのねたみがあって、陰ではひそひそと随分と噂話も聞こえてきたらしく、朝鮮のお方ということがどうしてもねえ、お金よりも格式を尊ぶ方が多いだけになおさら、と言葉をにごす。


こうした問題を方子が具体的に語ることはない。しかし、李王家に嫁いだために受けた圧迫はいろいろあったようだ。

4　方子の妹と兄

李方子には二人の妹がいた。ひとりは実妹の規子《のりこ》で、もうひとりは李垠の実妹の徳恵《とくえ》《トケ》である。

梨本宮規子

規子は、梨本宮守正と伊都子の次女であり、明治四〇年（一九〇七）四月二七日に生まれた。長女の方子とは六歳違いであるが、朝鮮王妃となった方子と比べて話題が少なく、影が薄い印象はまぬがれない。

伊都子の『日記』からも、やや屈折した人生を思わせる記事が散見する。「悲劇の政略結婚」と呼ばれても、脚光を浴びた方子のほうが満ち足りていたのかもしれない。

大正一一年（一九二二）三月二二日、規子一五歳の時、家庭内のつまらぬいざこざがあった。「朝、食前、規子、父上様にしかられる。パンをストーブで焼いてはならぬと申てあるのに、バタのにほひした故、やいたろうと仰せられ、やかぬといふ。うそを付てはならぬといへば、やかぬ決してやかぬといふて、なく。それでよし」と、伊都子の『日記』にある。皇族軍人とその娘の喧嘩にしては、たわいなすぎるし、規子も華族令嬢らしからぬふるまいである。もっとも、伊都子は「それでよし」と書いており、守正と規子の父娘のあり方に家庭的なものを見たからだろうか。軍人として地方勤務の多かった守正は、規子と親子らしい関係をうまくつくれなかったのかもしれない。しかも、守正は久

学習院在学当時の妹・規子
（『女子学習院五十年史』より）

邇宮家の大家族に生まれたが、生活は個別で兄弟関係は孤独であったという。一方、伊都子は鍋島家の大家族の中で兄弟姉妹と賑やかに暮らしていたことが『日記』からもわかる。そうした伊都子には、梨本宮家の人間関係は寂しいものであったろう。

規子はあまり優等生ではなかった。母としての伊都子の苦労も綴られている。大正一一年（一九二二）三月二七日には、「規子の成績来り。やはり理科が丙〔当時は甲乙丙丁《こうおつへいてい》の四段階評価〕なり。こまりたる事なり」とある。また、大正一三年（一九二四）七月二四日には、父に叱られた娘の味方をする母の姿もみせる。「朝、新聞をみて居ると、食事をはこんできた。まだ規がみてゐたら、父がひっぱったら新聞がやぶれた。そしたらカンシャクをおこし、ピリ〳〵にやぶってしまい、あとからよめるようにしろとは、何といふ暴行だろう。他の人だったら、しかへしをしてやりたいが、そうもゆかず、不愉快に食事して終る。御留守になって、規は一人蔵に入りてやぶれた新聞をつき合せた」とある。

朝鮮王家に嫁いだ方子とは違う庶民的な雰囲気が規子にはあったようだ。

とはいえ、規子も皇族妃になる縁談があった。前述したように相手は山階宮武彦《たけひこ》で、明治三一年

（一八九八）生まれであり、規子より九歳上ということで年齢上はとくに問題がなかった。しかし、関東大震災で亡くなった山階宮妃佐紀子の代わりの後妻であったのだ。しかも、山階宮の心身の状態はよくなく、伊都子は乗り気ではなかった。大正一三年（一九二四）一一月一〇日、「山階宮より、かねて規子をもらひ度《た》いと御申入ありしが、いつ子入院中とて、のばしありしとて、御相談。とくと考へ、規子もはなして承知したれば、いよ〳〵きめる事にす」とある。

山階宮との婚約が噂されていた規子は、婦人雑誌各社から写真などを求められた。しかし、おもしろおかしく書かれたのだろう、伊都子は怒っている。大正一三年（一九二四）四月一七日の『日記』にこうある。

　婦女界よりの願ひにて、規子の写真うつしに来られるなり。しかし、此《この》ほどあまり写真をあちこちに出し、色々書たてらるに付、事務官より色々談ぱんし、あらためてあやまりたるに付、ゆるしてうつさせる。

同年六月二二日には婦人画報社が来た。「規子の写真を出したきに付、御家庭の所をうつさしていたゞき度《たい》といふから、午後一時半より来れと申《もうす》。御庭やら、家やら、日本服やら、洋服やら、テニスやら色々うつしたり」とあり、華やかな日々であった。

しかしその後、婚約するも紆余曲折《うよきょくせつ》があり、結局、大正一五年（一九二六）七月一四日、山階宮の病気で婚約破棄となる。「朝の内、規子によく〳〵武彦王の御事をはなし、御病気ゆへ何ともいたし方なく、くるしからんが、あきらめてくれと申わたす。なみだながらに、よくきゝわけ、やむを得ぬ事と申。実にかはいそう［可哀想］なる事なりき」。

後妻の話も破棄となった規子は、この後、伊都子の母・栄子の実家である広橋家に嫁ぎ、栄子の甥である広橋真光《ただみつ》伯爵夫人となった。

梨本宮守正王の次女で女王である規子の結婚は、新聞でも報道された。大正一五年（一九二六）一二月二日の『東京朝日新聞』には、「梨本宮規子女王　お暇《いとま》に御参内　あす広橋伯に御降嫁《ごこうか》になる」として、「賢所《かしこどころ》参拝の後、摂政殿下［裕仁］に御対面最後の御あいさつをお述べになった」とある。女王が伯爵家に降嫁するので、皇族の身分を失うからである。旧皇室典範《こうしつてんぱん》第四四条には、「皇族女子の臣籍に嫁したる者は、皇族の列に在らず」とある。

翌三日の同紙では「規子女王けふお輿《こし》いれ」として、婚儀の様子が伝えられている。おすべらかしの規子は、青山の梨本宮邸から家職や学友に見送られ、近衛儀仗隊《ぎじょうたい》三五騎に前後を守られて渋谷の広橋伯爵家に向かった。式は広橋家新邸の洋室で行われ、媒酌《ばいしゃく》人は牧野伸顕《のぶあき》伯爵夫妻、小笠原流であった。

皇族が華族になったことは、いわば格下げであった。それだけでなく、広橋家は公家出身の華族のため必ずしも豊かな資産があったわけではなかった。このため梨本宮家は、嫁いだ次女のために、経済的な支援をする。昭和元年（一九二六）一二月三一日の伊都子の『日記』にはこうある。

臼井《うすい》（兵作《へいさく》・梨本宮家付宮内省属《ぞく》）は色々御手許の金の事にて規子の所へ参り、帳面をみせ、色々はなし、これから父宮様より月五十円づゝ御化粧料《おけしょうりょう》として送る旨、伝へわたしてかへる。猶《なお》、広橋家財産、鍋島侯爵より五万円、後室［鍋島栄子］より二万円。七万円なれども、結婚に一万五千円入りたるに付、六万五千円として、全部こちらであづかり、皇后陛下より思召《おぼしめし》にて賜はりたる金五万円を合わせて財産として、其《その》利子で暮す事に相談一決し、全部［梨本］宮家にてあづかる事になる。

梨本宮家が嫁いだ次女のために広橋伯爵家の資産管理をしたのである。

ちなみに、規子と真光の三男の儀光《よしみつ》が、戦後になって男子のいない梨本家を継ぐが、伊都子との関係はうまくいかず、離縁してしまう。梨本宮家に男子はおらず、長女の李方子の男子である玖《クきゅう》が平成一七年（二〇〇五）七月一六日に亡くなって後は、方子の後裔は、実妹である規子の子孫である広橋家の末裔たちのみとなっている。

李徳恵

李方子の義理の妹にあたる徳恵は、明治四五年（一九一二）五月二五日生まれで、方子より一一歳年下である。来日したのは、大正一四年（一九二五）三月三〇日。朝鮮の日出《ひので》小学校から学習院に転校させられたのである。

徳恵が生まれる二年前に韓国併合があり、生まれた年に明治天皇が亡くなった。徳恵は父である高宗が還暦の時に生まれており、晩年の一人娘ということもあって（正しくは四女だが、姉たちはみな夭折

洋装の徳恵（『金枝玉葉帖』より）

している）、高宗に溺愛《できあい》された。かぞえ五歳の時に、高宗は徳恵のために徳寿宮《トクスグン》《とくじゅきゅう》内の即祚堂《チョクチョダン》《そくそどう》に幼稚園を設け、天真爛漫な徳恵の姿を見るのを楽しみとしたという。

ところが、日本政府は徳恵の入籍を認めず、王族として扱われなかった。理由は、高宗がすでに李王ではなく李太王となっていたこと、徳恵の実母・梁貴人《ヤンクイイン》《りょうきじん》の身分が低いこと（貴族ではなく宮中女官であり、日本政府は梁貴人を最後まで王族としなかった）などにあったようだが、結局、寺内正毅朝鮮総督が入籍を認めたという。

父の高宗は、徳恵が日本人と結婚させられることを避けるために、早めに婚約させていたともいわれるが、その真偽は不明である。

最大の庇護者であった高宗亡き後の大正一〇年（一九二一）、徳恵は、日本人としての教育を受けるため、京城にある日出小学校第二学年に入学した。日出小学校には日本人子弟と上流の朝鮮人が通っており、徳恵は袴をはいた着物やセーラー服を着て、日本の言葉や歴史を学んだようだ。実は、この時までは徳恵は「福寧堂《ポクニョンダン》阿只氏《アギシ》」（福寧堂生まれの王女の意味）と呼ばれており、徳恵の名は小学校入学後につけられたのである。

徳恵がかぞえ一一歳の時、方子に会っている。大正一一年（一九二二）、結婚したばかりの李垠と方子が晋を連れて韓国を訪れた時であった。高宗を継いだ純宗や李垠夫妻、晋らと一緒の写真が残されている（前掲一三九頁）。

晋が急逝した三年後の三月三〇日、徳恵は日本に留学する。四月に女子学習院本科中期二年に編入した。徳恵は鳥居坂の李垠邸に住み、兄夫妻と多くの行動をともにした。伊都子の『日記』には、徳恵が李垠夫妻と過ごした日々が書かれている。大正一四年（一九二五）四月六日、来日して参内した後、徳恵は梨本宮邸を初訪問した。「徳恵さま、御参内のよし」「午後六時、はじめて王世子両殿下は、徳恵さま御同伴にて御出になり、あちらより御ともせし侍従長の如き人もよび、食事をともにす」とある。四月二九日には、徳恵も皇太子裕仁の誕生日に招かれている。五月三一日には、李垠夫妻と徳恵が梨本宮邸でテニスをしている。

徳恵来日の一年後、大正一五年（一九二六）三月一日、徳恵は李垠夫妻とともに帰国した。純宗の病状悪化の見舞いのためであった。しかし、三月一一日に李垠夫妻が欧州旅行の勅許を仰ぐために出国する際、徳恵も日本に戻った。李垠夫妻は伊勢神宮参拝など旅行準備を進めたが、純宗危篤の報が届き、四月八日、李垠と徳恵が昌徳宮に向かった。方子は扁桃腺炎に罹《かか》ったため遅れて、一三日に着いた。五日間ではあるが、純宗、李垠、徳恵の異母兄弟妹が、ともに過ごした日々があったのである。あるいは、方子の配慮があったのかもしれない。

純宗の国葬は六月一〇日になされた。しかし、徳恵はその一カ月前の五月一〇日に帰日させられた。

帰国した徳恵は、六月二七日、朝香宮と賀陽宮主宰の皇族寄合に出席。伊都子の『日記』には、「十一時ごろより、思ひ〳〵好きな事をし、正午はうちとけて食事をなし、午後からゴルフの方やら、テニスの方やらにて、にぎ〳〵しく、四時半ごろかへる。徳恵様も御つれし、御送りして、かへる」。李垠夫妻の代わりに梨本宮家が徳恵の面倒をみていたのである。

本間恭子『徳恵姫』は、「徳恵はとても遊ぶ心境ではなかったと思えるのだが、日本の皇族にとって純宗の死は忘れ去られているかのようだ」、「純宗の後を継いで、李垠が李王殿下となった。しかし即位は無い。一国の王ではなく、日本皇室に従ふ王族の長に過ぎないのである」と、記している。

心労

徳恵は方子ほど気丈《きじょう》ではなかった。それは生来の性格もあろうが、方子が支配国側の人間であり、住居も母国に置いたのに対して、徳恵は被支配国側の人間で、住居を異国に置いたことも大きかったろう。徳恵も日韓融和のための政略結婚をするが、その受けた「傷の深さ」は方子の比ではなかったはずだ。

昭和四年（一九二九）五月三〇日、徳恵の生母である梁貴人が乳癌で永眠した。ところが、梁貴人は女官上がりの側室であったため、身分が低く、徳恵は喪に服せなかった。「王公家軌範」の第一九三条に「王公族は皇族王公族又《また》は華族朝鮮貴族に非《あら》ざる親族の為には喪を服せず」とあったからだ。当時、徳恵は一七歳。その多感な心が深く傷ついたことは想像できる。実際、方子は自伝『流れのままに』で、東京に戻った徳恵を「いっそうものいわぬ姫になられた」と記している。

昭和五年（一九三〇）三月三日、李垠夫妻は麻布鳥居坂の家を宮内省に返還して、北白川宮邸であった紀尾井町にある二万坪の土地に新居を建築し、徳恵とともに転居した。この新居が現在の赤坂プリンスホテル旧館である。

徳恵はこのころから精神的に疲労をきたしはじめていた。方子の自伝には、「徳恵さまは少々神経衰弱の気味で、何か学校の友だちにいわれたことを、感情的に強く受けられて、くよくよといつまでも気になさったりするのです」とある。徳恵は、夏休みに、方子に付き添われて伊香保《いかほ》に避暑していたが、秋になると、学校へ行くのを拒むようになる。「行きたくない、と終日床につかれて、食事にも出ようとされません。夜は強度の不眠症で、ときには突然外にとび出され、おどろいてお捜しすると、裏門から赤坂見附のほうへ歩いておられたり、ということもあった」と方子は記す。そのため、方子は徳恵を精神科に診せて、大磯の別荘で静養させる。診断結果は、「早発性痴呆症」であった。

当時、女子学習院は本科と高等科があり、修業年限は、本科が前期四年、中期四年、後期三年、高等科が二年であった。徳恵が女子学習院本科中期二年に編入したのは大正一四年（一九二五）四月であり、体調不良で登校拒否となったのが昭和五年（一九三〇）九月である。同年一一月、旧対馬藩主家を継いだ宗武志《そうたけし》と婚約し、翌昭和六年（一九三一）三月に徳恵は女子学習院本科を卒業した。予定通りの卒業であった。同期生には、三条、四条、伊達、徳川、鍋島、細川、前田、松平、室町など名門家の女子約七〇名がおり、竹田宮礼子《あやこ》（のち佐野常光《つねみつ》伯爵夫人）、北白川宮佐和子《さわこ》（のち東園基文《ひがしぞのもとふみ》子爵夫人）、嵯峨浩《さがひろ》（のち愛親覚羅溥傑《あいしんかくらふけつ》夫人）らも同期であった。『女子学習院五十年史』には、竹田宮礼子、北白川宮佐和子、李徳恵の三名の在学時代の写真が掲載されているが、心なしか、徳恵はほかの二人

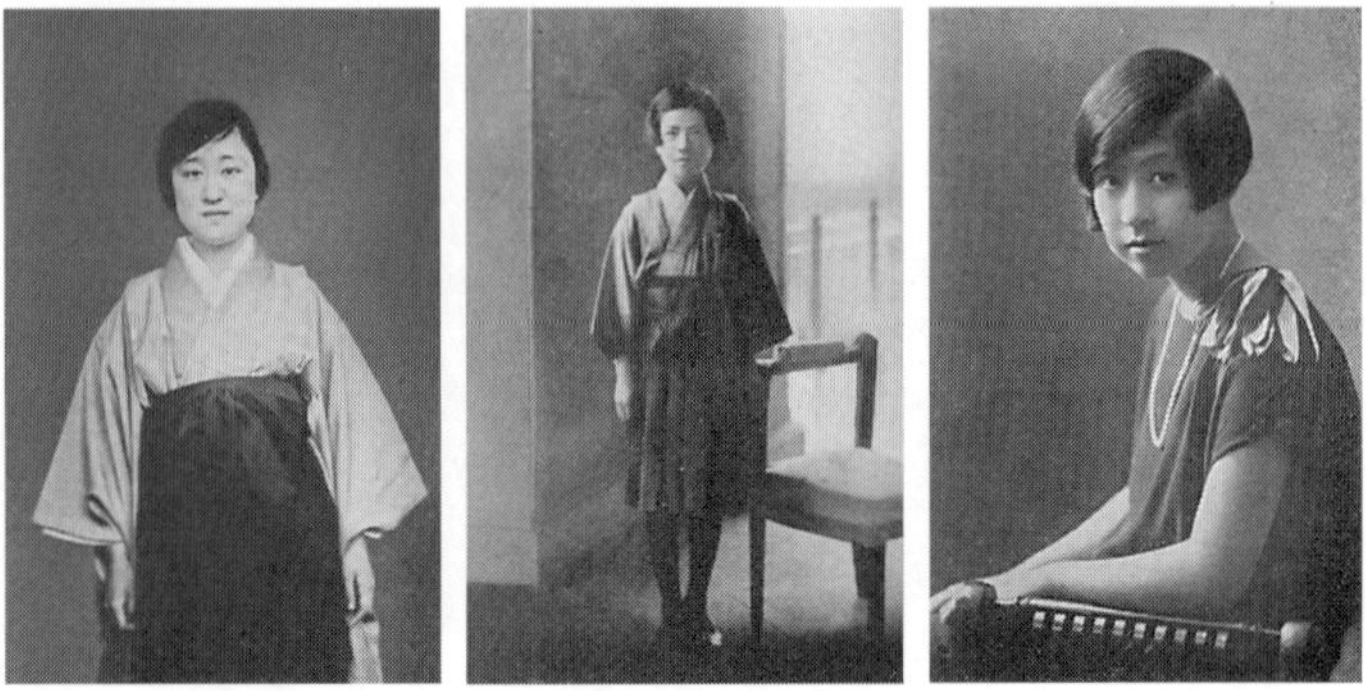

学習院時代の徳恵と同級生たち（『女子学習院五十年史』より）
左から，徳恵，北白川宮佐和子，竹田宮礼子。

と比べると、素朴で内向的な感じである。

ちなみに、朝鮮総督であった斎藤実のもとに一通の「徳恵姫学業成績表（写）」が届けられている（「斎藤実文書」）。年不明であるが、あるいは、婚約のための事前調査のものだったろうか。第一学期と第二学期を通じて（学年評価は空欄）、国語、算術、歴史、地理、図画、裁縫、手工、通訳などは「九」か「十」である。操行は「甲」であった。優良な成績といえよう。しかし、体操が「八」であまり運動は得意ではなかったこと、歴史が「九」から「八」に下がっており興味を減じていたらしいことがわかる。もっとも歴史は「神国日本」の賛美が中心であったのだろう。学級担任は小川とあり、小川鈞《ひとし》（教授）。保護印の欄には「篠田」とサインがあり、篠田治策《しのだじさく》（李王職次官）であろう。つまり、徳恵の保護者は実兄の李垠ではなく、自分を「監視」している日本の役人であったのだ。こうしたことも、徳恵の心労を倍加させていたろう。

徳恵の兄、すなわち方子の義兄である李堈《イカン》の心労はより深かったかもしれない。しかし、徳恵が明治四五年（一九一二）生まれ、李堈が明治一〇年（一八七七）生まれであり、徳恵と李堈とでは三六歳と親子以上の年齢差があった。つまり、まだ自我が充分に確立せず社会的活動も未経験の少女と、すでに成人して社会的地位も得ている男子とでは、自分に向けられた抑圧への反発心の強さが異なるだろうし、少なくとも、明治四三年（一九一〇）の併合後に生まれたか併合前に自我を確立したかの違いなどが、両者の受けた圧迫感の差となっていたことは考えられる。

李堈の手紙

李堈《りこう》は、大正八年（一九一九）から大正一五年（一九二六）にかけて、斎藤実朝鮮総督に公族として受ける待遇についての哀願の手紙を宛てたが、そこから傀儡《かいらい》となった「王公族」の心労を読みとることができる。そして、純宗に次ぐ年齢であったにもかかわらず、弟の李垠が皇太子となり待遇に格段の差があったことが、李堈の不平や不満を増加させていたことがわかる。

最初と思われる手紙が出された大正八年（一九一九）は「動乱」の年であった。先にもふれたが、その年の一月二二日に李堈の父である高宗が急逝し、高宗の国葬を二日後にひかえた同年三月一日には日本からの独立を訴える三・一独立運動が朝鮮各地で起こり、四月一〇日には上海に大韓民国臨時政府が樹立し、一一月九日に李堈が上海に脱出しようとして未遂に終わっている。斎藤実が第三代朝鮮総督となったのもこの年の八月一二日であり、従来の「武断政治」から「文治政治」に転換していった時期であった。

李堈は上海脱出失敗一カ月後の一二月一四日、斎藤実に次の手紙を出し、李王職の「非道」を綴った。長いが引用する。

以下掲載したることは、皆今般の事件［上海脱出事件］の以前在《あ》りし事

一、総《すべ》て李王職の日鮮官吏が私に対して不親切、無礼、軽蔑することがある。人を見ても挨拶もなく、知らぬ顔をしたり、私のことなら大概反対するし、尹徳栄［朝鮮貴族・子爵］の親信なる党派某々《ぼうぼう》、鮮人事務官三、四名は猶《な》ほ甚《はなはだ》しくすることあり。

一、李王職官吏等が何んの事でも確実なる証拠がなければ知って居る事でも知らぬとか分からないとか作り事が激しい［の］で閉口する事。

一、幾ら財産を無くする為に内々で監督をすると云ふた所があると雖《いえど》も、公式に禁治産された理《わけ》でもなく、表向きに監督された事もないのに、人を盗賊を監獄署で待遇すると同一に門を閉鎖したり、巡査よりも以上の執拗なる取調をして、人の親展の手紙も開封したり届けなかったりするのが実に難儀《ツライ》なること。

一、相当なる、直ぐ出来るもの、為すもの、買ふて呉れるもの、止むを得ず無くてはならぬものを、請求しても、直ぐ為し呉れずして、二、三日遅延し、或は一ヶ月又は遂に為さないことがあって閉口すること。

一、生活上、夜中又は至急に為すべき事があっても、事務所が退《ひ》けたら待たなくてはならず、事務所が退ける前でも其係員が居なければ出来ないし、又日曜日等には尚に出来ない事が難儀なるこ

と。

一、相当に注目することは宜ろしいですが、陰険なる、生活上或は身辺に付、秘密の事がありますが、如何なる細かい事でも調べたり知りたがるのが実に難儀なること。

一、人の財産を持って管轄するの人等が、主人たるものの体面維持上使ふこと、或は人情上止むを得ず使ふことがあっても「ケチ〳〵」して体面を悪くするし、又勝手に処理することもあり。「モーリス」の訴訟事件［西大門外の土地をモーリスに売却したことをめぐる訴訟］に付き一万円の金を着服したとの風説もあり、新町の地所に家を建つたこと（不動産）もあり。

一、李王職御用商人となる（栗栖《くりす》？）と云ふ人に総ての事を事務所に命ずるが、物品が大概悪くて価格が非常に高価でも宜しいとして買って来るし、悪いから取替へて来いと云ふても、遂に外には無いと云ふて同じ物を持って来るのが閉口すること。

一、李王職の官吏等は此様なことは決して無いと云ふかも知れません、証拠がないからです。

一、李王職の人等が以上書いた事を知って居れば、私を非常に憎み、幾許《いくばく》でも厳しくする考《かんがえ》があるかの虞《おそれ》あること。

一、私のことを多少同情して可愛相《かあいそう》なりと思って呉《く》れる人等は王世子殿下付の官吏たちと宮内府事務官武田尚《たけだなお》、又は軍司令官［宇都宮太郎］閣下が多少御承知しなさること、警官では渡辺警視等です。

李堈は上海脱出未遂の背景に李王職の「非道」があったことを訴えたのであった。もちろん、自己弁明のための「嘘」も多少は交じってはいたであろうが、李垠と徳恵の兄である李堈がどのような環境にあったのかを推測する手がかりとはなろう。そして、こうした環境は、李垠も徳恵も客観的にはほぼ同様の状態にあったと考えられる。もっとも李堈が述べているように「王世子殿下付の官吏たち」は同情的であったというから、方子を妻とした李垠の周囲は、李堈ほど「難儀」の思いをしなかったのかもしれない。

いずれにせよ、李堈は縷々《るる》述べたてた末に「陳情書」を斎藤実に提出する。「陳情書」には、こうある。

堈の本性質が平民的自由生活をすきで、位《くらい》ある人のくるしく不自由な生活は大に不平の事とおもって居ります。今度、堈がそうどう［騒動］いたしたことも誠にもうしわけがありませんです。堈の一生所願《しょがん》は爵位も不願し、財産も不願し、隠居でもしまして、毎日に相当なる生活費と家屋をもらひまして、余年を楽にくらすことを懇願いたします。今後、若《も》し不実の事をなした場合には法律上相当なる処分をなさることを希望します。決して排日的、政治的思想は夢中にも毫無《ごうむ》です。今後も先の通りに李王職官吏たちに監督をされて居れば、又不平をおこしてどんなことをおこすか自分の心でも自分がわかりませんです。第一、陛下に御軫念《ごしんねん》［心配］なさるようにすることも、下情《かじょう》で誠に恐《きょ》懼《うく》し、又は閣下と皆様に御心配をかけることが実に残念とおもひますから、閣下は御明察なさいまして、堈を楽にくらすようにしてください。

上海脱出未遂を詫びながら、再発防止に自分を自由にしてほしいと、半ば脅迫していることからは、李堈のふてぶてしさとしたたかさを感じる。しかし、日本政府は、李堈の望む監理体制軽減の代わりに李堈を日本に呼びよせることとした。李王家の人間が海外の独立運動家たちに担がれることをもっとも警戒していたからである。

李垠や徳恵は表面的にせよ日本に従順にふるまったこともあり、李堈ほど強い心の葛藤は外に出さなかった。しかし、内面的には李堈同様の圧迫感があったことは想像できる。方子は韓国を支配する日本の皇室の一員であると同時に、祖国を失い無言の圧迫を受けていた李垠や徳恵のよき理解者たることを余儀なくされていたのであった。

哀願　李堈が斎藤実朝鮮総督に李王職の「非道」を訴えた結果、李堈に返ってきた答えは東京移住の話であった。

大正九年（一九二〇）一月二三日付の斎藤実朝鮮総督宛の書翰で、李堈は、先の手紙（李王職の「非道」を述べたもの）の返事を待っているが、京畿道第三部長がその手紙を持参して質問をしてきたのはどういうわけかと聞いている。李王職があるのになぜ警官が関係するのか、なぜ自分が望んでもいない東京移住を志願したかのように勧告するのかと訴え、平民となって余生を過ごしたい気持ちをくんでほしいと述べた。

さらに同年三月二六日には、篠田治策李王職次官が東京移住を勧めてきたが、「近頃、吐血、神経衰弱症にて、医師は皆、難治と診断」しており、健康であったとしても「故土［故郷・韓国］に於て死し度《たし》」と、哀願した。

その二カ月後の五月一四日には、今まで、隠居したいこと、平民になりたいこと、病気なので「故土」で寿命を全うしたいことなど、四度ほど手紙を出したが、「内地に遊覧し鬱懐を暢叙《ちょうじょ》［思い切り述べる］せよとの御言」には感謝するが、昨冬以後、人と相対する気持ちがないことを理解してほしいと、重ねて訴えた。

同年八月二五日にも、李堈は「貴族に降下」させてくれれば、「尽忠輔国《じんちゅうほこく》」し斎藤総督の厚意に報いると記し、さらに李王職事務官の監視過剰から起こる「一身生活上の困難」を列挙して、その改善を陳情懇願した。李堈は、財産処理など勝手にされて損害を受けても対応できないこと、主人である自分を「警官よりも甚だしく」「不信疑惑する」こと、庭園内で運動するのにも事務所の人をつけたり巡査に番をさせたり「盗賊みたいに取締する」こと、「家中下属等個人の書札も一々取調べをする」こと、事務官は勝手にしても「主人たる者は一寸も権利なく」請求をしても聞いてくれることが一つもないこと、などを述べ立てたのであった。

翌大正一〇年（一九二一）五月一七日、李堈は、またまた李王職事務官への不満を訴え、このまま行けば、「遂に財産迄も亡すに至るべく、而して其滅亡の責を転じて堈の失態に嫁する事と存じます」と綴った。そして、篠田李王職次官も自分（李堈）より事務官を信用している素振りが見えるので、篠田次官や軍司令官に説明してほしいと依願した。「副官並事務官を此際是非、仁善正直、親切温厚の人物と代へて」と切望し、もし出来なければ「天陛〔天皇陛下〕に執奏《しっそう》」して、自分を「辞免さして下さる様」と願った。「副官及事務官の姦邪怪計《かんじゃかいけい》の為に身分上の一大関係を生ずる虞ある」とまである。

同年八月二六日、李堈は「王世孫殿下御生誕」につき昌徳宮に拝謁し祝意を述べることを遠慮する手紙を送った。「王世孫」とは、同年八月一八日に生まれた李垠と方子の第一子李晋のことである。その言い訳はかなり遠回しである。李堈は持病のリュウマチがあり、そのため八月一日から二一日まで三週間の暑中休暇を軍司令部から「下賜」された。ところが、副官がさらに二週間の休暇延長を進言し、そのため軍の規定で医師の診断書が必要となった。李堈はかかりつけの病院長の診断を受けるが、「附属舎監督栗原大佐」なる人物が病院長に手紙を送り、李堈の診断書には「実際の病症を認《したた》められたし」と干渉してきたというのである。そして、李堈は「先日申上た書面の一件に付解決を得る迄《ま》では遺憾ながら総て出入り見合せ居り候」と、晋誕生祝意の昌徳宮拝謁を辞退したのであった。「先日申上た書面」とあるから、斎藤実文書に残されていない手紙にも別の問題などが記されていたのだろう。さらに「二伸」として、宇都宮太郎朝鮮軍司令官にも二度ほど詳細を書き送ったとあり、各方面に哀願していたことがわかる。

李堈は摂政であった皇太子裕仁にも書面を送っており、それがまた問題となった。李堈は大正一四年（一九二五）五月一五日、大正天皇銀婚式参列のため来日した際に、赤坂東宮御所に参内し、「自分は子女多数《しじょたすう》貧困にして生計困難に付、何とか救済を」、「公を廃し平民になりたし」との願書を提出した。これについて李王職は李堈に始末書を書かそうとしたが、李堈は「自分は摂政宮殿下より下位であるか、自分も皇族の末席である故に拝謁の序《ついで》に李王職の不公平なる処置を上書したのに何が悪いか、始末書を誰が書くか、若《も》し書かぬときは自分の手を採りて書かせるか」と近侍《きんじ》の者に語ったという。

その後、同年一一月四日、李堈は直接に裕仁に書面を送ったことについて総督府に呼ばれて、斎藤総督と会見している。斎藤は「摂政殿下に於《おか》せられても御提出の書面に対しては措置せらるべき途なく、寧《むし》ろ之《これ》を困《こん》じられて宮内大臣［一木喜徳郎］に御手渡し相成りたる趣なり」と経緯を述べ、「元来、這種《このしゅ》上奏には自《おのずか》ら手続あり」とたしなめた。李堈は軽率さを認めつつ、「旧朝時代に於ても冤情《えんじょう》有らば直接之を君主に訴へたる慣例もあり」と、直訴の非は認めなかった。そして、「往昔、伊藤［博文］公は余に対し、総て何事に拘《かか》はらず腹蔵なく常に胸襟《きょうきん》を披《ひら》き、極めて懇切に遇せられた」と、維新の元勲まで持ちだして、自己を正当化しようとしたのである。たしかに、韓国では直訴が合法化されているなど「お国柄の違い」があったろうし、李王家に対する伊藤博文なりの「親身な対応」もあったろう。しかしなによりも、国と王位を奪われた者の意地と矜持が傷つけられていたのである。

大正一五年（一九二六）六月二九日付の斎藤総督宛の手紙でも、李堈は「曾《かつ》て摂政宮殿下［裕仁］に言上を奉呈せることが図らず閣下及宮内当局に迷惑を掛くる結果となり、其後、閣下より是非共、速に摂政宮殿下の御心慮を除く様の書面を更に奉呈せよとの御懇談」があったので、斎藤総督の意見に従ったが、「公〔李堈〕の希望は当時申上げた通り」と、自説を固持し続けた。そして、同年六月一〇日に純宗の国葬も終わったから、「近く王家の整理改革等も行はれ、同時に種々の懸案を解決せらるる」だろうから、「閣下〔斎藤〕に御願してある事件は如何なる程度に於て何時頃御決定下さるでしょうか」と念を押した。

同年七月八日、李堈は純宗逝去後の李王職改革に口を出した。「李王職の改革は是非共、王殿下〔李垠〕の洋行なさる前に決行なさるのが当然と思ひます。改革と申しますのは、他事ではなく、李王職長官は現在の篠田次官が適当なる人物と思ひます。又、次官は李恒九《イハング》《りこうきゅう》男爵が適当で鮮人の中にては〔第〕一人者と思ひます」とし、「現在の閔《ミン》《びん》〔泳綺《ヨンギ》《えいき》・男爵〕長官は国葬当時に王殿下に虚偽の進言をして親署を彊《し》ひたことは確実なる証拠があります」と人事異動を提言した。そして、李王職長官を「内地人」にすることについて、「王殿下及総督府当局に御迷惑なることはありません」、「但し尹徳栄の派貴族某々等が一時不平を云ふだけと思ひます」とした。このころ、李堈は篠田治策ら日本側官僚を信じ、閔や尹ら、いわゆる尹徳栄一派を信頼しなくなっていたのである。

年月日不明の李堈の手紙もあり、「宋の親密党派なる尹、閔、具、朴等」への不信が綴られ、一方で、「先日、東京在学中の子供〔李鍵《イコン》《りけん》〕進拝の節には貴重過分なる万年筆御与へ被下《くだされ》、子供の喜《よろこび》不一方《ひとかたならず》、堈も感恩刻骨、厚く御礼申上候」と、斎藤総督ら日本側関係者に礼を述べているものもある。また、高級白羊箋《はくようせん》にたどたどしい日本語で、「李王職監督受けるのは普通家に子供が父母に監督されるよりひどい」とか、あるいは「日鮮融和及無差別を希望」、「李王職の官吏中に勢力を競争する

李堈の長男・李鍵
（『皇族画報』より）

のは悪事と思ひます」などと書かれたものもある。その他、李王職の財政運用に関する懸念を長々と綴ったものもある。

不平不満を述べる李堈の姿は、李垠のもうひとつの顔でもあったろう。しかし、李垠は心の奥底で「李堈の怒り」を鎮めていた。方子はそうした李垠に深い情愛を寄せていた。

総督府の監視

李堈は、斎藤実朝鮮総督を頼って多くの陳情書を認め、李王職の内情を告発し、改革を哀願したが、必ずしも実現はしなかった。むしろ、そうした訴えを続ける李堈の素行が細かに調査されていた。

斎藤実朝鮮総督のもとには大正一二年（一九二三）から大正一四年（一九二五）にかけての素行調査報告書が送られている。

大正一二年（一九二三）五月四日の李堈の行状として、二五歳ぐらいの妓生《キーセン》（元来は、歌舞などをもって宮廷や地方官庁に仕えた女性の意。のち接客業の女性を指すようになった）を寵愛して、執事名義で月五〇円の借家に住まわせているが、落籍する金策ができず当惑しているとある。

大正一三年（一九二四）四月二三日には、李堈の息子である李寿吉《イスギル》《りじゅきち》の看護のために雇った看護婦人会の浜角タニ子を見初《みそ》め、その後、情を通じ、数度にわたり密会したと報告された。翌二四日にも、静養と称してタニ子と密会したとある。五月一日には、タニ子を家庭教師にして住み込ませ、別邸の一部を修繕していると報告された。

同年一一月二六日には、同月二一日からの自動車で外出した行状が事細かに伝えられた。誰と会い、どこに行き、何時に寝たのかまで調べられており、「妓生は午后八時三十分頃、殿下の居室に入りし模様」とまである。こうした女性がらみの行状の調査は以後も続き、大正一四年（一九二五）五月の旅行中も、京畿道警察部長の報告が警務局長に届けられた。

同報告によれば、李堈は蓬萊館《ほうらいかん》に滞在し、「午後五時より約三十分間庭内散歩の他は、終日居室にて女中及ボーイ等を相手に、夜は午後八時三十分頃より島田属《ぞく》、芸妓《げいぎ》四郎及若龍《わかりゅう》を相手に多量の御酒を召されし為、同十一時頃よりは甚しく酩酊の模様なり」などとある。徹底的に監視されていたのだ。李堈としても、監視されていることは知っているだろうから、「酒と女」で気を紛らわすしかなかったろう。しかし、「酒と女」は当局を安心させはするが、素行不良のレッテルを貼られる原因ともなる。李堈は独立の気概が強かった分、王位継承者からもはずされて、自暴自棄になっていたようにも見える。幼少であった分、反抗心も少なく、かつ王族を継承し、方子と平和で品行方正な家庭を築いた李垠とは対照的な行状であった。

ところで、「酒と女」に溺れると、その弱みを握る者も出てくるらしく、蓬萊館主の姪で一八歳の女性との関係が、蓬萊館主に接近の機会を与え、李堈に別荘建築を勧誘し、李堈はその金策のために漁業権を売却しようとした。また、西大門外の土地を売却して妓生との手切金にしたともいう。李堈はこれらの行為について、「自分の土地を自分が処理するのに何の不都合があるか」と述べたとある。

こうした李堈の行状が朝鮮民衆の間にも伝わり、「酒と女に溺れて、遊んで暮らした人物」の印象が定着したともいえる。李堈は日本官憲のみならず、側近との確執にも悩み、かつ民衆の憎悪ないしは蔑視の対象にされてしまったのである。少なくとも、純宗亡き後に残された李堈、李垠、徳恵の誰もが、朝鮮独立運動の主体となる条件を失っていた。李垠にいたっては、日本に最も馴化《じゅんか》した王族といえなくもない。結果的に見れば、方子はその馴化に大きな役割を果たしたわけである。

第四章　流　転

1　王族妃のつとめ

渡　欧

大正一五年（一九二六）四月二五日の純宗《スンジョンじゅんそう》逝去によって、翌二六日に王世子李垠《イウンりぎん》は李王となり（ただし、韓国では垠の李王即位を認めていない）、方子は王族妃となった。以後、昭和二二年（一九四七）五月三日の日本国憲法施行により王族としての身分を失うまで、日本皇族に準じて戦時下の諸儀式などに関わった。李垠は皇族同様、帝国軍人となっており、李王となった同年七月二八日には陸軍大尉、参謀本部部員兼朝鮮軍司令部付となった。この年一二月二五日、李垠を可愛がったという大正天皇も亡くなった。翌昭和二年（一九二七）五月二三日から昭和三年四月九日まで、李垠と方子は約一年におよぶ欧州諸国歴訪の旅にでた。

当時の『朝日新聞』には、李王夫妻の渡欧記事がいくつか掲載された。出発前の昭和二年（一九二

李王外遊一行（『英親王李垠伝』より）
前列左から，李垠，方子。
後列左から，佐藤正三郎，金応善，三浦清子，篠田治策。

七）二月一九日には、「この五月おそろひで李王両殿下御洋行　故李太王の一周年忌を済まされて　約十ヶ月ぐらゐの御予定」との見出しで、「両殿下の御洋行は昨年中に御実現になるはずで御準備まで出来てゐたのが故李太王殿下の薨去に引き続き先帝の崩御があり一時延引になっていた」と報道された。「殿下の英語、妃殿下の仏語の御熟達は著しい」とあり、「殿下は英語に堪能であらせられる関係からまづイギリスに向はせられ、そこから欧州主要国を御歴遊、御帰りにはあるひはアメリカもお回りになるかと思はれる」と伝えられた。

主な旅程は、五月二二日、横浜より箱根丸に乗船して出発。随員は、篠田治策李王職次官、金応善《キムヌンソン》《きんおうぜん》（陸軍大佐）李王職御用掛、佐藤正三郎（陸軍中佐）李王職御付武官、高階虎治郎《たかしなとらじろう》典医、三浦清子《みうらきよこ》李王職御用掛、足立大一《あだちたいち》嘱託、鏑木百《かぶらぎもも》侍女ら七名。船中では七時起床、朝食、読書、運動、昼食、休養、運動、七時夕食のスケジュールであった。五月三〇日、上海に着くが、李垠の拉致《らち》計画が伝わり、韓国独立運動家の動きを危惧して上陸せず、軍艦八雲《やくも》に移乗して一泊した。八雲では、現地将校から「上海陸上防衛の現況」などの講演を聴いた。その後、香港、シンガポール、コロンボ、スエズ運河などを経てマルセイユ着。運動不足はデッキゴルフなどで補った。七月五日にパリ着。エリーゼ宮にドゥメルグ大統領を訪問。大使館付武官室の茶会では「仏国軍事一般に就て」などの講話を聴いた。

七月二四日には第一次世界大戦の激戦地であるベルダン要塞を見学。ベルダンは皇太子時代の裕仁《ひろひと》も訪問している場所であった。李王夫妻のベルダン視察について昭和二年（一九二七）七月二八日の『朝日新聞』は、「本日［二六日］朝鮮李垠および同妃両殿下は日本大使館付武官その他の随員を従へ、欧州大戦の戦跡を視察遊ばされた。尚殿下は弾丸よけのさんがう《［塹壕］》内でお茶を召《めし》あがられた」と伝えている。

その後、パリからロンドンに向かい、八月九日、バッキンガム宮殿でイギリス国王と王妃に謁見。スコットランド、エジンバラ、グラスゴー、リバプール、マンチェスターなどを回った。皇太子裕仁とは異なり、エジンバラのアソール公邸で休息することはなかった。この間、フランス大統領よりレジオン・ドノール大綬勲章を贈られたとの知らせを受ける。九月三〇日にはバッキンガム宮殿でイギリス国王代理ヘンリー王子からグランドクロス・オブ・ザ・ブリティッシュ・エンパイア勲章を贈られた。これに対して、昭和天皇は一〇月三日にイギリス国王宛の礼電を発した。

以後も、ベルギー、オランダ、デンマーク、ノルウェーなどの王室を訪問し勲章などを贈呈された。

また、ドイツ、ポーランド、オーストリア、チェコスロバキアなどの各共和国の大統領訪問もした。ポーランドでは大統領からポーランド復興大綬章を贈呈され、昭和天皇はこれにも礼電を発した。李王夫妻が日本国天皇に属している王族であることを欧州列強に示していたわけである。

一二月二三日、ローマ着、キリナレ宮殿でイタリア皇帝・皇后の晩餐会。二九日には、ローマ法王の招待によりバチカン宮殿で約一〇分ほど対談した。翌一九二八年（昭和三）一月四日にはムッソリーニ首相と会見した。ナポリ、ポンペイ遺跡なども見て、再びフランスに入る。この間、李垠はゴルフや乗馬も楽しんだ。方子は、イギリスではロンドン最古のセント・バーソロミュー病院とバーナード孤児院、スウェーデンでは赤十字病院などを、李垠とは別行動で訪問した。

三月三日、李垠一行は筥崎丸に乗船、マルセーユを発ち、帰国の途に就く。四月九日に神戸港に帰着。李堈《イカン》《りこう》、徳恵《トケ》《とくえ》、李鍝《イウ》《りぐう》、梨本宮守正、伊都子らが出迎えた（『李王同妃両殿下 御渡欧日誌』）。

かつて大正一〇年（一九二一）に、皇太子として訪欧した裕仁の印象を残した国々に、新たに日本国王族となった李垠を派遣することで、日本と韓国の関係を国際的に承認させる意味を持たせたような旅である。また、時期的には朝鮮人による爆弾投擲事件などが続き、李垠も方子も日本に居づらい雰囲気が重なったころでもあった。

ところで、李垠夫妻は、裕仁訪欧時と同様にアメリカに寄ることはなかった。裕仁訪欧当時、イギリスと異なりアメリカは王制の経験がないため、皇族に対して非礼な言動がなされる危険性が指摘されていた。なにより、当時のイギリスとは日英同盟を結んでおり友好関係にあったが、アメリカとは日本人移民問題や満州鉄道中立化などをめぐり対抗関係にあった。このため、裕仁一行は大西洋を渡らず、イタリアから再びスエズ運河を通り、インド洋を越えて、帰着したのであった。李垠夫妻の場合、もうひとつ、韓国独立運動との関係があったろう。当時、アメリカでは李承晩《イスンマン・りしょうばん》が韓国独立運動のロビー活動をしており、上海の大韓民国臨時政府同様、日本政府にはやっかいな存在であったのだ。李承晩はアメリカのプリンストン大学で博士号を取得しており、上海の臨時政府と対立してアメリカに渡っていた。李承晩は日本敗戦後、韓国に戻って初代大統領となり、李垠夫妻の韓国への帰国を拒んだことは後述する。

玖の誕生

すでに明治四三年（一九一〇）の「韓国併合に関する条約」の第三条にて「日本国皇帝陛下は韓国皇帝陛下、太皇帝《たいこうてい》陛下、皇太子殿下並《ならび》其の后妃及《および》後裔をして其の地位に応じ相当なる尊称威厳及名誉を享有せしめ且《かつ》之を保持するに十分なる歳費を供給すべきことを約す」とあり、日本の皇族に準じた王公族とされていた。しかし、純宗、李堈など、併合時に成人していた王公族たちは、かならずしも日本政府に従順なわけではなかった。

純宗が他界し、幼少時から日本で教育を受けていた李垠が李王を継ぐことで、李王家はもはや朝鮮王家ではなく、名実ともに日本の皇室の一部である王族となったといえる。そうした王族の皇太子(王世子)として生まれたのが玖《ク・きゅう》であった。

昭和六年（一九三一）七月一三日、『朝日新聞』には「李王妃殿下　御吉兆　十年ぶりで御懐妊」として「昨年御流産遊ばされたが十年振りのお目出たき御徴候《ちょうこう》に李王家、梨本宮家共に殊《こと》の外《ほか》のお喜

方子と玖（『英親王李垠伝』より）

び」とある。さらに同年一二月二九日には、号外で「李王妃殿下今朝　王子を御分娩遊さる」として「午前八時廿二分玉の如《ごと》き王子を御分べんになつた」「妃殿下の御母君梨本宮妃殿下には直ちに李王家に御駆《かけ》つけになつた」と報道した。「玉の如き王子」は玖と命名された。

李王夫妻は、前年三月三日に徳恵を連れて鳥居坂から紀尾井《きおい》町の新築したばかりの御殿に移転しており、玖はそこで生まれたのであった。この御殿は、閑院宮邸と向かい合わせの位置にあったが、第二次世界大戦後に西武グループに売却されて赤坂プリンスホテル（旧館）となった。

玖の波乱の人生は、玖の誕生を報道した号外にも暗示されていた。前述した号外には、昭和六年（一九三一）九月一八日に勃発した満州事変後の中国戦線拡大の状況と為替の暴落も伝えていたのである。「多門《たもん》［二郎］師団盤山《ばんざん》へ　堂々と進撃を開始　けふ正午大衝突か」、「対米為替大惨落　関東大震災以来の安値」などとある。とはいえ、王族の地位を逐われるまでの玖は、ほかの皇族の子息たちと同様に扱われ、学習院で学び、戦時下でも不自由のない暮らしを保障され、李王世子として人びとの脚光を浴びていた。

昭和七年（一九三二）六月一日、玖は初参内し、翌日の『朝日新聞』は顔写真入りで大々的に報道した。玖は「可愛い純白のお洋服」で、方子に抱かれて、紀尾井町の李垠邸から自動車で宮中に向かい、天皇皇后と皇太后（貞明皇后）に対面したのであった。

玖の誕生から二年後に皇太子明仁が生まれ、戦時下の玖は、多くは明仁の成長とともに報道された。昭和一六年（一九四一）一〇月二八日、明仁の学習院初等科の初遠足では、上級生である賀陽宮章憲《あきのり》（一九二九年生まれ）と文憲《ふみのり》（一九三一年生まれ）、李玖、李沖《りちゅう》（李鍵の長男・一九三二年生まれ）、下級生である李沂《りき》（李鍵の次男・一九三五年生まれ）をふくむ学習院全生徒が、四谷駅から省線電車に乗って立川の陸軍航空技術学校に出かけたのであった。翌日の『朝日新聞』は、「荒鷲の妙技台覧の皇太子様」の見出しで、陸軍航空技術学校で写した皇太子と玖ら学習院生徒らの写真と記事が掲載された。

同年一一月には、皇太子は高松宮妃喜久子らに付き添われて、李玖らと明治神宮国民体育大会を見学した。『朝日新聞』は「皇太子さま御初めての台臨」の記事とともに、見学中の皇太子と高松宮妃の写真を掲載した。

昭和一八年（一九四三）五月には、皇太子は李玖らと東京市深川の東京商船学校に行啓した。また同年一一月二三日の『朝日新聞』は「皇太子殿下出陣学徒を御見送り」と題した写真を載せ、そこには学習院の制服制帽で敬礼する皇太子と、日の丸を持つ久邇宮邦昭《くにあき》（一九二九年生まれ）、東久邇宮俊彦《としひこ》（一九二九年生まれ・のち多羅間《たらま》キヌ養子となる）、伏見宮博明《ひろあき》（一九三二年生まれ）、李玖、李沖らの姿があった。

昭和一九年（一九四四）三月三〇日には、学習院卒業式があり、皇太子は初等科四年を、義宮《よしのみや》（常陸宮）は同二年を修了する。この時、伏見宮博明と李玖は初等科を卒業、東久邇宮俊彦は中等科三年、李沖は初等科五年、李沂は同三年、李清《せい》（李鍝の長男・一九三六年生まれ）は同一年を修了したのであった。

皇太子と同年代の皇族子息たちは、皇太子の周辺にあって皇室を盛り立てていたのだが、李玖もその一人としての役割を果たしたのであった。伊都子は大正天皇（嘉仁）、方子は昭和天皇（裕仁）、李玖は今上天皇（明仁）と、三代の天皇の影となって「ご奉公」したといえる。

玖は、皇太子の付き添いのみならず、学習院在学中の皇族子息たちとともに、慰問や工場視察などもしており、少国民の模範としての役割も果たした。勤労奉仕にも従事し、昭和一九年（一九四四）九月には、玖は賀陽宮文憲とともに学習院の勤労報国隊として神奈川県の湯浅蓄電池工場に入所し、午前七時から午後六時まで溶接作業をした。同年一〇月二日の『朝日新聞』は、「両宮様休日返上畏《かしこ》し、御作業に御挺身《ていしん》」として「大宮［グアム］、テニヤン両島全員戦死の公表で敬弔式をあげ」、増産を誓って、休日遠足の予定を返上して熱心に作業したと報道している。

こうした玖の活動は、日本国民のみならず、当時併合されていた韓国の人びとにも広く伝えられていたのである。

歌御会始

帝国軍人となるなど李垠に皇族に準じた責務があったように、李王族妃の方子にも皇族妃同様の役割があった。ほかの皇族や皇族妃とともに宮中儀式に参列したり、皇后の名代として差遣の職務を担ったり、軍事援護活動を行ったりした。

宮中での嗜《たしな》みの一つに和歌がある。方子の母である伊都子も多くの和歌を残しており、日々の心のありようを和歌に託すこともあった。宮中では新年歌御会始《うたごかいはじめ》などが催され、天皇皇后はじめ各皇族の和歌や一般の秀歌が紹介される。昭和七年（一九三二）の新年歌御会は、一月一八日午前一〇時より宮中鳳凰間《ほうおうのま》で開かれ、「暁鶏声」の題で詠まれた。皇族と王公族の歌は一度、皇太后（貞明皇后）、皇后良子《ながこ》は二度、天皇裕仁は五度、読み上げられた。皇族は秩父宮妃勢津子、高松宮宣仁《のぶひと》、高松宮妃喜久子、東伏見宮妃周子《かねこ》、伏見宮妃経子《つねこ》、伏見宮妃朝子《ときこ》、賀陽宮妃敏子《としこ》、久邇宮妃俔子《ちかこ》、久邇宮妃知《とも》子《こ》、梨本宮妃伊都子、久邇宮多嘉《たか》、久邇宮妃静子《しずこ》、東久邇宮妃聡子《としこ》、北白川宮妃房子《ふさこ》、竹田宮妃昌子《まさこ》、閑院宮妃直子《なおこ》ら、王公族は李王妃方子、李公妃誠子《よしこ》らであった。

方子の歌は、「しのゝめの靄たちこむるゐなか家に　なくにはとりの声のさやけさ」であった。李堈を継いだ公族李鍵の妃・誠子も「雪の野におきふす人をしのべとや　あくるおそしととりのなくらむ」と詠んだ。方子も誠子も、もともと日本人であり、とくに上手ではなくとも一通りの歌は詠めて不思議はなかったし、両者は千葉《ちば》胤明《たねあき》という優秀な和歌の指導者についていた。千葉は肥前佐賀出身で、高崎正風《たかさきまさかぜ》に和歌を学び、明治四〇年（一九〇七）に御歌所《おうたどころ》常勤寄人《よりうど》となり、昭和一二年（一九三七）に歌御会の点者《てんじゃ》に任じられた。佐賀鍋島出

李鍵公妃誠子
（『愛国婦人会　写真帖』より）

身である方子の母である伊都子の師でもあった。誠子ももともとは伊都子の妹俊子《としこ》の長女であり、方子と誠子は従姉妹同士であった。

翌昭和一三年（一九三八）は「神苑朝」の題で、方子は「みいくさのにはもてらさむかみその、木だちをもるるあさのひかりは」と詠んだ。長びく戦争の影響が見られる歌である。李鍵公妃誠子のほか李鍵の実弟で李埈《イチュ》《りしゅん》公を継いだ李鍝の妃である朴賛珠《パクチャンス》《ぼくさんじゅ》の歌もあり、賛珠は「みいくさのかちをぞいのるやすくにの　かみのみそののしもをふみつゝ」と詠んだ。韓国人であるがゆえに、日本をより強く意識した歌となっているといえる。

昭和一五年（一九四〇）は「社頭祈世」の題で、すべての歌に戦時色が濃くなっている。李垠の歌もあり、「かげ高きよゝ木の宮の大前に　すゝみゆく代の幸祈るなり」。方子は「神がきにふしてぞ祈る大みわざ　なりてかゞやくみよの栄えを」、賛珠は「みをしへの道ひとすぢをもろ人の　ふみ行はむよをいのるかな」とある。李垠や方子の平板な「神州賛美」に比べて、賛珠の歌はとりようによってはキリスト教の説教めいていてかなり意味深である。

昭和一六年（一九四一）一一月一八日には「農家」の題で、恒例に明治神宮献詠会が行われ、全国から八〇〇〇首が献詠された。方子は「わかうどのめされし小田の家々も　よそにおとらずいねをかりつむ」、誠子は「五年《いつとせ》のいくさつゞけどみのりよき　いねのかり穂は家にあふるゝ」と詠んだ。一般からの歌には、「わらやねはいとひくけれど召されたる　誉《ほまれ》は高し日の丸の旗」、「国のため銃とる兄をしのびつゝ　やから勇みて野良に立つてふ」など、時代を反映した内容が続く。

翌昭和一七年（一九四二）一一月一一日の明治神宮献詠会には「国旗」の題で、八七〇〇首が献詠された。方子は「厳《おごそか》にうつくしきかなまつろひし　あだのとりでになびくみはたは」、誠子は「おほ君のみことかしこみにしみなみ　いそしむ民をまもるひのはた」、賛珠は「大君のみいつのひかり身にあびて　ひのおほみはた仰ぎみるかな」と詠んだ。天皇と日の丸への忠誠心を率直に歌っており、こうした題や歌が、皇族はじめ王公族たちに詠まれることで、一般の人びともそうした精神を是とする雰囲気にとりこまれていったといえなくもない。『朝日新聞』は「傷痍軍人も選歌の栄」との見出しで、皇室と戦争被害者との一体感を強めようとした。

そして、昭和一八年（一九四三）一月二九日の歌御会始では「農村新年」の題で、方子は「若人は召されしさとの田びとらも　こゝろをゝしく年むかふらむ」、誠子は「をさな子も老たる人も小やま田に　年を迎へていさみ立つらむ」、賛珠は「山田もるおきなはけさも霜ふみて　鍬《すき》ふるふ手にはつ日かゞやく」と詠んだ。もはやどの歌も戦争賛美となっていた。

ちなみに、方子は昭和一九年（一九四四）一月二一日の講書始を高松宮宣仁とともに陪聴した。国書は「日本における人口問題」（高田保馬・京都帝大教授）、漢書は「元史日本伝の一節　至元十八年の征東の役に関する世祖の教諭」（池内宏・帝国学士院会員）、洋書は「戦争と気象」（藤原咲平・気象技監）であった。いかにも時代を反映したものばかりである。

同年一月二八日は歌御会始で、題は「海上日出」。この年は、天皇や秩父宮雍仁らとともに、李垠、方子、誠子、李鍝、賛珠らが歌を詠んだ。李垠は「さしのぼるあさ日をうけてなみたかき　よもの海はらなごみゆかなむ」、方子は「むら雲もとく〳〵はれよひむがしの　うみよりのぼる年のはつ日に」、誠子は「おほ空もおほうなばらもくれなゐの　いろにそめつゝ日はいでにけり」、李鍝は「つはものがさゝぐるつゝにてりはえて　みなみのうみにはつひかがやく」、賛珠は「さし出づる年のはつ日によもの海　みなひといろの紅にかゞやく」であった。

同年六月四日の靖国神社献詠祭では、「余光」の題で、秩父宮妃勢津子や三笠宮崇仁《たかひと》ら一一人の皇族が献詠し、李垠は「大君のみゆきあふぎてまたさらに　いさをそびかるやす国の神」、方子は「国のためたふれし人のいさをこそ　のちのよてらす光なりけり」、誠子は「わたつ海《み》の外までひかりかゞやかむ　神のみたまをうつす鏡は」と詠んだ。絶望的な戦いが続き多くの戦死者が出たころであり、方子もそうした時代の重さを感じとっていたようだ。

こうした方子をはじめとする皇族、王公族たちの和歌は、詠んだ当人の意図とは別に、時局肯定の風潮を広めたことはあったろう。とくに、「暁鶏声」「神苑朝」「社頭祈世」「農家」「国旗」「農村新年」「海上日出」「余光」などの題そのものに、すでに時局肯定の要素が盛り込まれており、それを逸脱した歌などが詠まれることはなかったといえる。また、一般の人びとも加えたこうした歌会によって天皇を中心とした国家的一体感が醸《かも》し出されていたのも確かであろう。もともとが日本人であった方子や誠子はともかく、李垠、李鍝、賛珠などは、どのような思いで異国の言葉を紡《つむ》いでいたのだろうか。

差遣、視察、防空

王族妃である方子はほかの皇族妃たちとともに皇后の代理として各種の行事に参列したり、軍事後援事業に携わったりした。とくに昭和一二年（一九三七）

から昭和二〇年（一九四五）までの戦時下においては、傷痍軍人慰問や戦死者慰霊などが多くなった。『朝日新聞』で報道された方子の王族妃としての活動をいくつか列挙すれば、まず、五月五日の端午の節句に催された宮城内旧本丸跡馬場での天覧馬術参列がある。天覧馬術は毎年の恒例であったが、方子の名があるのは昭和一二年（一九三七）と昭和一八年（一九四三）の二回である。昭和一二年（一九三七）五月六日付の記事には「皇后陛下には初の臨御《りんぎょ》」とあり、皇后不在で皇族妃が参列することはなかったのだろう。この時は、高松宮妃喜久子、李方子、李誠子らも参列した。「武具の響き、雄叫びの声とともに鉄蹄《てってい》空を蹴り長刀は仮標を斬つて壮絶」とあるように、かなり男性的な行事であった。こうした行事に皇后や皇族妃、王公族妃が参列するのも、戦時下ゆえであったかもしれない。また、高松宮妃喜久子は徳川慶喜の孫、李方子も誠子も佐賀鍋島藩主直大の孫と旧大名家の末裔であることも意識されていたのであろう。昭和一八年（一九四三）には、「畏し皇后陛下も臨御」とあり、三笠宮をはじめとする皇族妃や李王公族妃たちも参列した。乗馬格闘などが披露され、「実戦さながら」であったという。方子ら妃たちも戦時下の士気を高めていたのである。

こうした皇后や皇族妃たちの活動の中で、最も大規模に展開されたのは、昭和一三年（一九三八）の四月から五月にかけて行われた「十一皇族妃」の陸海軍病院差遣《さけん》であった。長びく戦局の結果、多くの傷病兵が入院することとなったが、皇后はこれら「出征名誉の戦傷を負った陸海軍将兵」たちを見舞うために、全国の病院に皇族妃を皇后代理として派遣したのである。一一名の皇族妃たちは朝鮮、台湾、樺太、沖縄を除く一道三府四二県を分担して慰問した。

北海道は賀陽宮妃敏子、岩手・青森・秋田・山形・新潟は李方子、宮城・福島は北白川宮妃房子、群馬・栃木・茨城と兵庫・鳥取・島根は東久邇宮妃聡子、静岡・愛知・岐阜は伏見宮妃朝子、福井・石川・富山・長野・山梨は竹田宮妃光子《みつこ》、三重・奈良・和歌山・滋賀・京都・大阪は東伏見宮妃周子、山口・広島・岡山は竹田宮妃昌子、香川・徳島・高知・愛媛は閑院宮妃直子、福岡・佐賀・大分は梨本宮妃伊都子、長崎・熊本・鹿児島・宮崎は久邇宮妃俔子が割り当てられた。

これらの差遣は、宿泊を伴い、陸海軍病院のほか、赤十字病院、転地療養所などを訪問し、「親しく傷病兵を御慰問」することになっていた。梨本宮妃伊都子は、この時の克明な記録を残しているが、小倉陸軍病院を慰問した伊都子は、二四〇〇人の戦傷者に「一々〱挨拶して」通り、それだけで二時間以上かかったという。一人約一〇日間で合計一九〇カ所を廻るという強行軍であった。差遣を終えた伊都子は、「この度の御慰問に付、有難き御用なりしが、あまりに時間のせわしなき事は、少し閉口」とも記している。当時五六歳であった（『梨本宮伊都子妃の日記』）。伊都子の娘である方子にしても三七歳であり、皇族妃たちも慣れぬ職務に自らを鞭打っていたのだろう。しかも、この差遣の後の六月には、台湾、朝鮮、関東州の傷病兵を慰問したのである。

方子は、ほかにも皇后の慈恵会総会、日本赤十字社総会臨席や靖国行啓、あるいは皇族妃の軍需工場女子労働者視察にも関わった。昭和一九年（一九四四）四月二八日の靖国行啓では、皇后は春雨の中、竹屋志計子《しげこ》御用掛ほか、賀陽宮妃、梨本宮妃、東久邇宮妃、北白川宮妃、李方子、李誠子らを伴い、参拝したのであった。翌日の『朝日新聞』は「皇后陛下英霊《えいれい》に御拝　春雨の神域に遺族感泣《かんきゅう》」

の見出しで、純白洋装の皇后と竹屋御用掛の写真を大きく掲載した。

女子学習院卒業式にも参列した。女子学習院卒業式への「臨御」は歴代皇后の勤めとなっていたが、昭和一八年（一九四三）の第五六回卒業式では秩父宮妃勢津子が代理として差遣された。皇后の実子である照宮《てるのみや》が中等科を、順宮《よりのみや》が初等科を卒業するので、実母の参列を避けたのかもしれない。なお、この時、李鍝の長男清《せい》が附属幼稚園の保育を満了している。同卒業式には、梨本宮妃伊都子も方子とともに皇族妃として参列した。翌昭和一九年（一九四四）の卒業式には皇后の行啓があり、伊都子や方子らとともに同窓会である常磐会の勤労報国隊員の作業も視察した。

ちなみに、方子も防空訓練を行い、東京都民に範を示した。昭和一八年（一九四三）一一月二五日、地域別総合防空の最終日に、「不敵にも敵機は帝都の心臓部、官庁、会社街を覆滅せんと大挙来襲す」との想定で、都心での訓練を行った。午前五時二〇分に第一回の訓練空襲警報が発令され、続いて一〇時に第二回の発令があり、各種防空機関が一体となった連繫行動が期待された。方子は、李王邸のある麴町区紀尾井町の町内訓練と歩調を合わせて、自ら防空の指揮をとった。「敵機が表玄関をはじめ御邸内三箇所に焼夷弾《しょういだん》を投下したといふ想定下にまづ防火班がバケツを持って登場、近くの防火水槽の水を使ひ果すころ、町内警防団員も消火ポンプをもつて協力、さしもの猛焰《もうえん》も鎮火した」とある。見出しは「御手づから三角巾《さんかくきん》　李王妃殿下　防訓に御活躍」と、都民に範を示す王族妃の姿を強調していた。偶然ではあるが、翌年五月二六日の空襲で、宮城はじめ各宮邸が全焼するなか、李王邸だけが免れている。梨本宮邸も李鍵邸も全焼してしまい、屋敷を失った伊都子は李王邸で寝泊まり

昭和十八年十一月二十五日

御手づから三角巾

李王妃殿下・防訓に御活躍

陣頭に総監夫人

警視庁の猛訓練

防空演習をする方子
（『朝日新聞』昭和18年11月25日）

したのである。

李王家美術館

昭和八年（一九三三）一〇月一日、李垠の生まれた徳寿宮を公開して、徳寿宮内洋館の石造殿に日本近代美術工芸品を展示した。黒板勝美《くろいたかつみ》東京帝国大学教授、杉栄三郎《すぎえいざぶろう》帝室博物館総長、正木直彦《まさきなおひこ》帝国美術院長、篠田治策《しのだじさく》李王職長官ら（黒板、杉、正木のほかに和田英作《わだえいさく》東京美術学校長と工藤壮平《くどうそうへい》宮内省御用掛を加えた五名が準備委員として嘱託された）が陳列準備にあたり、日本画だけでも橋本雅邦《はしもとがほう》「瀟湘八景《しょうしょうはっけい》」（御物《ぎょぶつ》・帝室博物館蔵）、横山大観「秩父霊峰春暁」（秩父宮家蔵）

はじめ、菱田春草《ひしだしゅんそう》、川合玉堂《かわいぎょくどう》、川端龍子《かわばたりゅうし》、速水御舟《はやみぎょしゅう》、松岡映丘《まつおかえいきゅう》らの名品の数々が、細川護立《もりたつ》侯爵、大倉喜七郎男爵、大原孫三郎ら著名な所蔵家から出品された（内山武夫「韓国国立中央博物館の近代日本画」『韓国国立中央博物館所蔵　日本近代美術展』）。

陳列会は好評を博し、昭和一三年（一九三八）三月には石造殿に近接して新館を建設し、日本近代美術工芸品に加えて、昌慶宮《チャンギョングン》《しょうけいきゅう》内の李王家博物館所蔵の朝鮮古美術も展示し、日本と韓国の新古美術品を一堂に集めた美術館とした。三階建の石造殿は旧館となり、一階は倉庫と変電所、二階と三階を近代　日本美術陳列館とした。新館も三階建てで、一階は研究者用観覧可能の所蔵品格納庫、事務所、講演室などに充て、二階と三階を朝鮮古美術陳列館とした。旧館と新館は二階の渡廊下で通じていた。

李王家美術館全景
（『李王家美術館陳列日本美術品図録』より）

美術館所蔵品は、前田青邨《せいそん》「鷹狩」、横山大観「静寂」、鏑木清方《かぶらききよかた》「鰯」、川合玉堂「深山春遅」など日本画二六点、岡田三郎助「裸婦」など西洋画一九点、富本憲吉「白磁壺」、河井寛次郎「陶製　紋描手の図鉢」など彫刻二一点、絵画、楽浪・三国・新羅時代土器類、高麗時代

陶磁器類、李朝時代金属品類など合計九七六五点であった（李王職『李王家美術館要覧』）。

昭和八年（一九三三）以後昭和一八年（一九四三）までの一〇年間、毎年、日本美術品の展示会が開かれ、『李王家美術館陳列日本美術品図録』などが刊行された。参考までに、図録の第四輯、第七輯、第九輯に掲載された主要作品、主要所蔵者（機関）を紹介すれば、以下のようになる。

第四輯（昭和一二年三月二五日発行）では、日本画に御物が、川端玉章「御物　群猿」と山岡米華《やまおかべいか》「御物　青緑山水」の二点あり、ともに宮内省蔵である。荒木寛畝《あらきかんぽ》「鶴」など四点が東京美術学校蔵、狩野友信《かのうとものぶ》「平治合戦図」など四点が帝室博物館蔵、鈴木松年《すずきしょうねん》「松に鴉」が朝鮮総督府蔵、平福百穂《ひらふくひゃくすい》「長閑」など一〇点が李王職蔵、個人蔵では平尾賛平（化粧品店の平尾賛平商店）所蔵の下村観山「和歌の浦」など七点、大倉喜七郎男爵所蔵の横山大観「瀟湘八景」のうち「山市晴嵐」と「遠浦帰帆」の二点などがあり、ほかに上村松園《うえむらしょうえん》「螢」や上村松篁《しょうこう》「鯉魚」など作者自身からの提供もあった。西洋画では、梅原龍三郎「秋山図」（貿易商の西村総左衛門蔵）、彫刻では高村光太郎「赤星朝暉翁」（作者蔵）、工芸では岩田藤七「硝子花瓶」（古美術商の山澄力蔵《やまずみりきぞう》蔵）などが出品されている。

第七輯（昭和一六年三月二五日発行）では、日本画は、野口幽谷「御物　松の図」、森寛斉「御物　古柏猴鹿」（ともに宮内省蔵）ほか、東京美術学校、李王家、文部省などからも提供された。陳列展の盛況を示すかのように、多彩な個人所蔵家からの出品が増えていた。たとえば、西洋画では元首相の広田弘毅が上野山清貢《うえのやまきよつぐ》「或日の広田外相」を提供したりしている。広田は李垠夫妻が渡欧した時のオランダ公使であり、接待を務めた関係があった。京城医学専門学校蔵の永地秀太《ながちひでた》「肖像」なども陳列された。彫刻では胃腸栄養剤「わかもと」創業者の長尾欽弥《ながおきんや》蔵の後藤良「羽衣」などがある。工芸では細川護立侯爵蔵の高野松山「獅子文様《もんよう》色紙箱」、日魯漁業創業者の平塚常次郎蔵の広川松五郎「紬地《つむぎじ》友禅染刺繡壁掛」などが陳列された。

第九輯（昭和一八年三月二五日発行）では、従来と異なり、宮内省蔵の御物の出品がなく、文部省からの展示がこれに代わった。個人蔵では変わらず、平尾賛平や大倉喜七郎らのものが主力を占めた。ちなみに、この時に出品された李王家蔵の美術品は、日本画が竹内栖鳳《たけうちせいほう》「金山寺（水墨）」など七点、西洋画が青山熊治「裸婦」など五点、彫刻が石川確治「蘭花額」など三点、工芸が香取正彦「鋳銅釣灯籠」など四点であった。

日韓融和のために李垠と方子が結婚したことを象徴するかのように、韓国王宮の一つである徳寿宮内で李王職主催による日本美術展が恒常的に開かれていたのである。

昭和二〇年（一九四五）の敗戦で、李王家美術館は徳寿宮美術館となり、美術館の収蔵品は韓国の国家所有となった。昭和四五年（一九七〇）に徳寿宮美術館が韓国中央博物館に吸収されるが、韓国内の厳しい対日感情から収蔵品は今なお公開されることがなく、倉庫に眠ったままである。

2　王公族廃止

李鍝の被曝

昭和二〇年（一九四五）八月六日、広島に投下された世界初の原子爆弾は一瞬にして多くの人命を奪った。李垠と方子の甥にあたる李鍝《イウ／りぐう》も、広島にて陸軍中佐として軍の作戦任務遂行中に被曝して翌七日に亡くなり、戦死として報道された。

方子は自伝『流れのままに』に次のように記す。

「これからは東京は空襲されるでしょうが、叔父さまも叔母さまもくれぐれもお気をつけられてください。ご無事をお祈りしています。また元気でお会いしましょう」

と、おっしゃってくださった鍝公さまが広島へお帰りになって何日もたたない八月六日、広島に原子爆弾が投下され、ご出勤途中に被爆され?病院に収容後ご死去されてしまいました。

その報を受けたときのショックは、たとえようもありませんでした。「また元気で会いましょう」とはげますようにおっしゃったその方が……

八日、天皇皇后や皇太后から勅使が差遣され、渋谷区常盤松町の李鍝公邸を弔問した。李鍝の遺骸は、妃の朴賛珠、長男の清《せい》、次男の淙《そう》らが迎え、その日午後、京城の李鍝本邸に移送された。

方子の実母・伊都子は八日の『日記』にこう記した。

　午後三時の報によれば、一昨日、広島へB29来襲せしをり、ロケット爆弾を用ひたる事は、ニュースにて云ひたれども、其時、李鍝公殿下は軍参謀として作戦中、空爆の為、御戦死あらせられたよし、発表せらる。直《ただち》に警察電話を以て、甲府の李鍵公のところへ、御くやみ申入れた。

九日付の『朝日新聞』一面は、「敵の非人道、断固報復　新型爆弾に対策を確立」、「火傷の惧《おそ》れあり　必ず壕内待避　新型爆弾まづこの一手」と、原爆投下の際における防止策と報復を呼びかけた。その同じ紙面に「李鍝公殿下　広島市で御戦死　作戦任務を遂行中」の記事が李鍝の写真とともに掲載された。李鍝の死は八日の宮内省と陸軍省の発表によるもので、それまで秘せられていた。記事には李鍝の陸軍軍人としての略歴と、阿南惟幾《あなみこれちか》陸軍大臣と陸士同期生の井田正孝《いだまさたか》中佐の談話が付せられ、その死を悼んだ。

李鍝（『皇族画報』より）

　阿南は「戦局愈々《いよいよ》緊迫の度を加へるや皇土決戦の第一線に起たせられんとして、去る六月十日、参謀として御赴任遊ばされたのであります」、「妃殿下の御心事を恐察し奉るとき感極まつて申上ぐべき言葉すら見出し得ぬ」と述べた。井田は「平民的に渉《わた》らせられ、我々に対し常に笑顔と諧謔《かいぎゃく》を以て接せられ和気藹々《わきあいあい》として御側に仕へ奉ることを得ました」と述懐した。ちなみに昭和二〇年（一九四五）八月一五日の降伏に際して、阿南は自刃し、井田は降伏阻止のクーデターに関与した。

李鍝は大正元年（一九一二）一一月一五日、李堈の次男として生まれ、大正六年（一九一七）五月に、公族の李埈を嗣いだ。陸軍士官学校を経て、昭和八年（一九三三）一〇月、陸軍砲兵少尉となる。昭和一〇年（一九三五）五月三日、二三歳で朝鮮貴族で貴族院議員でもある朴泳孝侯爵の孫にあたる二歳下の朴賛珠と結婚。結婚式は渋谷区常盤松の李鍝邸でなされた。式には実父の李堈、李埈公妃、実兄の李鍵、李鍵妃誠子はじめ、朴賛珠の実母（朴元煕《パクウォンヒ》夫人《ぼくげんき》）、木戸幸一宗秩寮総裁、篠田治策李王職長官らが参列した。当時、渋谷区神山町に朴侯爵邸があり、賛珠は馬車で常盤松に向かった。翌年四月二三日、長男が誕生し清《せい》と命名、昭和一五年（一九四〇）に次男淙《そう》が生まれた。

この間、李鍝は陸軍軍人としての職務を担い、昭和一六年（一九四一）には陸軍大学校を卒業し、陸軍少佐となる。翌年、陸軍大学校研究部員として南方視察をし、シンガポールやフィリピンを回った。方子は「堂々とした将来性のある青年将校」と、李鍝を評していた。

李鍝逝去の二日後にあたる八月九日、李鍝の長男清が李公を継いだ。これによって、李王公族家は、李垠、方子、玖で構成される李王家、李鍵、誠子、長男の沖、次男の沂、長女の沃子《はるこ》で構成される李鍵公家。李清、李鍝妃の朴賛珠、次男の淙で構成される李清公家の三家となった。この三家も昭和二二年（一九四七）五月二日の日本国憲法施行前日、皇室令第一二号により王公族としての地位と身分を喪失した。つまり、五月一日公布の皇室令第一二号「皇室令及附属法令廃止の件」には「皇室令及附属法令は昭和二十二年五月二日に限り之を廃止す」とあり、皇室令「王公家軌範」を根拠とする王公族制度も廃止されたのであった。同年一〇月一四日の一一宮家五一名の皇籍離脱より五カ月ほど前のことであった。

ちなみに、李鍝は宿舎から馬で出勤する途中に被曝して似島《にのしま》の臨時救護所に収容されたといわれる。その後、昭和四五年（一九七〇）四月、在日大韓民国居留民団広島県本部が、被曝した李鍝が発見されたとされる本川橋西詰北側の場所に、韓国人原爆犠牲者慰霊碑を建立した。慰霊碑は、亀の台座と双龍の図柄を刻んだ冠でデザインされ、二六〇〇名以上の韓国人犠牲者の名簿が収められているといわれる。広島で被曝した韓国人は、広島被曝者の一割に相当する二万人ともいわれるが、その実数は不明である。当時広島に在住していた韓国人は約一〇万人ほどおり、その多くは軍属、徴用工、動員学徒、一般市民であった。

ところが、この碑は「平和記念公園」の外に建立されたため、民族差別との批判の声があがった。実際は、平和記念公園内の新施設設置は認めない方針があったためといわれるが、いかにも差別の象徴のように語られ続け、平成一一年（一九九九）七月二一日、平和記念公園内に移設されて、ようやく差別論議に決着をつけた。とはいえ、戦後に南北に分断された現状から、北朝鮮籍の犠牲者のための慰霊碑はなく、まして南北統一の慰霊碑案は実現していない。統一碑のためには、旧公族である李

当時の金日成（『朝鮮人物事典』より）
平壌市群衆集会（1945年10月14日）での姿。

鍝を戴いた「李鍝殿下外二万余霊位」という碑文が妨げになるかもしれないとの懸念もある。

李承晩の帰国拒否

敗戦後、李垠と方子が韓国に帰国できなかったのは、李承晩の妨害のためという説がある。李王の帰国により「王政復古」がなされ、李承晩の地位が脅かされると考えたというのである。たしかに、分断独立国家形成を進めようとする李承晩にとって、かつての韓国王の正統な後継者が帰国することは政治的脅威であり、李王の存在は南北統一のシンボルとなりえた。しかし、すでにソ連や金日成《キムイルソン》《きんにっせい》が支配する朝鮮北部に王制復活を受け入れさせるほどの影響力があったかは疑問がある。むしろ、李王の帰国は朝鮮南部で王制支持者の分派活動を招き、事態を混乱させる危険性があった。李承晩を支えるアメリカ占領軍にとって、王制支持者の分派活動は好ましいものではなかった。

当時の李垠自身の動きはどうであったかというと、敗戦後、李垠の側近となり李王家の家政整理を担当した趙《チョ》重九《ジュング》《ちょうじゅうく》は、『友邦』に「王家の終焉」と題する貴重な記録を残している。趙は日本敗戦と同時に李王家から電報で呼び出され、疎開先の新潟県から李垠邸に出向く。趙は王家と姻戚関係にあり、かつ趙の父が李垠の侍従武官長であったという。趙は「こうした非常事態になった場合当然、自分を呼び寄せるであろうという確信があった」という。

趙は上京して、八月一七日は「今後の殿下のあり方」として、「朝鮮は日本から離れて独立する」「その結果再び王政に復することはありえない」「目下朝鮮は政治状勢混沌として不明、今後左右の政争に中立であること」などを協議した。そのなかには日本側職員の希望として「王家は出来る限り現状を維持存続を計る」とあり、これは衣食住を失うことへの保身的な発想で、趙の方針とは相容れないものであった。

敗戦当時、李垠夫妻は那須別邸におり、趙はそちらに向かった。那須では、李垠愛用のベンツに乗って黒磯の特攻基地からガソリンと食糧などを調達し、夜は趙の歓迎晩餐会が開かれた。「何年かぶりに本式の洋食にありついた。献立はクリームスープ、雉《きじ》の丸焼、マッシュポテト、人参、野菜サラダ、食後は西瓜《すいか》、そして紅茶」と、豪華な献立を記している。

八月二八日、趙はラジオニュースで、大統領は金九《キムグ》、首相は李承晩という朝鮮政界の動きを聞き、「あわよくば王政復古という潜在意識」がもたげたが、「世界状勢から冷静にみると朝鮮では王政復古は全くの夢物語である」と悟っている。「長い間王室と民衆との接触が断たれており、殊に朝鮮の知識人との接触は絶対に封じられていたので、これが王室に対する反感となって現在全く無視されていることがよく分かった」と趙は記す。

しかも、ソウル視察から帰った元米人宣教師は、左翼による民族反逆者のリストの第一に李垠があり、第二は秘書の趙重九であると語っていた。趙は「東京での政治的動きは絶対につつしまなければならないのは勿論のこと、更に進んで政治的関心のないことを機会ある毎に表明する必要がある」と決意している。

もっとも家政整理に携わった者の常で、主人の優柔不断や側近の保身などが気にかかるようだ。趙も李垠の煮え切らない態度を嘆いている。とくに昭和天皇がマッカーサーに「身を捨ててこそ浮かぶ瀬こそ《ママ》あれと実行して甦った」のに対して、李垠にはそういう捨身がなかったと悔やむ。「李王のこの未練が終に国民から捨てられるのである」とまで記している。新憲法草案の情報を知る内閣官房長官が李垠邸を出入りするようになり、李垠は自分の地位がどうなるのか気になっていたという。

> 李王はN〔内閣官房長官〕と気易く話ができるようになると、私の面前で終に御自身の口からは決して言ってはならないことを言ってしまった。私の地位はどうなりますか。どうかこれまで通りの待遇をしてもらえませんか、と言ったのである。

趙は怒りと悲しさで、その場を中座したという。李垠には、朝鮮独立の主体となる意志も力量もなかったのである。

昭和二〇年（一九四五）八月一五日の敗戦後も李王公家は、しばらくは準皇族としての活動をしていた。同年一〇月一七日の『朝日新聞』には、「けふ神嘗祭《かんなめさい》　宮中で御儀」の記事が載り、秩父宮妃ら皇族とともに李垠も参列したことが伝えられている。一一月二一日には「聖上、遺族に御会釈を賜ふ」として、前日の靖国神社臨時大招魂祭《だいしょうこんさい》に行幸した天皇を高松宮や李垠らが迎えたとある。一二月二日には、天皇は高松宮をはじめとする皇族と王族の復員者一二名を宮中に招いて言葉を与えた。天皇は、皇族男子としてよく軍務に励んでくれたが「未曾有《みぞう》の難局に際会し」軍を解くので、これを察して、「朕を輔《たす》けて太平の方途を開き、進んで世界文化の興隆と人類福祉の増進とに寄与せむことを期すべし」と述べたのであった。そしてその後、『朝日新聞』紙上から李王公族に関する記事は一〇年以上も消える。

日本敗戦直後、李垠が天皇に随行して神嘗祭や靖国大祭などに参列しているころ、朝鮮は独立にむけて動きだしており、アメリカ占領下の南部では形式的にせよ共和制への道が模索されていた。また、ソ連占領下の北部では社会主義化が進み、昭和二三年（一九四八）九月一〇日の『朝日新聞』は「北鮮の新首相に金日成氏」の記事を載せる。日本敗戦後の朝鮮をめぐる一連の記事は、独立と統一を担う政治主体の動向を大きく扱ったが、その独立と統一の主体として王公族が期待されることはなく、むしろ排除された形で進められた。王政復古はその可能性すら論じられなかったのである。李垠の主体性もなく、王家復興の客観情勢もなく、事実上、李王家は壊滅していたのである。

昭和二五年（一九五〇）二月、李承晩大統領が来日し、李垠と方子に会っている。その時、李垠は帰国の意思を表明すると、李承晩は一言「帰ってきてもいいですよ」と冷たく言ったという。のちに李承晩と不和となった申興雨《シンフンウ》駐日大使が「李垠様が帰国したら、国民の同情が集まり、自分が不利な

敗戦当時の李垠と方子
（『英親王李垠伝』より）

立場になると思っていたのです」と語ったというのだから、李王の政治的力量や王政復活の客観情勢の有無にかかわらず、未だ厄介な存在となっていたのは確かなようだ。

李王公族に関する記事が『朝日新聞』から消えて一一年後の昭和三一年（一九五六）八月二九日、垠の姪にあたる正恵《まさえ》（宗徳恵の長女）の行方不明の記事として、久しぶりに紙上に李王の名が現れる。すでに大韓民国と朝鮮民主主義人民共和国（北朝鮮）という分断独立国家の体制ができあがってしまっていたころである。もはや李王は過去の存在となっていた。

赤坂プリンスホテル

本田節子『朝鮮王朝最後の皇太子妃』は、「敗戦後の李王家の一番の問題は、経済的なことであった」と記す。三〇人いた職員は八人に減ったという。敗戦前の李王家はかなりの資産家で、本田は「東久邇宮家の皇族費が交際費別で十一万円、梨本宮家三万八千円、李王家は百二十万円であった。天皇家につぐ巨費である。百二十万円はまず京城の李王職に送られ、その中から東京邸分が送られてきていた。その上、本国の財産からの別途収入が大きかった」と指摘する。

李王家の本国の財産については、李垠の秘書であった趙重九《チョジュング／ちょうじゅうく》のメモが残されており、それによれば、林野（六万四〇〇〇町歩）、田（畑）（九一万坪）、水田（三二万坪）、宅地（三万坪）、宮殿、墳墓などの不動産、美術品（一万数千点）、銀行預金（六八〇万円）、有価証券（二五〇万円）、現金（五〇万円）とあり、昭和二〇年度の東京邸経費予算が約四〇万円と書かれていたという。そして、東京邸の分の一部として普通預金が三菱銀行麹町支店（三七五五万八六〇〇円）、帝国銀行木挽町《こびきちょう》支店（二六五万円）、合計四〇二〇万八六〇〇円あったという。

またメモには、「朝鮮に在る李王家財産の帰属如何《いかん》」、「朝鮮に在る李王家所有金の内、送金の見透し如何」とあり、敗戦による本国財産の所有権移譲と日本への送金の可否を懸念していたことがわかる。さらに、「李王家経費、終戦迄毎年京城より経常費約三十万円、臨時費五万乃至《ないし》十万の支給を受け支弁せり」、「終戦後は宮内省より十万円の贈与を受けたる外全然収入なし、御手許金残金及大磯別邸売却代金（現金預金）中より支弁しつつあり」ともあり、敗戦後は、従来朝鮮より送金されていた約四〇万円が途絶え、宮内省からの一〇万円と別邸の売却代でまかなっていたこともわかる。

もともと韓国では国土は王の所有という観念があったので、ことさら所有不動産名を書き連ねること自体が没落を意味したのだが、敗戦はさらなる経済的逼迫《ひっぱく》を招いたのである。そうした中で、李王家の力添えを交換条件にして、李王家の歳費に匹敵する月額三万円（年額三六万円）を毎月献金する土建業者も現れたという。

昭和二一年（一九四六）になると、新円切り替えによる旧円の封鎖、免税特権の廃止による多額の財産税の賦課、宮内省からの歳費などの停止と、皇族への一層の経済的苦境が重なった。李王家は、朝鮮本国財産とは別に、東京邸と別邸、牧場を所有しており、その評価額は九六〇万円、税率七八パーセント、税額約七五〇万円の財産税が課せられた。

李王家の別邸としては、大磯の滄浪閣《そうろうかく》（伊藤博文が李垠に譲った）、三島の楽寿園《らくじゅえん》（小松宮家断絶後に李王家に譲られた）のほか伊豆山、伊東湯川、今井浜、那須などが有名であったが、この苦境に、それらがすべて人手に渡ったのである。趙重九のメモにあったとされる「大磯別邸」とは滄浪閣と考えられるが、滄浪閣は、前述したN内閣官房長官が言葉巧みに四〇万円を事務官に支払い、方子の知らない間に所有権を長官自身のものにしていたといわれている。

また、紀尾井坂の李垠本邸は参議院議長官舎として間貸ししており（李垠夫妻は元の侍女部屋に暮らした）、月一〇万円とも三〇万円ともいわれる家賃を得ていた。昭和二六年（一九五一）九月八日、対日講和条約が結ばれて日本が独立すると、李垠本邸は大韓民国駐日大使館の候補地として狙われた。大韓民国としては李垠邸は韓国の所有権に属するとみなして、無償で退去させようとしたのである。その後、日本政府から下賜された李垠の私有財産と認めたものの、今度は毎月二〇〇ドル（本田によれば日本円で七万二〇〇〇円であり、当時の官庁の課長クラスでも一〇万円は得ていたという）の生活費と引きかえに明け渡すように迫った。最終的に韓国政府が四〇万ドル（手付金二〇万ドル）で購入するという話になり、方子たちは、間貸ししていた参議院議長官舎の契約を打ち切った。ところが、韓国政府からはその後の送金はなく、李垠の家政は行き詰まった。結局財産税納付などの時の借金もあり、その高利貸の口利きで、李垠邸は当時衆議院議長であった堤《つつみ》康次郎《やすじろう》（西武鉄道創業者）に売り渡すことになった。

堤は、旧皇族邸を購入しロイヤルブランドのホテルとする開発事業を進めており、朝香邸、竹田邸、北白川邸、東伏見邸などを買収し、昭和二九年（一九五四）九月二九日に、李垠邸も堤の手に渡った。現在の赤坂プリンスホテル旧館である（猪瀬直樹『ミカドの肖像』）。堤への売却額は四〇〇〇万円、李家は借金を返済して、五〇〇〇万円で田園調布に小さな家を買ったという。堤の購入額は実際は一億数千万円であったが、仲介の高利貸にうまく利用されてしまったともいわれる。

方子も、この間の事情を自伝『流れのままに』にこう記す。

　かねて、参議院公舎に半分を貸して、もとの侍女部屋に住みながら、のこり半分もなんとかよい方法を、と考えていた紀尾井町の家が、利権を狙う人々の暗躍の場となっていることを、私たちは知って、悲しいことだと思っていました。こちら側の世話人（旧職員）も、しだいにずるずるひきずられて、毎月の約束手形も不渡りとなってゆくしまつ。といって、私は陰《かげ》から心配するばかりで、どうすることもできず、政府も積極的に動いてくれないまま、けっきょく、全部切り売りされて人手に渡ってしまいました。やむなく田園調布の駅近くに、こじんまりした売り家をみつけ、そこを安住の地と定めたのは、二十七年初夏のこと。

当時の李垠や方子のふるまいを辛い気持ちで見ていた側近の趙重九は、「もっともまともな滅び方をしてほしいのがせめてもの願い」と厳しい言葉を残している（「王家の終焉」『友邦』）。

公族であった李鍵の戦後は、さらに苦渋に満ちたものであった。李鍵は、「朝鮮王朝の末裔」で次のように述べる。

桃山虔一と松平佳子

私は生活の本拠を東京においてはいたが、財産は李王職の監督を受ける立てまえになっていたから、すべて鮮内に置いていた。そのため、終戦時に東京に持っていたのは、差し当りの生活に必要なわずかばかりの現金と、偶然手もとにあった少額の有価証券だけであった。

私はとりあえずそれをもって五人の家族と十数人の使用人を養い、あとは土蔵の中で焼失を免れた什器《じゅうき》や数台の自動車を処分して生活にあてた。

だが、こんな生活が長く続く道理もない。新円切り換え、財産税などによってたちまち行き詰まってしまった。

昭和二二年（一九四七）になると、五月三日の日本国憲法施行により朝鮮王公族は廃止となり、ほかの皇族に先がけてその身分と特権を失った。「送別のために、天皇、皇后両陛下には赤坂離宮で晩餐会を催された。皇太后陛下（貞明《ていめい》皇后）も日をあらためて、未成年者も交えたお茶の会を開かれ、夕闇のせまる離宮の後庭で、陛下を中心に記念撮影も行われた」と李鍵は記す。

李王公族が廃止された翌四日、李鍵夫妻は梨本宮邸に挨拶に訪れる。四日の伊都子の日記にこうある。

植木いぢりをはじめてゐたら、李鍵公御二方（鍵と誠子）、御出になり、昨三日を以て、王公家廃止となり、本日より一平民となりました。以後、相かわらずよろしくと、御挨拶に御出になった。そして、桃山虔一《ももやまけんいち》・同佳子《よしこ》と御改名になり、御子様も、忠久《ただひさ》・欣也《きんや》・明子《はるこ》にいたしましたとの事。

改名はしたが日本国籍はなかった。李鍵は「朝鮮人でもない、日本人でもない」宙ぶらりんの生活の中で、「切実に日本国籍を求めた」という。しかし、李鍵の希望は、日本が講和を結んで独立した後の昭和三〇年（一九五五）までかなえられなかった。

金英達「朝鮮王公族の法的地位について」によれば、日本在住朝鮮人は、日本が平和条約によって国籍の取り決めをなすまで「依然として日本国籍を保有する」が、昭和二二年（一九四七）五月二日公布施行の外国人登録令により、朝鮮人は「当分の間、これを外国人とみなす」とされ、外国人登録の義務が課せられたという。

このため、王公族譜から朝鮮戸籍に移籍した王公族、つまり日本在住の李垠一家も李鍵一家も、一般の在日朝鮮人と同じ法的位置におかれ、日本国籍の外国人登録者となったのである。

桃山虔一と日本式に改名した李鍵は、さまざまな商売を手がけた。

まず最初は家にいた事務官のすすめによって、渋谷によしず張りのしるこ屋を出した。その次が山羊の乳の販売、ようかんの製造、トラック運送、文房具屋の経営もやってみた。実際にたずさわったのは家のものたちだったが、どれも成功しなかった。武士の商法とはよくいったもので、ある時はだまされ、ある時は人件費に食われ、結局はマイナスが累積してゆくだけだった。

商売をやめて農園の経営も企てたがこれも失敗、その次はガリ版屋、雑文書き、翻訳業などをして生活を支えた。貧乏はずい分とひどかった。手内職はおろか、しまいにはものもらいや乞食までもした。

妻の佳子は、実際に働いたので、その苦労は鍵どころではなかった。「飲み屋の女将に転身した元妃殿下」で佳子が語ったところによれば、そもそも、王公族廃止の際にも下賜金があったわけではなく（ほかの皇族には皇籍離脱に際して一〇〇万円から三〇〇万円の下賜金があった）、「みるみるうちに着物が消え宝石が消えた」。そして、佳子は使用人がはじめた汁粉屋を手伝うようになった。「お汁粉屋とはいっても、当時、まだ砂糖がない。サッカリンで甘味をつけた。しかし満足な菓子もない時代。飛ぶように売れていった」という。

汁粉屋は一年ぐらいしか続かず、次に農場経営、そして銀座六丁目の「銀六《ぎんろく》デパート」の一隅に菓子屋「桃山」をはじめる。佳子は自分で仕入れて店にも立った。着るものがないので、戦争末期に制定された宮中服で売り子になった。銀座から闇市が消えはじめるころに「銀六デパート」の立ち退き命令が出されたため、銀座クラブの雇われ社長となる。佳子は歌もうまく社交的であり、「水を得た魚のよう」であった。

しかし、昭和二六年（一九五一）五月、虔一は佳子に離婚を申し出る。佳子が商売に忙しくなり、家庭をかえりみなくなったからという。佳子が外で働いて、虔一が炊事をする生活だったのだ。虔一には新しい女性との出会いも生まれていた。

李鍵公元妃誠子（佳子）の開業した中華料理店「桃山」
（『週刊新潮』昭和31年6月5日号，より）

戦後、桃山佳子と改名した李誠子は、離婚により旧姓にもどり、松平佳子となった。

なお、余談であるが、平成一八年（二〇〇六）五月に私宛に一通の手紙が届いた。桃山忠久（李沖）氏が亡くなって、実母である佳子さんが相続人となるのだが、その親子関係が証明できないというのである。私は当時の新聞記事や日記類をお送りして対応させていただいた。果たしてそれが証拠になったかどうかは不明だが、問題は解決し、その後、佳子さんも平成一八年（二〇〇六）六月二八日に亡くなったとの報を受けた。満九四歳であった。

3　李承晩から朴正煕へ

李玖の渡米

王公族としての地位や特権を失った李垠と方子にとっての希望の光は、一人息子の李玖《きゅう》《ク》であった。昭和六年（一九三一）一二月二九日生まれの李玖は、昭和二〇年（一九四五）八月の敗戦当時は満一四歳であった。皇族や王公族は陸海軍軍人になる義務があり、李玖は海軍を選んでいたという。玖は昭和一五年（一九四〇）、満九歳の時に、父の李垠から陸海軍のどちらの道を行くか問われて、海軍と答え、その日から音感教育などがはじまったという。李玖は「父を語る」（『英親王李垠伝』）で、こう回想する。

海軍の軍人は、遠洋航海があって、外国にゆく機会が多く、世界の港を回ると聞かされていたので、簡単にすぐ答えてしまったのですが、それからは、音感教育（音で敵艦の位置を測定するため）の先生が毎週こられて、ドイツ語での教育が始まったのには参ってしまいました。昭和二十年九月から江田島《えたじま》の海軍兵学校に入校することに決まっていたのですが、その直前に、終戦になってしまいました。

方子によれば、玖は敗戦後、学習院ボーイスカウトの役員リーダーとして活動するようになり、その関係から連合国総司令部（GHQ）のフィッシャーの知遇を得て、クラスメートの伏見博明とアメリカに留学する決意を固めたという。方子は一人息子を手放す寂しさなどに襲われたが、李垠の強い後押しもあり、玖の将来を妨げないようにしたという。『流れのままに』にこうある。

終戦以来、生き方の方向を見出しえないまま、無気力に世間に背を向けているような主人が、積極的に玖の留学を受け入れようとしているのは、正直いって、私にはいささか意外なくらいでした。十一歳で日本につれてこられてからは、自分の意志をすべて封じられ、一生を他からの指示と圧力によって支配されてきた主人は、玖の羽ばたきをはばむことだけは、してはならないと考えていたのです。

李垠の玖への強い思いに、方子も勇気を奮い立たせる。「これからは私がつよくなって、［李垠］殿下は、そっと静かに、したいようにして暮らしていただこう……もし、力の弱い私たちを侵《おか》そうとするものがあれば、たたかうのは私だ。守るのも私なのだ……」と。

玖の留学は、ある意味で、方子の自立のはじまりでもあったかもしれない。

昭和二五年（一九五〇）三月一日、玖は英語勉強と渡航費捻出のため、新橋に出来たロジャース商会に勤めはじめ、その年の八月三日に出航。伏見博明とフィッシャーの故郷であるケンタッキー州ダンビル市の私立高校センター・カレッジに留学した。この間、朝鮮戦争が勃発するなど、李王家の親族や遺産に大きな被害が及んだ。方子の義姉にあたる尹大妃《ユンデビ》《いんたいひ》（純宗妃）が戦火の京城を後にして、釜山まで女官たちと歩いて逃げのびたとも伝えられた。

李玖は留学して三年後にボストンのマサチューセッツ工科大学建築科に入学。伏見博明もケンタッキーの大学に入学した。李玖の滞米中は、ニューヨーク在住の牧師上出雅孝《かみでまさたか》が親代わりになっていたという。「在米三十年の上出氏とは、終戦直後に、慰問の品々を頂戴したことが機縁となって文通がはじまり、はからずも、玖にとって滞米中の支えを得ることになったのでした」と『流れのままに』にある。

上出は明治二六年（一八九三）に岐阜県に生まれ、同志社大学神学士となり、結婚後にハワイキリスト教伝道会で牧師となる。ニューヨーク国際会館幹事やワシントン政府国務省通訳官などを務め、新聞通信執筆も手がけ、声楽家としても知られた人物である。上出は『桑山仙蔵翁物語』を記しているが、桑山は在米実業家であり、戦後に来日したおり、田園調布の李邸を訪れている。「方宮様《まさみやさま》との会話の題材はご子息（玖）の現在や過去に渡っていた」、「いよいよ辞去することになると、方宮様は玄関までお見送り下され、仙蔵が靴をはく間、じっと傍に立つてお待ちいただいた」と同書にある。

昭和三一年（一九五六）一一月、玖は工科大学を卒業し、中国系の建設会社であるI・M・P（ルーブル美術館のピラミッドを設計したイオ・ミン・ペイ）・エイジェンシーに就職、米国の永住権も得た。李垠と方子は、玖の卒業式に出席するため、渡米許可をとり、最後に残っていた那須の別荘を売却して旅費と滞在費とした。「戦後はじめてのふたりでの旅。考えてみれば、警護も随行員もない夫婦ふたりきりの旅というのも、これがはじめてでした」と方子は自伝に記す。

その後、李垠と方子は玖と生活し、充実した日々を過ごす。「主人は玖にあまえてすごす毎日が、ただもうれしく、幸福そうでした。弱々しい私の腕で片方からささえてきたのが、いまは、たくましくなった玖にもう片方からしっかりささえられて、ガッチリとスクラムを組んでいるのですから……。」と、方子は家族同居の喜びを隠さなかった。

昭和三三年（一九五八）一〇月二五日、玖は結婚する。相手はジュリア・ミューロックで、I・M・P・エイジェンシーの同僚であった。ジュリアは李垠一家とうちとけ、後には李垠や方子とともに韓国へ移り、方子の運営する障害者福祉財団・明暉園《ミョンフィヨン》《めいきえん》の事業にも関わり、彼女がデザインしたパッチワークを障害者たちが製作し、ソウル・グランド・ハイヤットホテルなどで売られた。

玖とジュリア
（『流れのままに』より）

朴正煕の保護

実は、この昭和三三年（一九五八）三月一六日、李垠は脳血栓で倒れて歩行困難となっていた。玖とジュリアが婚約したころである。その後、回復したが、滞在資金なども減り、方子はニューヨークでの玖との生活をあきらめて、玖の結婚前に日本に帰国することとした。幸いなことに、このころ吉田茂元首相が尽力し、日本政府が当分の間、毎月の生活費を補助することとなり、方子も一息ついたのであった。

方子と垠が帰国して間もない、昭和三三年（一九五八）一一月二七日、皇太子明仁と正田《しょうだ》美智子との婚約が発表される。方子の母・伊都子は身分違いのこの婚約に衝撃を受け、「憤慨したり、なさけなく思ったり、色々。日本ももうだめだと考えた」と、その日の『日記』に記した。方子の当時の感情は不明だが、のちの回想では好意的であり、自伝にこうある。

〔昭和〕三十四年四月十日には、皇太子さまと正田美智子さまが、めでたくご成婚になりました。これからお若いおふたりの上にご苦労も多く、ことに妃殿下のご心労はたいへんなことだろうとお察し申し上げましたが、ご当人同士のお結びつきこそたいせつで、批評的なことなどあまりおこだわりにならず、さらっと受け流しておいでになるほうがいい、などと、新聞のお写真を拝見しながらしきりに思ったのも、当人同士の結びつきを無視したための不幸な結末を、たくさん見てきているからでしょう。

昭和三五年（一九六〇）四月二七日、李垠と方子の韓国帰国を拒否してきた李承晩大統領が辞表を提出した。李承晩はハワイに亡命し、許政暫定政権、張勉内閣と韓国の内政は変動を続けた。そして昭和三六年（一九六一）五月一六日、軍事革命委員会の軍事クーデターにより反共親米を宣言、政治活動を禁じた。同年七月三日、朴正熙《パクチョンヒ》《ぼくせいき》が韓国国家再建最高会議議長となり、以後、一八年にわたり韓国の最高権力者として君臨し、韓国の高度経済成長などを推進した。

朴は大正六年（一九一七）九月三〇日に慶尚北道の貧農の五男二女の末っ子として生まれたが、成績優秀のため、昭和七年（一九三二）に授業料免除の大邱《テグ》《たいきゅう》師範学校に進学。昭和一一年（一九三六）に二・二六事件が起こるが、その首謀者の一人であった磯部浅一元大尉が大邱に駐屯する歩兵第八〇連隊に勤務したことがあり、朴は青年将校らの「昭和維新」思想に強く影響されたといわれる。昭和一二年（一九三七）に、朴は師範学校を卒業して辺鄙な聞慶《ムンギョン》普通学校に赴任した。同年、日中戦争がはじまり、朝鮮で陸軍特別志願兵制度が施行され、うだつのあがらない田舎教師を嫌った朴は、満州軍官学校に入学し、創氏改名により高木正雄、のちに岡本実と改名する。昭和一七年（一九四二）に満州軍官学校予科を首席で卒業し、日本陸軍士官学校第五七期に編入される。昭和一九年（一九四四）に陸軍士官学校を卒業し、熱河省に駐屯する満州軍歩兵第八団に配属され、解放（日本敗戦）を迎える。

朴正熙と方子（『英親王李垠伝』より）

解放後、朴は北京の臨時政府系光復軍第三支隊に編入されるが、米軍政庁は臨時政府を認めず、独立運動を闘ってきた在来の兵士たちは旧日本軍や満州軍出身者を差別した。昭和二一年（一九四六）五月八日、朴は民間引揚者とともに釜山に着くが、学校の教師にもどることはなく、国防警備隊養成のための警備士官学校第二期生に入学。その後、朴は頭角を現すが、左翼粛正で逮捕され転向し、無期懲役、不名誉退役、軍籍剝奪などの判決を受ける。以後も、情報課の嘱託として北朝鮮の情勢分析に携わるが、閑職で孤独な日々であったという。しかし、韓国をめぐる内外の状況と、韓国軍隊内の矛盾、米国の戦略などの諸要因がからみ、朴は米国中央情報部（ＣＩＡ）などの支援を得て、クーデターに成功し、その後の政権を握ったのであった。朴の政策は、たんなる反共ではなく、高度経済成長を掲げた点に特徴があるが、これはかつて岸信介らが満州国で行った革新官僚グループの経済開発を意識したものであり、かつ、戦後の池田勇人内閣の所得倍増計画を模倣したものであった（池東旭『韓国大統領列伝』）。

こうした親日的な朴の経歴と心性が、李垠と方子の韓国帰国を容認する素地となったが、とりわけ朴夫人である陸英修《ユクヨンス》《りくえいしゅう》の援助があった。陸夫人は「青瓦台《チョンワデ》《せいがだい》［ソウルの韓国大統領官邸］の野党」と呼ばれ、大統領に直接進言して多くの慈善事業などを行ったことでも知られる。李方子に対しても、生活費を一五万ウォンから六〇万ウォンに引き上げたり、方子の福祉事業を陰から支えたりした。陸夫人は大正一四年（一九二五）一一月二九日生まれで、方子と二四歳違いで二回りも若い。地方の資産家の娘として育ち、大統領夫人となった後も貧しい国民への気配りを続けた「国母」として知られ、昭和四九年（一九七四）八月一五日の光復節で非業の最期を遂げた。方子の晩年の行動力には、陸の与えた影響が少なからずあったろう。

李垠の帰国

昭和三五年（一九六〇）、李承晩政権が倒れたころ、李垠夫妻は二度目の渡米をする。ニューヨークの玖夫妻のアパートと筋向かいのホテルに一カ月ほど滞在した。その時に写したと思われる李垠夫妻の写真はふっくらとした平穏な顔立ちで、いかにも幸せそうである。その間、韓国では尹譜善《ユンボソン》《いんふぜん》大統領となり、各方面から李垠を政治的に担ぎ出そうとする動きがみられた。方子は、当時の李垠を自伝でこう記す。

「早く帰国されるように」としきりにすすめられたり、駐日公使を通じて、「駐英大使に」という話ももち出されました。けれども主人は「健康上の理由」を挙げて即座に辞退。望郷の思いがどんなに強くても政治的に利用されるおそれがあるうちは帰らない、すべてが安定しないいまはまだ早い、というお気持ちなのでした。

とはいえ、方子は「もうそろそろ……お元気なうちに、帰るべきところに根をおろさせてさしあげたい……」と思っていたという。このころ、朝鮮戦争で釜山に逃避し仮住まいをしていた尹大妃《ユンデビ》《いんたいひ》（純宗妃）がソウルの昌徳宮《チャンドックン》《しょうとくきゅう》内にある楽善斎《ナクソンゼ》《らくぜんさい》に戻ったとの報が、方子に届いた。

韓国の内政が落ちつきはじめた昭和三六年（一九六一）、韓国政府は李堈の息子である李寿吉《イスギル》《りじゅきち》を旧皇室財産事務総局長とし、同年三月、李垠の帰国準備のために来日させる。その時に李寿吉は一〇〇万ウォン（七二〇万円）を持参し、李垠夫妻に渡した。李垠夫妻は、この資金で三度目の渡米をする。

玖がハワイのホノルルに出張し、ハワイ大学東西センター建築学科に滞在していたのである。玖を孫のようにいつくしむ垠の姿を、方子はこう記している。

こんども玖夫妻とおなじホテルの向かい合わせに泊まって、食事も散歩もすべていっしょ。主人はプールサイドの籐椅子《とういす》に腰かけて、朝は玖が事務所へ出かけるのを見送り、夕方は帰ってくるのを待っておられました。

一カ月のハワイ滞在から帰国すると垠の病は再発する。「ハワイへおともしておいてよかった……」と方子は思った。そのころ、韓国では、朴正熙が政権を握りはじめていた。

晩年の李方子と交流のあった元日本テレビプロデューサーの渡辺みどりは、李垠の帰国当時の状況について、次のように記す（『日韓皇室秘話　李方子妃』）。

方子と垠の帰国のために、韓国の多くの人々が骨を折ってくれた。戦時中から戦後にかけて李王家に出入りし、第三国人として辛酸をなめた、垠と方子をバックアップし続けてきたジャーナリスト金乙漢《キムイルハン》氏や、今は亡き垠の母上厳妃《オムビ げんぴ》が設立した、進明《ジンミョン》・淑明《スクミョン》・養正《ヤンジョン》の校長先生らも協力してくれた。とりわけ、垠の甥に当たる養正高校の厳敬変《オムギョンビョン》校長は、伯父夫婦の苦しい立場を朴正熙議長の耳に入れることができた。

韓国の実力者である朴議長は、
「わかりました。もし日本でお亡くなりにでもなったら民族の恥になります。早速、駐日代表部に連絡して費用は韓国政府が出し、東京一の病院へ入院していただきましょう」
と言い、帰国に当たっての相談相手として厳柱明《オムジュミョン》（垠の従兄弟に当たり、垠と共に来日）とジャーナリストの金乙漢の二人を推薦する程、骨を折ってくれた。厳柱明氏は旧日本陸軍の大尉で終戦を迎え、父親が校長をしていた進明女子高校を継ぐため、祖国に帰っていた。朴正熙の温かい配慮に、垠と方子は感謝するばかりだった。

このころ方子は乳癌の手術を受けるなど体調はよくなかったという。そして、垠のほうはすでに脳軟化症で意識混濁の状態であった。方子は宮内庁やハワイの李玖にも相談して、垠を築地の聖路加《せいろか》病院に入院させる。垠は「船に乗るのだから着物を替えなければ……」、「まだそれは早すぎるから、あとで……」などとうわごとを言うようになっていたという。

昭和三六年（一九六一）一一月、朴大統領は渡米の途中に来日し、李垠に花籠を贈った。方子は、その日のうちに芝の迎賓館に挨拶に出向き、朴から「どうか、いつでも、のんびりしたお気持ちでお帰りください。国籍問題も、経済問題も、すべて用意して故国がお待ちしております。どうかそのことを殿下におつたえください」との言葉をもらった。方子は「終戦以来のけわしくよるべのない思いの日々が、あたたかく満たされていくのを感じました」と、その時の気持ちを記している。

朴の李王家への援助の手は李垠のみならず、徳恵にもさしのべられた。心を病んで東京郊外の松沢病院に入院していた徳恵は昭和三〇年（一九五五）に離婚し、戸籍上は梁徳恵《ヤントケ りょうとくえ》となっていた。昭和三一年（一九五六）八月には徳恵の長女正恵が結婚して一年足らずのうちに行方不明になっている。こうした不遇の徳恵をジャーナリストの金乙漢が探して韓国内に報道した。その文には「何か監獄であるかのような陰惨な空気が漂い、鉄格子で明かり窓をふさいだ病室に、四十歳余りの中年の婦人が蒼白な顔でこちらを眺めているのは、怖ろしいほどであった。その婦人がすなわち徳恵翁主であった」という内容であった。金は父が高宗の侍従で、弟が徳恵の婚約者であったという（金英達「王公族」）。

この後、徳恵は昭和三七年（一九六二）一月二六日、羽田より特別機で韓国に帰り、ソウル大学病院に入院し、昭和四三年（一九六八）に楽善斎の奥にある寿康斎《スガンジュ》に移り、平成元年（一九八九）四月二一日、満七六歳にて他界した。

一方、李垠も、昭和三八年（一九六三）一一月二二日に方子と羽田から帰国した。明治四〇年（一九〇七）一二月五日、李垠が満一一歳で伊藤博文に日本に連れてこられてから五六年が経っていた。日本政府は帰国費用として二〇〇〇万円出し、そのうち日航特別機のチャーター代二〇〇万円が差し引かれたという。金浦《キムポ》空港に着くと、花束の歓迎を受け、垠は寝台のままソウルの聖母病院に運ばれた。当時、李垠は洗礼を受けており、東京でもソウルでもカトリック系の病院に入院した。そして、帰国して七年後の昭和四五年（一九七〇）五月一日、方子の懸命の介護の中、満七二歳で亡くなった。

チョッパリ

昭和三八年（一九六三）一一月二二日に、病床の李垠を連れて大韓民国へ帰った時の気持ちを、方子は本田節子にこう語っている。

たとえ一歩でも半歩でもいい。王殿下の足で故国の土を踏ませてあげたかったと胸が痛くなるほど思いました。故国に帰れたということを、いきいきと受け止められるお心が少しでも残っておられる間に帰国させてあげたかったのです。

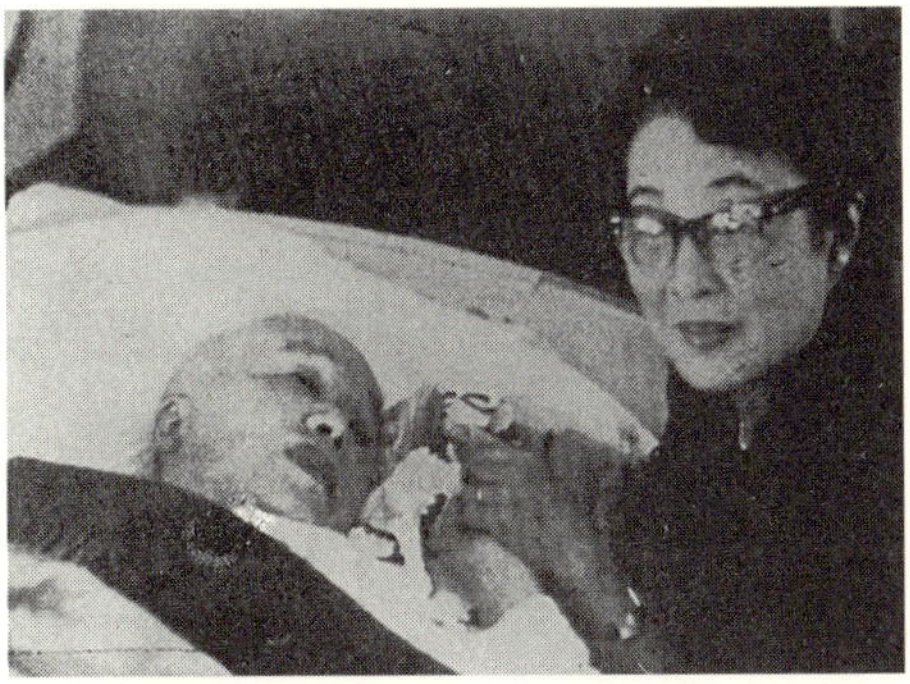

李垠を支える方子（『英親王李垠伝』より）
1963年11月22日，56年ぶりの帰国の途につく日航特別機上の李垠と方子。

帰国後、垠と方子は大韓民国国民となり、漢南洞《ハンナムドン》の外国人アパートでの生活がはじまった。方子は垠の病院を見舞い、帰国の挨拶回りなどに追われた。しかし、はじめから順風満帆《じゅんぷうまんぱん》ではなかった。方子が日本人であることへの韓国側の敵意がまだあり、人事問題がからんで、侮蔑的な言葉を浴びせられることになる。

すなわち、帰国早々、淑明《スクミョン》学園の理事長問題に巻き込まれる。淑明学園はかつて王族であった方子が総裁を務めた学校であり、成績優秀な卒業生は李花賞を授けられ、方子自らが副賞の金の指輪を受賞者にはめたのであった。淑明の学生たちは韓国から修学旅行で東京に来ると、必ず李王家を訪問したほどの関係であった。というのも、淑明高等女学校、養正高等中学校、進明高等中学校の三校は垠の生母の厳妃が基金を提供して創設した学校で、これらの学校の学生の李王家訪問は慣行となっていたからである。

　しかも、淑明女学校の前身は明新《ミョンシン》女学校といい、その創設者は敗戦当時に垠の秘書を務めていた趙《チョ》《ちょう》重九《ジュング》《じゅうく》の祖母である李貞淑《イジョンスク》であった。高宗と厳妃が李貞淑を援助して開校したのである。明新の名も垠の雅号明新斎からとっていた。明新は淑明と改名し、さらに淑明女学校と淑明女子専門学校（現・淑明大学）に分かれ、淑明学園が監理した。淑明の学生は、頭脳明晰、高い家柄、容姿などあらゆる点で優れており、教師も理事も学校を誇っていた。

　方子はこうした淑明学園とは因縁も深く、旧理事派は方子を新理事長に推した。しかし、戦後の事態は、方子に好意的とは限らず、新理事派との対立に負けた。この騒動のさなかに、方子に浴びせられた罵声が、「チョッパリ」と「ウェノム」であった。「チョッパリ」は、「豚足」などの意味になり、指に鼻緒をはさんで下駄を履く足先が豚の蹄のようだということから、敵意を抱いた日本人を侮蔑する時に韓国人が用いた言葉であった。「ウェノム」は「倭奴」と書き、「日本人野郎（ジャップよりもきついニップ）」とでもいうニュアンスになろう。いずれにせよ、敵意のある言葉であった。

　こうした言葉を新理事派の理事や教員が方子を追放するために使い、学生までもがシュプレヒコールを上げたという。この事件を取材した本田節子は、「公表しない約束なので詳しくは書けない」と述べており、かなり険悪な展開があったと推測される。本田が紹介する以下の言葉など、序の口だったろう。

とても口にできる言葉ではありませんが、と前置きし、声をひそめてある人はいった。

「『当時の新理事派の陰のリーダーは』あんなウェノムのババアが帰ってきても何ができる。何もできやしない、といったのです」

韓国に帰国した時、方子は誕生日を終えたばかりの六二歳。たしかに若くはなかった。併合の「怨念」に加えて、李承晩時代の反日教育などもあり、日本人である方子の前途はまだまだ暗かった。

4　福祉事業へ

慈恵学校と明暉園

方子の生涯は「政略結婚の悲劇の女王」として喧伝されるが、本当の意味で方子を有名にしたのは晩年の福祉活動であったろう。六〇歳を過ぎた方子が、本来は異国であり、かつ故国が蔑視してきた韓国の恵まれない子どもたちのために身を粉《こ》にして働いたという事実がなければ、方子を記憶にとどめる人の数はもっと少なかったろう。方子の人間としての美しさと価値は、晩年の福祉活動に集約されていたといえよう。

李承晩政権下で帰国が叶わなかったころから、方子は神戸の武庫川《むこがわ》学園などを見学して慈善事業を学んでおり、昭和三五年（一九六〇）には賛行会《さんこうかい》という慈善団体を設立した。そして、方子が韓国に帰国した際に、賛行会は慈行会《チャヘンヘ》《じこうかい》と改名し、昭和四七年（一九七二）一〇月に精神薄弱児のための教育機関である慈恵学校《チャヘハッキョ》《じけいがっこう》を設立したのである。

慈行会には日本慈行会と韓国慈行会とがあり、日本慈行会は年会費三万円以上の特別会員三〇名ほどで、年一回藤山寛美《ふじやまかんび》劇団観劇会を主催してその利益一〇〇万円ほどを方子の福祉事業に寄付していたが、昭和六一年（一九八六）に解散した。ちなみに、昭和四九年（一九七四）一二月現在の「日本慈行会　役員名簿」には李方子名誉会長、広橋規子［方子の実妹］顧問はじめ、会長、理事、事務局の名が連なっている。方子の住所は「梨本家」とある。母・伊都子の住む方子の実家である。韓国慈行会は、年会費六万ウォン（約一万八〇〇〇円）の名誉会員二二名など総数四三二名で運営されていた。昭和五九年（一九八四）まで方子は会長の任に就き、その後、総裁となった。

慈恵学校とは別に、方子は昭和四一年（一九六六）に身体障害者を集めて木彫、ミシン、編み物などを指導しはじめている。当初の生徒は一五名で、聾唖、小児麻痺の男女がいた。、松葉杖程度の者もいた。もともとはYMCA傘下の極貧者救済施設である保隣会《ほりんかい》を母体としたが、昭和四二年（一九六七）一一月に明暉園《ミョンフィヨン》《めいきえん》と改名した。明暉とは李垠の雅号であり、高宗に恩義を感じていたYMCAの全面的な協力があったのである。「パンを焼いたり煮ものを作ったり、方子も一緒によく働いた。それを子供たちと同席し、同じように食べる。これらの方子の行為は作りごとでは出来ないことだと周囲を感心させた」と、本田節子は書いている。

本田節子によれば、方子は漢南洞《ハンナムドン》のアパートに住んで市井の人びとと生活をともにするようになり、道ばたで物乞いする親子や浮浪者の姿も見るようになり、ポリオの子が家の中に閉じこめられている話なども聞いて、燃えはじめたと述べている。日本にいる当初は、王族妃時代の経験もあり、「帰国後は慈善事業でも」と計画していたところ、実際に困難を抱えた人たちに面して、より真剣になったというべきか。方子は本田にこう語っている。

慈恵学校発足当時の子どもたち
（『流れのままに』より）

いくらＩＱが低くても、その子供なりの能力があるはずでしょう、五〇パーセント残っている能力を五〇パーセントひき出したら、その子供は一〇〇パーセントの能力を発揮しているのよ。ね、そうでしょう。家の中に閉じこめていても、親が生きている間はいいですよ。親が亡くなってからの子供はどうしたらいいですか。

子供たちに残っている自立能力をひき出し、育ててあげなければいけないのです。残された能力を開発すれば、仕事の内容によっては健常者より向いている仕事だってあるはずです。ましてや交通事故などでの身体障害者だったらなお更でしょう。

方子はすでに王族妃然として慰問をくりかえしていた当時の意識ではなかった。社会的弱者に寄り添って、その人生をともに歩もうとする気概があった。本田は、「こんな話をする時の方子は、心の中で何かが燃えているのを感じる。子供たちへの愛なのか、事業熱か、最後の皇太子妃〔韓国では李垠の即位を認めていないので皇太子のままである〕としての責任か、垠の意志をつぐことへの情熱なのか、そのほかの何かなのか私には分らない。ただ方子の中に燃えているもののほてりが私に伝わるだけである」と、『朝鮮王朝最後の皇太子妃』に記している。

理由がどうあれ、方子が福祉事業に没頭したのは事実であった。生まれたときから侍女にかしずかれ働く必要のない資産に恵まれた「お姫さま」が晩年になって変貌し、異なった文化圏で心を砕き、身体を動かし、汗を流しだしたのである。

とはいえ、当時、福祉事業はまだ世間から理解されず、方子は生徒集めに苦労した。障害を持つ子どもが好奇の目にさらされるのを嫌った両親に拒否されることもあった。そして、資金集めにも苦労した。方子は、趣味で焼いていた七宝焼を商品とすることを思いつき、楽善斎の一部を観光コースとして開放して方子や園児の作品を販売したりした。さらには、宮廷衣裳ショーを海外で開いたりした。その後一〇年間、方子は必死で働き寄附を集めた結果、慈恵学校も明暉園も形を整え、規模を拡大していった。

慈恵学校は水原《スウォン/すいげん》市のはずれの農業大学実習農場の近く、イチゴ畑の中にある。校地四〇〇〇坪、教室、講堂、寄宿舎のほか、豚舎、鶏小屋、小鳥小屋、農場があり、児童数は一五〇名。明暉園は、ソウルの中心部に六二坪で地下一階、地上三階の明恵会館（垠の雅号明暉と方子の雅号佳恵から一字ずつとった）を竣工させたが、歓楽街となったため、京畿道光明市鉄山洞に二九〇〇坪の土地を購入し、二階建ての本館と寄宿舎を建築した。この移転の資金集めも難儀し、岸信介、瀬島龍三らが明恵会を組織して援助し、方子も作品販売による資金集めのため日本を縦断した。方子は八〇歳近かった。

方子が福祉にうちこんだ理由は、晩年に寝たきりとなった李垠の遺言もあったが、自らの結婚の際に受けた「差別」が内的要因であったのではないかともいわれる。方子が受けたいわれない誹謗の一つは「石女《うまずめ》」のため子どもが出来ないという風評だった。「石女」だから皇太子裕仁との結婚ができず、むしろ李王家の末裔を断つために李垠と結婚させたというものである。実際には、方子は二人の子どもを産むし、根拠のない中傷である。むしろ、皇太子妃になれなかったために、口さがない人びとが勝手にいいふらしたものと見た方がいい。ただ、こうした人権侵害の「差別」を受けた経験が、弱者に対する方子の思いやりを生んだともいえる。

「石女」ではないにせよ、もし、ささやかなものにせよそれに類する何らかの理由があって、それが皇太子妃の道を断念させた要因となっていたのであれば、伊都子も方子も無念の思いはあったろう。そして、伊都子が方子に李垠との婚約を方子の同意なく一方的に進めたこと、方子が多くの苦難に耐えたこと、晩年は福祉に進んだことなどの意味が一気に解けるとは思う。

ところで、方子は老齢に鞭打《むちう》って生涯の事業を成し遂げようとしていたが、遠ざかる者もあった。「一、二度は応援して下さっても、妃殿下の周囲からみんな去ってしまわれます」、「誠実な方が、誠実な故に御心配して申し上げることを、妃殿下は逆におとりになって遠ざけられ、利用しようとする人が甘言《かんげん》をいうことに耳をおかしになる」、「懐かしさいっぱいで集まった人たちは、強要される寄附が嫌で出てこなくなり」などの言葉を、本田節子は聞いている。そして、息子の玖までも言い争った時に「おたあさまは乞食《こじき》です」と口走ったという。物乞《ものご》いをして歩くからである（『朝鮮王朝最後の皇太子妃』）。

「四月八日払い」という言葉も聞いた。「釈迦《しゃか》の日」から「おシャカ」（不払い）を洒落たのである。「妃殿下がご存知だったかどうかは存じませんが、いろいろな言葉があるのですね。これも授業料でしょう」という。

慈善事業に後半生をかけた方子の情熱と努力は多くの人びとの心をとらえたが、資金集めには困難が伴った。

方子の七宝焼

児童福祉を専攻する末廣貴生子《すえひろきぶこ》氏（現・静岡福祉大学教授）は、李方子の福祉事業にかける思いの深さを熱く語る。末廣氏は方子の福祉事業と関わったことがあるばかりでなく、佐賀で長く生活をした経験から、方子の七宝焼《しっぽうやき》にすべてが表現されていると述べる。

末廣氏は、佐賀織のブローチと有田焼のブレスレットと方子の七宝焼を並べて、「これが方子妃の心です」と言う。

方子妃は母・伊都子の実家の佐賀に戻ったことはなかったが、いつも心にあったのです。そして佐賀と韓国は一衣帯水の地であり、今でも日帰りで往復できる距離にあります。佐賀にはかつて豊臣秀吉の朝鮮出兵の際に連れてきた陶工がおり、その技術は有田焼、伊万里焼、鍋島焼などとなって佐賀の財政を支えてきました。方子妃の七宝焼は、佐賀織と有田焼が合体したデザインであり、方子妃はいつも佐賀の文化を心に持っていたのです。

七宝焼を焼く方子（『英親王李垠伝』より）

伊都子妃がローマで生まれたことに象徴されるように、鍋島家は幕末からすでに国際的に開かれた視点があり、方子妃もそうした母に負けない意識を持とうとしていました。だから朝鮮王妃となることについても前向きにとらえ、日本という狭い社会を越えた国際的な場で活躍することを積極的に受け入れたのです。

末廣氏所有の佐賀織のデザインと有田焼の色調が方子の七宝焼にとりいれられていることは素人目にもわかる。

佐賀織（ブローチ）**と有田焼**（ブレスレット）**と方子の七宝焼**（末廣貴生子氏蔵）

末廣氏の指摘するように、鍋島家と朝鮮との関わりは、文禄元年（一五九二）、隠居して軍役を免除された龍造寺氏に代わって肥前国の実権を握っていた鍋島直茂《なおしげ》が、一万二〇〇〇の兵を率いて従軍し、李参平（李三平）ら朝鮮人陶工を連れ帰ったことにある。李参平は、有田の泉山で石場を発見し、天狗谷窯で磁器を焼き、これが有田焼のはじまりと伝えられる。有田焼は、明朝末の景徳鎮を模倣したもので、江戸期において、オランダ東インド会社の注文を受けて、幕府の許可のもと、ヨーロッパに広まってゆくが、伊万里港から輸出されたため、伊万里焼とも称された。

また、有田焼の一様式で、佐賀藩の御用窯で焼かれた磁器に、「鍋島（鍋島焼）」があった。藩主の鍋島氏にちなんで命名されたもので、別名「色鍋島」とも称した。鍋島焼は、現在の佐賀県伊万里市大川内山《おおかわちやま》の「秘陶の里」で焼かれ、藩の御用品、将軍家・公家・諸大名家（諸侯）への贈答品とされたりした。こうして、朝鮮人陶工たちのもたらした磁器の技術は鍋島藩の財政を支える重要なものとなっていった。

もちろん、鍋島家が朝鮮から連れてきた李参平は中国人であるという説もあるし、天狗谷窯以前にも磁器生産はあったともいわれる。しかし、多くの朝鮮人陶工がいたことは間違いないし、肥前佐賀鍋島藩と朝鮮とは、海ひとつ隔てて密接な交流がありえた地理的関係にあったのである。そして、有田焼や鍋島焼などの生産からもたらされた富は、鍋島藩の財源を潤し、そのことが幕末維新期のみならず、近代における鍋島家の経済的繁栄の基礎となっていたともいえる。方子にとっては母方の祖先の命の糧であった。

末廣氏は、「有田焼には唐子《からこ》模様があるのです。それは朝鮮から来た陶工たちが故郷の子どもたちを偲んで描いたものなのです。有田焼は日韓交流の象徴なのです」とも語る。

方子と李垠との縁談の前提に、朝鮮と深い関わりを持った鍋島藩の歴史が強く意識されていたことは考えられるし、方子が「運命」として受け入れる要因ともなったろう。そして、朝鮮の地は方子にとっては最愛の長男・晋の眠る地でもあったのだ。

田内千鶴子と共生園

李方子の韓国での福祉を考える場合、田内千鶴子《たうちちづこ》（尹鶴子《ユンハクジャ》）の存在を意識しないわけにはいかないだろう。千鶴子は大正元年（一九一二）一〇月三一日に高知県若松町に生まれで、方子より一二歳年下である。父の田内徳治《とくじ》が朝鮮総督府木浦《モッポ》支庁に勤める官吏であり、母・ハルとともに韓国に渡ったのが大正八年（一九一九）で、李太王（高宗）が急逝して李垠と方子の結婚が延期となった年である。三・一独立運動が起きた年でもあった。

千鶴子は東京の山手国民学校から、木浦公立高等女学校へ入学した。同女学校は五年制で九〇パーセントが日本人であった。女学校時代、千鶴子は熱心なクリスチャンである高尾益太郎に傾倒し、高尾夫人から音楽の個人レッスンなどを受けた。昭和四年（一九二九）に女学校を卒業すると、木浦大

木浦共生園（田内基氏蔵）

和キリスト教会で日曜学校教師としてオルガンを弾いたり、子どもの世話をしたりした。二〇歳の時に父・徳治が亡くなり、助産婦であった母・ハルが生活を支えた。昭和七年（一九三二）に、千鶴子は高尾夫妻から薦められて木浦市南橋洞の貞明女学校の音楽教師となった。貞明女学校は一〇〇パーセント韓国人の学校で、アメリカ系のミッションスクールである。その後、昭和一一年（一九三六）に高尾から共《きょう》生園《せいえん》を紹介される。千鶴子は、高尾から共生園を勧められる時、次のように言われたという（森山諭『真珠の詩』）。

　実はこの木浦市で、孤児園を経営している青年があってね。彼はキリスト教の伝道師で、すばらしい説教家でもあった。ところが、この木浦の海岸にある島々に住む貧しい漁民たちが、子供を産んでも育てられないので、その子供たちを街に捨てていくんだね。そのままだと餓死していく。そこでこの青年伝道者がいっさいを捨て、その子供たちを集めて養っているんだ。彼の名前は尹《ユン》致《チ》浩《ホウ》という。

共生園の印象を、千鶴子自身はこう書いている（田内千鶴子「わらじを履いた園長」)。

共生園とは名ばかりで、障子もふすまもないがらんどうの三〇畳ほどの部屋一つ。土間にタタミがわりのかます《〔叺〕》〔藁《わら》むしろで作った袋〕が敷いてあるだけです。食うや食わずにいる四〇～五〇人の子供たちのために日本語の指導どころか、私はその日から、孤児たちのめんどうに明け暮れたのです。

まだ、韓国に孤児施設などなかった時代のことである。千鶴子が「日本語の指導」と書いているのは、当時は韓国人に日本語教育が課されていたからである。

共生園は園長の尹致浩が橋の下にいた七名の孤児と共に暮らしはじめたことからつけられた名であるが、人びとが「乞食《こじき》大将」と呼んでいた尹致浩と千鶴子は結婚する。共生園の子どもたちに笑顔が必要だったこともあるが、なによりも千鶴子が尹致浩を深く崇敬したからであった。「園長の尹致浩は、麦藁帽子にわらじを履いていました。でも、その目のなんと澄んでいたこと。彼は体は小さいけれど、肝っ玉のドカンと大きな人でした。そして、それはそれは話のうまい、聴衆を惹きつける魅力を持っている人でした」と千鶴子は「わらじを履いた園長」に記している。

愛のある暮らしではあったが、苦難は多かった。昭和二〇年（一九四五）の日本敗戦は日本人である千鶴子を妻とする尹致浩に親日派のレッテルを貼った。昭和二五年（一九五〇）の朝鮮戦争では、はじめは朝鮮民主主義人民共和国の勢力下で尹致浩は人民裁判にかけられ、尹致浩が許されると今度は尹致浩に妻・千鶴子を裁かせるという非道がなされた。その後、アメリカ軍の仁川《インチョン》《じんせん》上陸で韓国軍が復帰すると、共産主義に協力したとして尹致浩は逮捕される。こうした苦難が続いたが、尹致浩と千鶴子の「誠意」を知る孤児たちや住民たちの援護で乗り越えた。しかし、朝鮮戦争後に急激に増えた孤児たちの食糧調達のため尹致浩は光州に向かい、そのまま生死不明となった。

千鶴子は尹致浩の帰りを待ちながら孤児のめんどうを見続け、昭和三八年(一九六三)八月一五日の光復節に、国境を越え、孤児教育に献身した人類愛が認められて、日本人ではじめて大韓民国文化勲章国民賞を受章する。その間の筆舌に尽くしがたい苦労は千鶴子の長男・尹基《ユンキ》(本名・田内基《たうちもとい》)が記した『愛の黙示録　母よ、そして我が子らへ』に詳しい。基は、あらゆる病気と闘いながらもさらなる苦労を背負おうとする母の姿を克明に描いている。

日本と韓国の国交が正常化するのは、千鶴子が受章した二年後であるから、日本人への授章は当時の韓国としては大きな決断であった。国交準備を進めていた日本政府側が驚いて昭和三九年(一九六四)東京オリンピックの年に日本の経団連副会長の植村甲午郎《こうごろう》を会長とした「韓国孤児の母・田内女史後援会」が結成された。李方子が障害者施設の功績で韓国国民勲章槿《むくげ》賞を受章したのは平成元年(一九八九)四月三〇日に方子が亡くなって後のことである。戦前からの活動もふくめ、韓国福祉事業への貢献という意味では、千鶴子は方子よりも先駆的な位置にいたのである。

千鶴子は昭和四二年(一九六七)には日本政府藍綬褒章を受勲し、日本でも広く知られる。テレビなどにも出演し、政界や財界との交流も生まれる。しかし、千鶴子は尹致浩の妻・尹鶴子《ユンハクジャ》として公の場に立ち、白いチマチョゴリを着て流暢な韓国語を話すのである。それは、李方子《イバンジャ》が李垠の妻として韓国の地で韓国人として生涯を捧げたことにも重なる。そして、驚くべきことに、尹鶴子と李方子にはさらにより多くの共通点と強い運命の導きがあったのである。

運命の導き

平成一九年（二〇〇七）五月二七日、私は李方子の韓国福祉事業の意味を聞くために、尹致浩《ユンチホウ》と田内千鶴子の長男である尹基（田内基）社会福祉法人「こころの家族」理事長にお会いした。私は李方子と尹理事長とは、まったく関係ない別々の世界を生きた二人と思っていたが、尹氏の話は意表をつくものがあった。

尹氏は、李方子と三つのルートでつながっていたと語る。その一つは言うまでもなく母・田内千鶴子であった。

> 母・千鶴子が妃殿下にお会いしたのは、一九六六年四月でした。外務省に勤めていた加藤千佳《ちか》という女流飛行士が、日韓親善を図るために初めてソウルにやって来た時です。母は、加藤さんをソウルの福祉施設に案内し、妃殿下に彼女を紹介しました。そして記念撮影をしたのです。顔ぶれは妃殿下、李玖殿下、母、加藤千佳、そして東洋通信社の李志雄《イジウン》編集局長ご夫妻でした。李局長は母を大事にしてくれた方です。

私のもとに残っている、一九六六年六月の「韓国社会福祉大学設立趣意書」という資料では、母が韓国社会福祉大学校設立発起人会代表で、妃殿下が発起人顧問となっています。だが、この計画は、母・千鶴子が倒れて一九六八年に亡くなり、中断されました。

二つ目は、尹氏の父尹致浩伝道師の恩師の金愚鉉《キムウヒョン》牧師であった。

金愚鉉牧師は李垠殿下ご夫妻の金婚式の司会をすすめるほどの関係でした。李垠殿下は、その金婚式の四日後亡くなっています。

父・尹致浩はピアソン神学校卒ですが、英語の先生は金愚鉉牧師でした。私は、社会福祉法人共生福祉財団の会長を務めながら、恩師・金徳俊《キムドクジュン》博士が設立した「韓国キリスト教社会福祉学会」の常務理事として金博士を支え、日本との交流に関わっていました。この二人の先生は、一九八一年木浦《モッポ》共生園の講堂改築記念式があり、参加されました。

父の恩師の金愚鉉牧師からは毎日のように電話があり、「[方子妃殿下の] 明暉園も共生園のように新しくしなさい」、「ブルドーザーで地ならしして作り直してくれ」などと言われました。

実は、金愚鉉牧師は、明暉園の常務理事でした。明暉園はもともと金愚鉉牧師が設立した保隣園が母体で、妃殿下を理事長に迎えて金愚鉉牧師は常務理事になられたのです。ところが、明暉園の将来を考えると後継者が必要で、私に声をかけたというわけです。

私は二六歳の時、長男だということで共生園を継いだ経験から、これからの社会福祉は使命感と能力のある人を公募するべき、原則があって後継者を選べる財団にすることが使命と考え、木浦共生園を共生福祉財団にすべく、その起草案作りに走っていた時でした。明暉園の後を継いだとしても、私もいつかは年をとり引退しますので、カトリックの修道会にしたほうがいいと判断したのです。「彼女たちは集団で経営するし、奉仕の精神と専門性もあり、また集団ゆえ後継者も心配いらない」と、妃殿下に提案したのです。

三つめのルートは、外交官の金山政英大使だった。

金山大使は一九六八年六月から一九七二年三月まで駐韓国日本国大使として日韓関係の基礎をかためた方です。赴任されてまもなく母が亡くなりました。朝日新聞の特派員だった岡井輝雄さんが私を金山大使に紹介しました。

金山大使は、日本人田内千鶴子の葬儀を木浦市が最初の市民葬として行い、三万人の市民が参列したことを知り、木浦市を訪問してお礼を言われました。金山大使は官僚というよりも人間の情をもった人でした。

一九八〇年、東京の金山大使から私に「李方子妃殿下にお会いしてお話しを聞いて下さい」と、電話がかかってきました。

私は、妃殿下が金一封でも下さるのかと思いました。ところがお会いすると、私に「三億ウォン集めてほしい」とおっしゃるのです。日本語でした。三億ウォンは、身体障害児施設明暉園の附属学校新築費用だったのです。妃殿下の身体障害児を思う心には必死さがうかがえ、それはあまりにも純なお姿でした。

その時、八〇歳を超えるご高齢にもかかわらず、付人《つきびと》もなくお一人でお出ましになられたのには驚きました。威厳と温和さが同居するまなざしが、私の挙動を見守っておられました。「三億ウォンとは?」、「なぜ私にそうおっしゃるのだろうか?」と私はとまどっておりました。

すると、妃殿下はこう続けられました。「駐韓大使だった金山さんのところに行きました。金山さんから韓国と日本の福祉に詳しい田内君に会って相談したらいいといわれました。それで、今日お会いすることになりました」。

尹基氏は「キリスト教新聞」に連載の「ちょっといい話」の第三回(一九八六年八月二日)に「李方子女史」と題した一文を書いている。そこにこうある。

晩秋の晴れた日に、妃殿下と八〇過ぎた金牧師をお供して大阪から岡山行きの新幹線に並んで座った。

乞食大将の息子の私と妃殿下のとり合わせを見て、ある韓国の児童文学者がおとぎ話のようだと言っていたことが思い出され、妃殿下にこれをどう思われますかとたずねてみたことがある。

隣席の老牧師は「私の紹介があったからだよ」とうれしそうに答えられたが、「福祉事業だから合流できるのよ」と淡々とおっしゃる妃殿下のおことばには感動した。

「ただの李です」

福祉事業という「運命の導き」で、方子と千鶴子の長男・基とは出会ったのである。

長年、日韓の福祉事業に関わってきた尹氏に、福祉の視点から見た李方子の活動の意味を訪ねてみた。氏は、韓国の福祉の歴史を簡潔明解に説明してくれた。

共生園から見た福祉の歴史をたどると、一九二〇年代は、乞食、浮浪者が対象でした。三〇年代は、学校へ行けない子どもたちをあつめ貧民学校を運営しました。四〇年代は、日本から解放され帰国される帰還同胞のための救護事業を、五〇年代は朝鮮戦争が残した戦争孤児たち、六〇年代には戦争未亡人のための無料保育所（託児所）を開設し、七〇年代には戦争孤児たちが成長し彼らのための職業訓練事業を、八〇年代に入り国連の国際障害者年を契機に韓国社会も身体、知的、重度の障害者施設が増えました。九〇年代には、在日韓国人の高齢者福祉を、二〇〇〇年代にはボランティア指導者育成の仕事をしています。福祉はニードだと言われますが、共生福祉財団には時代と共に歩んできた歴史があります。

そして、李方子の福祉の意味をこう述べる。

方子を支援した陸英修
（『陸英修女史』より）

李方子妃殿下の功績は三つあると思います。

第一に、妃殿下が六〇年代には誰もがしなかった身体障害者事業を始めたことです。

第二は、日本の皇族出身の身分で奉仕活動を真心から率先なさったことは韓国民に対する日本女性のイメージをよくし、厳しい日韓関係を和らげる役割を果たしたことです。

第三は、妃殿下が社会奉仕をすることによって上流社会の人たちがボランティアをすることになったといえます。当時、李方子妃殿下のバザー会には、朴大統領のご夫人陸英修《ユクヨンス》《りくえいしゅう》女史をはじめ高級官僚や財界の夫人たちも参加しました。民主主義社会は格差が生まれやすい。その弱い点を補うためには、地位の高い人は高いなりに社会的責任を果たすためにボランティアすることです。今の韓国社会では当たり前になっていますが、一つの伝統を作ったような気がします。ボランティアの先駆者でした。

さらに、陸英修や田内千鶴子の福祉との共通点にもふれる。

陸英修女史、李方子妃殿下、田内千鶴子に共通するのは、みな、ご主人の遺志を大切にしたことです。

陸英修女史は大統領である夫と一緒に「正修職業訓練院」を創設しました。朴正熙《パクチョンヒ》《ぼくせいき》の「正」と陸英修の「修」をとり名前を付けました。青少年の自立が、将来国のためになるという確信を大統領ご夫妻が自ら示したことです。

方子妃殿下は、李垠殿下の遺言でもある身体障害者福祉を続けてきました。そして母は朝鮮戦争で行方不明となった父の帰りを待ちながら遺業を守りました。


また、方子の福祉の特徴をこう述べる。


私は「笹川良一〔日本船舶振興会〕会長に三億ウォンをお願いしても、実務者たちが予算を詰めると、半分になるのが普通ですと……」と申し上げました。初めから六億ウォンと言ってくださいと暗に述べたのです。ところが妃殿下はそういうことが出来ない方でした。母もそうだったのです。その後、日本から三億ウォンの半分が送られてきました。妃殿下は残りの半分を心配しておられました。

私は「日本から半分送って来たのは理想的です。妃殿下がお世話されている子どもたちは韓国の身体障害児たちです。韓国の保健福祉部に相談しましょうと」と申し上げました。

この時、金愚鉉牧師は堅い表情でためらいました。「国の補助金をもらうと妃殿下が国の監査を受けることになる。だから今までは韓国政府に頼まないで妃殿下一人に頼って来た」というのです。
私は、それでは妃殿下が大変だと思いました。正直言って牧師の考えが理解できませんでした。
そこで、「韓国は日本にくらべれば貧しい国ですが、貧しいなりに社会福祉に補助しています。いつまでも妃殿下一人に頼るのはむりではないでしょうか?」と述べました。すると、妃殿下は「監査があってもいいのよ」とおっしゃったのです。

それで、私は〔韓国〕国会の保健社会委員長である崔永喆《チェヨンチョル》さんに妃殿下の話をしました。すると、千命基《チョンミョンキ》長官ご夫妻をはじめ次官、局長が夫婦同伴で妃殿下の招待に応じてくれたのです。一行は応接間の屏風を見て「これは国宝級ですね」とその美しさに感嘆されました。その時、私は長官に言いました。「妃殿下はこの屏風を売らなければいけないほどお金が必要です」。

妃殿下ほどの方が、どうしてお金に困っているのか、とでも言うような雰囲気でした。私は経緯を説明しました。説明を聞いた長官は、「韓国政府がしなければならない福祉事業を妃殿下が率先して下さったことは知りませんでした」と、妃殿下に頭を下げ謝意を述べました。同席していた社会局長は、早速、明暉園の支援を始めたのです。

基氏は、「妃殿下はあまりにも純な方だった」という。

「和」という字を毎朝二〇枚ほど色紙に書き、それを寄付してくださる方にさし上げておられました。真心を込めて書いておられ、誰にでも謙虚でした。

昭和五七年（一九八二）五月二一日のことを、基氏は今も覚えているという。

妃殿下からお呼びがあって、午前九時一五分に赤坂プリンスホテルに行きました。当時小学校五年生の娘も一緒でした。妃殿下はやさしく私の娘を相手に、今はホテルの別館となっているが、昔、妃殿下が暮らされた部屋とか、遊ばれたところを説明して下さったので恐縮しました。

どういうわけで妃殿下の邸宅が赤坂プリンスホテルになったかは知りません。

邸宅までも手放すほど戦後は厳しい立場に置かれたのでしょう。私は「これは、李垠殿下の記念館として残すべきではないか。日本政府はそういうように指導すべきだ」と思いました。

「戻していただければ李垠殿下の記念館になりますのね」と言う声がいつまでも離れませんでした。

基氏は、母への思いも重ねていた。

一九八六年の春、ソウルで駐韓日本国大使だった金山政英先生の喜寿のお祝いにかけつけて下さった妃殿下が、「私も、二年後には米寿を迎えるのよ」と小さな声で私にだけおっしゃった時は、胸がつまるような思いがしました。八八歳を前に、今日も福祉資金づくりのためにソウル・東京を往復しておられるお姿を見ると他人ごととは思えなくなったのです。「妃殿下は孤独だ。李垠殿下を韓国で失い、息子の李玖殿下は東京に住む。たよるあてがなく、私のようなものにまで……」と、涙があふれました。ご苦労される妃殿下の姿に、もう一人の人間、母・田内千鶴子を見ているような気がしました。

母も戦争で愛する夫が行方不明となり、韓国には親戚一人おらず、息子の私にも頼れず、どんなに孤独であったろうかと思うと、母も妃殿下も同じ運命のように思えたのです。

その時、私は心の奥底から叫んだのです。「日本人。少なくとも明治生まれの日本人だけでも『妃殿下、長いあいだご苦労さまでした』との慰労の言葉をさし上げていただきたい」と。

妃殿下の米寿のパーティーには、「福祉の資金は心配ご無用」と申し上げられるようになりたいと祈りました。だが、私はまだ自分の仕事があり、妃殿下のことばかり考える余裕がなかったのです。老人ホームを作る会の世話人だった今村さんは友人らに呼びかけて一〇〇〇万円を妃殿下に包みました。私は本当に申し訳ない気持ちでした。

最後に、基氏はこう語った。

亡くなる数年前に、妃殿下は洗礼を受けました。昭和六〇年（一九八五）のことです。そして、妃殿下は全斗煥《チョンドファン》《ぜんとかん》大統領に会い、明暉園の行く末を頼んだのです。社会福祉法人の運営を国が行う

東京多摩霊園にある李王家供養塔（『英親王李垠伝』より）

ことは難しく、カトリックの修道会が明暉園を運営するようになったのです。初めからそういう運命だったかも知れません。今はただ、両手を合せてひたすら妃殿下の冥福をお祈りするばかりです。

基氏が回顧するように、晩年の李方子は謙虚な一市民となっていた。周囲が「妃殿下」と敬意を表しても、屈託なく「ただの李です。妃殿下じゃないのよ」と、応えていたという。

方子が足かけ八九年におよぶ波乱の生涯を終えたのは、平成元年（一九八九）四月三〇日午前九時三五分のことである。場所はソウル昌徳宮楽善斎。食道静脈瘤破裂といわれる。昭和天皇が亡くなり、平成となって三カ月ほど後であった。

方子の遺産

方子の母方の祖先の地である佐賀県から海を隔てて韓国釜山市がある。この釜山市に社会福祉館、老人福祉館、自立支援施設、保育園、障害児保育園、医療センターなどを備えた社会福祉法人「長善《チャンソン》総合福祉共同体」があり、平成一九年（二〇〇七）六月にはまた新しく特別養護老人ホームが完成した。理事長は劉長善《ユチャンソン》女史。女史は李方子とともに福祉活動をしてきた一人である。劉女史は、福祉事業の資金集めのために、方子とともに七宝焼の展示会を開いたりしたのである。女史の家には方子が製作した七宝焼がいくつか残されている。そして女史自らも七宝焼を創作している。

李方子が日韓の福祉活動家に与えた影響を高く評価する静岡福祉大学の末廣貴生子教授は、方子の福祉活動は、韓国の福祉事業家、方子が援助した人びと、そして方子の祖先の地である佐賀県の福祉事業家たちの「支え」となっていることを強く訴える。末廣氏は、劉長善女史の活動もそうした方子の遺産としての面もあるとみている。

劉長善女史の子息であり第一福祉大学（福岡県太宰府市）教授の朴峰寛《パクボンガン》氏は、方子の福祉事業について末廣氏にこう語っている。

李方子女史の福祉事業は、はじめは旧王家の方の慈善事業であり、カリスマ的であった。そのため当時は福祉世界の組織とは違う個人事業の印象が強かった。しかし、亡くなってからその影響は福祉世界に及んでいった。

末廣氏はさらに、自分をふくめた佐賀の福祉活動家たちは、佐賀の先輩である李方子女史の活躍が大きな励みとなっていることを強調する。

妃殿下という身分の方が、まだ社会が福祉に目を向けていなかった時代に、その基礎を築かれたことは、私たちの励みだし、福祉事業家たちの社会的価値を高めたと思います。それは福祉の世界だけではなく、佐賀出身の多くの女性活動家たちの「支え」でもあるのです。

愛すべき長男を失い、王妃としての地位も身分も資産も失った李方子が遺したものは、晩年になってからの福祉事業、すなわち社会的弱者に対する愛の精神なのであった。

方子自身、満六七歳を迎える昭和四三年（一九六八）の秋のソウルで、自伝『すぎた歳月』の「私の念願」と題したあとがきをしめくくるにあたって、次のように記した。

これからの残りの人生を、韓国の社会が少しでも明るく、不幸な人がひとりでも多く救われることを祈りつつ、一韓国人として悔《く》いなく生きてゆきたいと願っております。

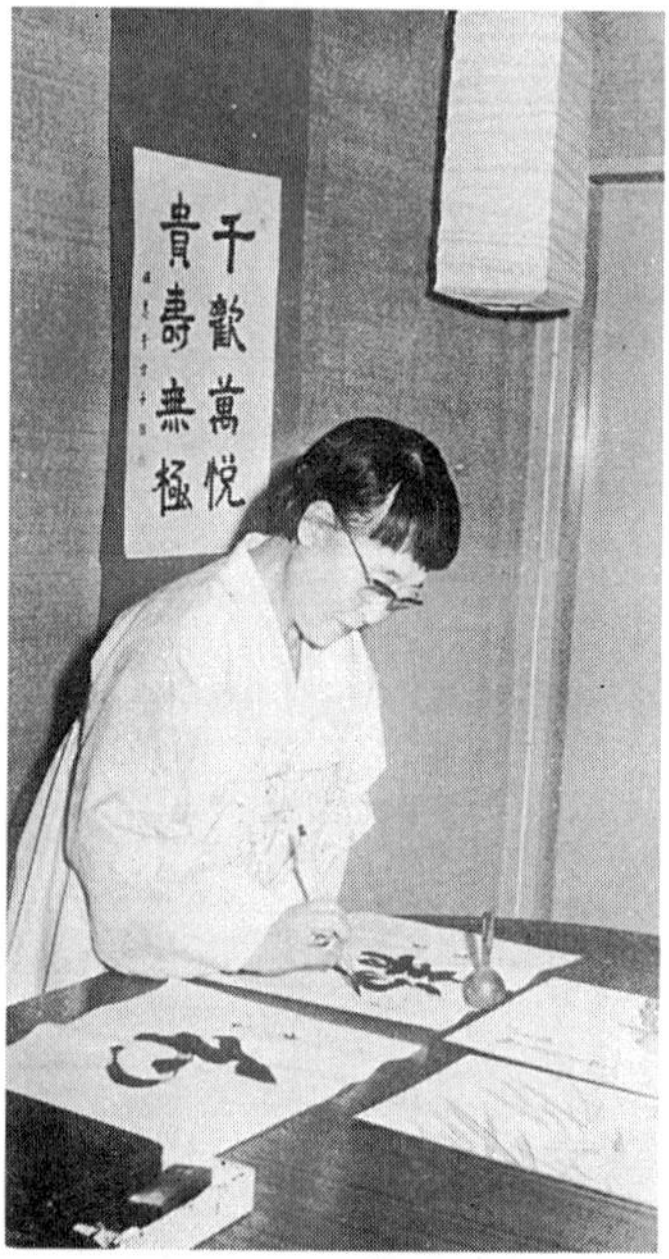

韓国人として生きる方子
（『英親王李垠伝』より）

参考文献

李方子に関する基本文献

張赫宙『李王家秘史　秘苑の花』世界社、一九五〇年
李方子『動乱の中の王妃』非売品（のち講談社）、一九六八年
李方子『すぎた歳月』明暉園（非売品）、一九七三年
梨本伊都子『三代の天皇と私』講談社、一九七五年
　李方子の実母であり、旧皇族の梨本宮妃であった伊都子の自伝。伊都子自身の日記や回想録をもとにまとめたもので、明治・大正・昭和の宮中秘話としても楽しめる。
李王垠伝記刊行会『英親王李垠伝』共栄書房、一九七八年
　李方子の夫である李垠の伝記。多くの関係者の証言や史料などで構成され、李家とつながる人々の動向などもわかる。口絵の写真も貴重なものが多い。
李方子『流れのままに』啓佑社、一九八四年
　李方子の自伝。方子の日記をもとにしたが、方子自身の執筆ではない。『動乱の中の王妃』、『すぎた歳月』の改訂版で、戦後の福祉事業に関し多くの紙面を割いている。
赤瀬川隼『青磁のひと』新潮社、一九八六年
李方子『歳月よ王朝よ』三省堂、一九八七年
本田節子『朝鮮王朝最後の皇太子妃』文藝春秋、一九八八年

李方子とその関係者の証言を多く集めた伝記。とくに李垠の婚約者であった閔甲完の動きを交えて、方子の生涯を相対的に描いたところにおもしろさがある。

小田部雄次『梨本宮伊都子妃の日記』小学館、一九九一年

李方子の実母である梨本宮妃伊都子の七七年の日記と回想録で構成した宮中裏面史。方子に関する記述も多い。

渡辺みどり『日韓皇室秘話　李方子妃』読売新聞社、一九九八年

日本テレビのプロデューサーとして皇室番組を製作し続けた著者の李方子伝。方子との交流から得たいくつかのエピソードが綴られる。

本馬恭子『徳恵姫』葦書房、一九九八年

李垠の実妹である徳恵の伝記。対馬の宗家に嫁いだ悲運の生涯を丹念に追っている。

李王家関係文献など

権藤四郎介『李王宮秘史』朝鮮新聞社、一九二六年

『李王同妃両殿下御渡欧日誌』非売品、一九二八年

李王職『李王家徳寿宮陳列日本美術品図録　第四輯』大塚巧藝社、一九三七年

李王職『李王家美術館要覧』一九三八年

李王職『李王家美術館陳列日本美術品図録　第七輯』大塚巧藝社、一九四一年

李王職『李王家美術館陳列日本美術品図録　第九輯』大塚巧藝社、一九四三年

李鍵「朝鮮王朝の末裔」『文藝春秋』一九六五年一二月号

趙重九「王家の終焉　1～14」『友邦』一九八一年二月～八二年四月

日本敗戦後の李家に仕えた著者の回想録。日本敗戦と朝鮮独立の中で、李家がどのような対応をしていった

のかの姿が描かれている。
金英達「王公族　日帝下の李王家一族　1～4」『KOREA TODAY　今日の韓国』アジアニュースセンター、一九九九年八月～一〇月、一二月
金英達「朝鮮王公族の法的地位について」韓国文化研究振興財団『青丘学術論集』第十四集、一九九九年

関連文献・資料集など

女子学習院『女子学習院五十年史』非売品、一九三五年
栗原広太『明治の御宇』四季書房、一九四一年
上出雅孝『桑山仙蔵翁物語』淡交新社、一九六三年
原奎一郎『原敬日記』全六巻、福村出版、一九六五～六七年
朴殷植『独立運動の血史』全二巻、平凡社、一九七二年
森川哲郎『朝鮮独立運動暗殺史』三一書房、一九七六年
森山諭『真珠の詩』真珠の詩刊行委員会、一九八三年
猪瀬直樹『ミカドの肖像』小学館、一九八六年
田内基『愛の黙示録　母よ、そして我が子らへ』汐文社、一九九五年
梁賢恵『尹致昊と金教臣　その親日と抗日の論理』新教出版社、一九九六年
小林宏・島善高『日本立法資料全集　明治皇室典範（上）（下）』信山社、一九九六～九七年
伊東巳代治『翠雨荘日記』全七巻、ゆまに書房、一九九九年
原武史『大正天皇』朝日選書、二〇〇〇年
竹下修子『国際結婚の社会学』学文社、二〇〇〇年

鍋島報效会『鍋島直映公伝』二〇〇〇年
池東旭『韓国大統領列伝』中公新書、二〇〇二年
東アジア学会『日韓の架け橋となった人びと』明石書店、二〇〇三年
浅見雅男『闘う皇族　ある宮家の三代』角川選書、二〇〇五年
小川原正道『評伝　岡部長職』慶應義塾大学出版会、二〇〇六年
小田部雄次『華族』中公新書、二〇〇六年

論文・雑誌記事など

田内千鶴子「わらじを履いた園長」『主婦の友』一九六四年一一月号
松平佳子「飲み屋の女将に転身した元妃殿下」『女性自身』一九六九年五月一九日号
桃山虔一「運命の朝鮮王家」『文藝春秋』一九七六年九月号
田内基「李方子女史」『キリスト教新聞』一九八六年八月二日
伊藤之雄「近代日本の君主制の形成と朝鮮」『法学論叢』一五四巻4〜6　京都大学法学会、二〇〇四年
内山武夫「韓国国立中央博物館の近代日本画」『韓国国立中央博物館所蔵　日本近代美術展』二〇〇三年
木下隆男「親日と愛国『尹致昊日記』抄　1〜20」『現代コリア』二〇〇四年九月号〜〇六年七・八月号
田内基「田内千鶴子」室田保夫編著『人物でよむ近代日本社会福祉のあゆみ』ミネルヴァ書房、二〇〇六年

史料・URLなど

「倉富勇三郎日記」国立国会図書館憲政資料室蔵
　王世子顧問であった倉富の日記。朝鮮を訪問して急逝した李晋の様態が克明に記されている。

「斎藤実文書」国立国会図書館憲政資料室蔵
朝鮮総督であった斎藤のもとに届いた朝鮮王公族、および朝鮮貴族関係文書は、日本の朝鮮統治の一面を知るに重要な史料である。なかでも公族の李堈に関する文書は生々しい。
「皇太子外遊に関する朝鮮人の動向」『日本皇室関係』英国国立公文書館蔵
永井和「倉富日記にみる李太王毒殺説について」(http://www.bun.kyoto-u.ac.jp/~knagai/kuratomi/LeeSunyup.html)
李昇燁「李太王の薨去をめぐる噂」(http://www.bun.kyoto-u.ac.jp/~knagai/kuratomi/LeeSunyup.html)

おわりに

方子は昭和天皇逝去と同じ平成元年（一九八九）の四月三〇日にソウルで八九年の生涯を閉じた。永年の福祉事業などの功績で韓国国民勲章槿《むくげ》賞（勲一等）が追贈された。

晩年の方子は最愛の息子である玖《きゅう》に心《く》を砕いていた。玖夫人のジュリアも韓国に渡り、方子とも仲睦まじく生活していたが、玖は詐欺に遭って不渡りを出して日本行きを余儀なくされる。韓国では不渡りは犯罪になるからだ。結局、昭和五七年（一九八二）に離婚した。

方子亡き後、かつての李王朝を嗣ぐ者は李玖のみとなったが、玖は平成一七年（二〇〇五）七月一八日、赤坂プリンスホテル旧館（旧李王邸）の見える新館一九階の部屋の浴槽で遺体で発見された。死因は心臓麻痺とされる。満七三歳であった。玖は平成八年（一九九六）に全州李氏大同宗約院の名誉総裁となり、韓国に永久帰国するが、晩年は日本で過ごすことが増え、祭祀の折に帰る程度だったという。「同族会は月一〇〇万円を送金していたが、本人が帰国しないことに業を煮やしてか、死の半年ほど前に送金を打ち切り、マンションの家賃支払いも滞るようになっていた」という関係者の言を『ＡＥＲＡ』（二〇〇五年一〇月二四日号）は掲載している。進退窮まった玖は、知人の援助で旧李王邸の見える赤坂プリンスホテルに泊まるようになり、その一カ月後の急逝だった。『朝鮮日報』の記事によれば「従兄弟で、日頃、身の回りの世話をしていた梨本さんが十八日に訪ねたところ、洗面所で李玖氏の遺体を発見し、宗親会に知らせたのだ」、「変死にあたるため、彼の遺体は十九日午前、日本の警察で司法解剖された」とある。

近年、韓国や日本ではテレビドラマの『大長今《テジャングム》』（邦題：宮廷女官チャングムの誓い）や漫画の『宮《クン》』（邦題：らぶきょん Love in 景福宮《キョンボックンけいふくきゅう》）などが人気を集め、李王朝への関心も高まっている。李方子は、まさにその李王朝最後の皇太子妃であった。そして、李玖の最期をもって李王家は事実上断絶したといえる。しかし、一方で王朝ブームを反映してか、韓国では李垠《イウンりぎん》の兄である李堈《イカンりこう》の子孫たちなどが皇族復権の運動をはじめている。折しも、日本では女帝論以後、旧皇族復帰論が台頭しており、こうした日韓のロイヤル志向が今後どのような展開となるのか興味は尽きない。

ところで、昭和天皇と同時代を生きた李方子は、ある意味で昭和天皇の分身でもあった。かつての韓国支配の最高統率者は明治、大正、昭和の三代の歴代天皇であったが、方子はそうした歴代天皇の意向を受けた出先的存在として韓国との橋渡しとなった。そして、昭和二〇年（一九四五）の敗戦によって、李方子は王族妃としての名誉と地位を失うが、それは昭和天皇の分身としての「痛み」でもあった。昭和天皇が負うべき敗戦と韓国支配の責任が、方子の肩にのしかかったのである。戦後の方子の荊《いばら》の道も、歴史の歯車の違いによっては昭和天皇の道であったかもしれない。方子は福祉事業の成功で、自らの世界を見出すが、これもまた歴史の悪戯《いたずら》によっては昭和天皇が歩んだかもしれない世界であった。方子は昭和天皇の影の部分を負って生きたといえなくもない。そうした生き方を方子自身認識していたからこそ、昭和天皇に対する敬意も、自らへの矜持《きんじ》も失うことなく生涯を全うできたのだろう。

方子は昭和天皇より六カ月ほど遅く生を授かり、四カ月ほど後に他界した。同じ動乱の時代を重なるように生きた女性であった。男性であれば、昭和天皇と同年代の皇族として、また違った人生があったかもしれない。

本書をまとめるにあたり、多くの方々のご協力をいただきました。とくに社会福祉法人「こころの家族」理事長の尹基様、静岡福祉大学教授の末廣貴生子様、同大学図書館司書の進藤令子様からいただいた多くのご援助なしには、本書は完成しませんでした。また、元共同通信社会部長で現静岡福祉大学教授の高橋紘様からは貴重な助言と写真を頂戴いたしました。心より感謝申し上げます。そして、ミネルヴァ書房編集部の田引勝二様にはいくつかのご無理をお願いいたしました。心より感謝申し上げます。なお、刊行後の御迷惑を考え、お名前をあえて記さなかった方々もおります。また、数々の貴重な証言をいただきながら、私の判断で掲載しなかったものもあります。お世話になりましたすべての皆様方に、紙面をかりて、心よりお礼とお詫びを申し上げる次第です。

二〇〇七年八月一五日

小田部雄次

李方子年譜

＊「齢」は数え

和暦	西暦	齢*	関係事項	一般事項
明治二八	一八九五			10・8閔妃暗殺事件。
三〇	一八九七		10・20夫となる李垠と、垠の最初の婚約者閔甲完生まれる。	
三三	一九〇〇		11・28父・梨本宮守正と母・鍋島伊都子の結婚の儀。	
三四	一九〇一	1	11・4午前七時四〇分、麹町番町の梨本宮邸で方子生まれる。11・10御七夜で方子と命名。生まれて五〇日後に宮中初参内。	2・3福沢諭吉他界。2・24愛国婦人会結成。4・29裕仁親王誕生。12・10田中正造直訴。
三七	一九〇四	4		2・10日露戦争勃発。
三九	一九〇六	6	1・12守正が別府から凱旋（方子の最初の記憶）。5・20伊都子流産する。	
四〇	一九〇七	7	4・27妹・規子生まれる。12・15李垠、満10歳で来日。	
四一	一九〇八	8	4・11方子、学習院女学部小学科入学。このころ、伊都子はフランス語会話を勉強。	

四二	一九〇九	9	1・13伊都子、多田伯爵夫人の肩書きで欧州へ。 12・1守正は中佐に昇進、第三師団歩兵第六連隊付（名古屋）。	
四三	一九一〇	10	11・1守正、陸軍歩兵大佐に昇進、歩兵第六連隊長（名古屋）となる。晩秋、青山の梨本宮邸完成。	8・29日韓併合。
四五	一九一二	12	5・25徳恵生まれる。	7・29明治天皇逝去。
大正元				9・13乃木夫妻殉死。
二	一九一三	13	8・31守正、第一四師団歩兵第二八旅団長（宇都宮・高崎）となる。	
五	一九一六	16	8・3方子、李垠との婚約を新聞で報道される。 8・18守正、歩兵第一旅団長（東京）となる。	11・4帝室制度審議会設置。
六	一九一七	17	8・6守正、第一六師団長（京都）となる。	
七	一九一八	18	11・28「王公族との婚儀」が「皇室典範」に増補される。	
八	一九一九	19	1・21李太王急逝。同月25日に予定されていた方子と垠の挙式は延期となる。	1・18パリ講和会議開催。 3・1三・一独立運動。
九	一九二〇	20	4・28方子、垠と結婚。	
一〇	一九二一	21	8・18方子、第一子晋を産む。	
一一	一九二二	22	4・23方子、垠・晋と朝鮮に渡る。5・11晋、消化不良で急逝。	

一二	一九二三	23	9・1関東大震災にて方子と垠、はじめ梨本宮邸ついで宮内省に避難。	9・1関東大震災。
一三	一九二四	24	1・26皇太子裕仁、久邇宮良子と結婚。	
一四	一九二五	25	3・30徳恵来日。	
一五	一九二六	26	4・25純宗逝去。4・26垠は李王となり、方子は李王妃となる。	12・25大正天皇逝去。
昭和元				
二	一九二七	27	5・23〜翌年4・9方子は垠と欧州諸国を歴訪。	
五	一九三〇	30	3・3方子、垠、徳恵は鳥居坂の李王邸から紀尾井町の新邸に移る。	
六	一九三一	31	5・8徳恵、宗武志伯爵と結婚。12・29方子、第二子玖を産む。	9・18満州事変勃発。
八	一九三三	33	10・1李垠の生まれた徳寿宮を公開して、日本近代美術工芸品を展示。	12・23皇太子明仁誕生。
一二	一九三七	37		7・7盧溝橋事件。
一三	一九三八	38	方子、岩手・青森などの陸海軍病院を慰問（一一皇族妃の差遣）。	
一六	一九四一	41		12・8真珠湾攻撃。
一八	一九四三	43	11・25方子、防空訓練の指揮をとる。	
二〇	一九四五	45	5・25空襲で焼け出された梨本宮家は李垠邸に避難する。8・7李鍝、広島で被曝死。12・12守正、戦	8・15敗戦。

			犯容疑で逮捕。	
二二	一九四七	47	5・3方子、垠、玖は朝鮮王族の身分を失う。	5・3日本国憲法施行により朝鮮王公族廃止。
二五	一九五〇	50	8・3玖、アメリカに留学。	6・25朝鮮戦争勃発。
二六	一九五一	51	1・1父・守正、急逝（満76歳）。	9・8対日講和条約。
二九	一九五四	54	9・29紀尾井町の李垠邸は売却され、赤坂プリンスホテル（旧館）となる。	
三二	一九五七	57	5・18方子、垠とともにアメリカの玖のもとへ向かう。	
三三	一九五八	58	3・16垠、脳血栓で倒れ、歩行困難となる。5・16方子、垠と帰国。10・25玖、ジュリアと結婚。	
三四	一九五九	59		4・10皇太子明仁と正田美智子の結婚。
三五	一九六〇	60	方子、垠と二度目の渡米。このころ慈善団体賛行会を設立。	
三六	一九六一	61	3月韓国旧皇室財産事務総局長・李寿吉、垠と方子の帰韓準備に来日。	
三七	一九六二	62	11月朴正熙大統領来日して、垠と方子に会う。	
三八	一九六三	63	11・22垠と方子、帰韓。このころ賛行会を慈行会と改名。	

四〇	一九六五	65		6・22日韓基本条約締結。
四一	一九六六	66	方子、YMCA傘下の保隣会を母体にして身体障害者教育をはじめる。	6・29ザ・ビートルズ来日。
四二	一九六七	67	11月方子、身体障害者のための明暉園を設立。	
四三	一九六八	68	3・5閔甲完、食道癌にて亡くなる（満70歳）。	
四五	一九七〇	70	5・1垠、亡くなる（満72歳）。	3・31日航機よど号事件。
四七	一九七二	72	10月方子、慈行会を母体に精神薄弱児のための慈恵学校を設立。	5・15沖縄本土復帰。9・29日中国交樹立。
五一	一九七六	76	8・19母・伊都子亡くなる（満94歳）。	2・4ロッキード事件発覚。
六〇	一九八五	85	方子、カトリックの洗礼を受ける。	
平成　元	一九八九	89	4・21徳恵、楽善斎にて逝去（満76歳）。4・30午前九時三五分、ソウル昌徳宮楽善斎にて食道静脈瘤破裂で永眠（満87歳）。方子、障害者施設の功績で韓国国民勲章槿賞を受章。	1・7昭和天皇逝去（満87歳）。
一七	二〇〇五		7・18赤坂プリンスホテル旧館の見える新館一九階の部屋で玖の遺体発見（満73歳）。	8・15 60回目の終戦記念日

人名索引

あ 行

青木周蔵　65
朝香宮鳩彦　13
朝香宮妃允子（富美宮允子内親王）　20, 21
足立大一　190
阿南惟幾　209
安部磯雄　15
有栖川宮威仁　30–32
有栖川宮熾仁　10
有松英義　76
安商鎬（アンサンホ）　95, 97, 98, 100, 133
安重根（アンジュングン）　24
李堣（イウ）　114, 144, 152, 192, 199, 200, 208–211
李垠（イウン）　24, 30, 31, 33, 57–59, 67, 69, 71, 72, 84, 87, 95, 96, 103, 104, 106–111, 118, 119, 126–128, 130–132, 134, 137–139, 142–144, 144, 156, 158, 160, 161, 163–166, 173, 174, 177, 180, 181, 183, 188–193, 198–200, 207, 212, 214–216, 218, 220, 224, 225, 227, 228, 231–236, 240, 241, 245, 255
李堈（イカン）　91, 134, 144, 152, 177, 180–188, 192, 193
李埼鎔（イギヨン）　141
李玖（イク）　171, 193–195, 210, 224–227, 232, 249, 258
李根沢（イグンテク）　86
李鍵（イコン）　65, 92, 185, 210, 220–223
李志雄（イジウン）　249
李載克（イジェグク）　112, 121
李載崐（イジェコン）　86
李儁（イジュン）　97
李址鎔（イジヨン）　86, 141
李貞淑（イジョンスク）　236
李寿吉（イスギル）　186, 231
李承晩（イスンマン）　116–118, 193, 212, 213, 215, 228, 231
李達鎔（イタルヨン）　112
李晋（イチン）　136–140, 142, 144–149, 151, 152, 154, 173, 183
李徳恵（イトケ）　65, 139, 167, 171–177, 181, 188, 192, 194, 234
李夏栄（イハヨン）　86
李恒九（イハング）　185
李秉武（イビョンム）　85, 86
李海昌（イヘチャン）　141
李鴻章（イホンチャン）　16
李完用（イワニョン）　31, 84–86, 102, 103, 121, 126
池田季雄　140, 146, 148, 149
石井ヤス　24
井田正孝　209
一条実基　65
一条朝子　46, 70
一条美子　→昭憲皇太后
一木喜徳郎　80
伊藤博文　24, 31, 32, 71, 125, 184, 218
伊東巳代治　75, 76, 78–82
井上勝之助　112
任善準（イムソンジュン）　86
入江為守　159
岩倉具視　7

か　行

さ　行

た　行

な 行

は 行

ま 行

閔妃（ミンビ） 36, 128
閔丙奭（ミンビョンソク） 91, 99, 100, 102, 103, 121, 141, 143
閔泳綺（ミンヨンギ） 185
閔泳敦（ミンヨントン） 129, 132, 133
閔泳徽（ミンヨンヒ） 143
陸奥宗光 15
明治天皇 48, 72
桃山虔一 →李鍵（イコン）
桃山佳子 →李誠子（リヨシコ）
桃山忠久 →李沖

や　行

矢島楫子 15
泰宮聡子内親王 →東久邇宮妃聡子
安広伴一郎 80
柳沢尚子 48
山県有朋 36, 71, 82, 83
山口鋭之助 39
山階宮武彦 159, 168, 169
山階宮安子 42, 43, 57, 67, 68
山階宮妃佐紀子 158-160, 168
山階芳麿 43
山澄力蔵 206
梁貴人（ヤンクイイン） 172, 174
梁徳恵（ヤントケ） →イトケ
陸英修（ユクヨンス） 230, 254, 255
劉長善（ユチャンソン） 260
尹基（ユンキ） 248-253, 256-259
尹致昊（ユンチホ） 102, 103
尹致浩（ユンチホウ） 246-250, 255
尹沢栄（ユンテギョン） 103
尹大妃（ユンデビ） 139, 226, 231
尹徳栄（ユントクヨン） 99, 100, 102, 104, 105, 122, 141, 143
尹鶴子（ユンハクジャ） →田内千鶴子
尹譜善（ユンボソン） 231
呂運亨（ヨウンヒョン） 117
吉田茂 227
順宮厚子内親王 203

ら・わ行

李海昌 →イヘチャン
李夏栄 →イハヨン
李完用 →イワニョン
李沂 195, 210
李埼鎔 →イギヨン
李垠 →イウン
李玖 →イク
李鍝 →イウ
李鍵 →イケン
李堈 →イカン
李恒九 →イハング
李鴻章 →イホンチャン
李根沢 →イグンテク
李載克 →イジェグク
李載崐 →イジェコン
李寿吉 →イスギル
李儁 →イジュン
李址鎔 →イジヨン
李承晩 →イスンマン
李晋 →イチン
李清 203, 208, 210
李淙 208, 210
李太王 →コジョン
李達鎔 →イタルヨン
李沖 195, 210, 223
李徳恵 →イトケ
李沃子 210
李秉武 →イビョンム
李誠子（松平誠子／桃山佳子） 65, 92, 197-202, 210, 221-223
陸英修 →ユクヨンス
梁貴人 →ヤンクイイン
ルーズベルト，セオドア 118
ルソー，ジャン＝ジャック 16

事項索引

あ行

か行

さ行

た行

ら　行

《著者紹介》

小田部雄次（おたべ・ゆうじ）

1952年　東京都生まれ。

1985年　立教大学大学院文学研究科博士課程単位取得。

現　在　静岡福祉大学教授。

著　書　『徳川義親の十五年戦争』青木書店，1988年。

『梨本宮伊都子妃の日記』小学館，1991年。

『四代の天皇と女性たち』文春新書，2002年。

『家宝の行方』小学館，2004年。

『華族』中公新書，2006年。

『華族家の女性たち』小学館，2007年。

『皇族に嫁いだ女性たち』角川選書，2009年。

『皇族』中公新書，2009年。

『皇室と静岡』静新新書，2010年。

『昭憲皇太后・貞明皇后』ミネルヴァ書房，2010年。

『昭和天皇と弟宮』角川選書，2011年，ほか。

ミネルヴァ日本評伝選

李《り》　方《まさ》子《こ》

——韓国人として悔いなく——

2007年9月10日　初版第1刷発行　〈検印省略〉

2011年6月10日　初版第3刷発行

定価はカバーに
表示しています

著　者	小田部　雄　次
発行者	杉　田　啓　三
印刷者	江　戸　宏　介

発行所　株式会社　ミネルヴァ書房

607-8494　京都市山科区日ノ岡堤谷町1

電話（075）581-5191（代表）

振替口座　01020-0-8076番

共同印刷工業・新生製本

ISBN978-4-623-04977-6

Printed in Japan

刊行のことば

歴史を動かすものは人間であり、興趣に富んだ人間の動きを通じて、世の移り変わりを考えるのは、歴史に接する醍醐味である。

しかし過去の歴史学を顧みるとき、人間不在という批判さえ見られたように、歴史における人間のすがたが、必ずしも十分に描かれてきたとはいえない。二十一世紀を迎えた今、歴史の中の人物像を蘇生させようとの要請はいよいよ強く、またそのための条件もしだいに熟してきている。

この「ミネルヴァ日本評伝選」は、正確な史実に基づいて書かれるのはいうまでもないが、単に経歴の羅列にとどまらず、歴史を動かしてきたすぐれた個性をいきいきとよみがえらせたいと考える。そのためには、対象とした人物とじっくりと対話し、ときにはきびしく対決していくことも必要になるだろう。

今日の歴史学が直面している困難の一つに、研究の過度の細分化、瑣末化が挙げられる。それは緻密さを求めるが故に陥った弊害といえるが、その結果として、歴史の大きな見通しが失われ、歴史学を通しての社会への働きかけの途が閉ざされ、人々の歴史への関心を弱める危険性がある。今こそ歴史が何のためにあるのかという、基本的な課題に応える必要があろう。評伝という興味ある方法を通じて、解決の手がかりを見出せないだろうかというのも、この企画の一つのねらいである。

狭義の歴史学の研究者だけでなく、多くの分野ですぐれた業績をあげている著者たちを迎えて、従来見られなかった規模の大きな人物史の叢書として、「ミネルヴァ日本評伝選」の刊行を開始したい。

平成十五年（二〇〇三）九月

ミネルヴァ書房

ミネルヴァ日本評伝選

企画推薦
梅原　猛
ドナルド・キーン
佐伯彰一
角田文衞

監修委員
上横手雅敬
芳賀　徹

編集委員
石川九楊
伊藤之雄
猪木武徳
今谷　明
今橋映子
熊倉功夫
佐伯順子
坂本多加雄
武田佐知子
竹西寛子
西口順子
兵藤裕己
御厨　貴

上代

俾弥呼　古田武彦
日本武尊　西宮秀紀
仁徳天皇　若井敏明
雄略天皇　吉村武彦
*蘇我氏四代　遠山美都男
推古天皇　義江明子
聖徳太子　仁藤敦史
斉明天皇　武田佐知子
小野妹子・毛人　大橋信弥
*額田王　梶川信行
弘文天皇　遠山美都男
天武天皇　新川登亀男
持統天皇　丸山裕美子
阿倍比羅夫　熊田亮介
柿本人麻呂　古橋信孝
*元明天皇・元正天皇　渡部育子
聖武天皇　本郷真紹
光明皇后　寺崎保広
孝謙天皇　勝浦令子
藤原不比等　荒木敏夫
吉備真備　今津勝紀
藤原仲麻呂　木本好信
道　鏡　吉川真司
大伴家持　和田　萃
行　基　吉田靖雄

平安

*桓武天皇　井上満郎
嵯峨天皇　西別府元日
宇多天皇　古藤真平
醍醐天皇　石上英一
村上天皇　京樂真帆子
花山天皇　上島　享
*三条天皇　倉本一宏
藤原薬子　中野渡俊治
小野小町　錦　仁
藤原良房・基経　滝浪貞子
菅原道真　竹居明男
*紀貫之　神田龍身
源高明　所　功
慶滋保胤　平林盛得
*安倍晴明　斎藤英喜
藤原実資　橋本義則
*藤原道長　朧谷　寿
藤原伊周・隆家　倉本一宏
藤原定子　山本淳子
清少納言　後藤祥子
紫式部　竹西寛子
和泉式部　ツベタナ・クリステワ
大江匡房　小峯和明
阿弖流為　樋口知志
坂上田村麻呂　熊谷公男
*源満仲・頼光　元木泰雄
平将門　西山良平
藤原純友　寺内　浩
空　海　頼富本宏
最　澄　吉田一彦
*空　也　石井義長
奝　然　上川通夫
*源　信　小原　仁
後白河天皇　美川　圭
式子内親王　奥野陽子
建礼門院　生形貴重
藤原秀衡　入間田宣夫
平時子・時忠　元木泰雄
平維盛　根井　浄
守覚法親王　阿部泰郎
藤原隆信・信実　山本陽子

鎌倉

源頼朝　川合　康
*源義経　近藤好和
源実朝　神田龍身
後鳥羽天皇　五味文彦
九条兼実　村井康彦
九条道家　上横手雅敬
北条時政　野口　実
熊谷直実　佐伯真一
*北条政子　関　幸彦
北条義時　岡田清一
曾我十郎・五郎　杉橋隆夫
北条時宗　近藤成一
安達泰盛　山陰加春夫
平頼綱　細川重男
竹崎季長　堀本一繁

西行　光田和伸
藤原定家　赤瀬信吾
*京極為兼　今谷　明
*兼好　島内裕子
重源　横内裕人
*運慶　根立研介
快慶　井上一稔
法然　今堀太逸
慈円　大隅和雄
明恵　西山　厚
親鸞　末木文美士
恵信尼・覚信尼　西口順子
覚如　今井雅晴
道元　船岡　誠
叡尊　細川涼一
*忍性　松尾剛次
*日蓮　佐藤弘夫
一遍　蒲池勢至
夢窓疎石　田中博美
*宗峰妙超　竹貫元勝

南北朝・室町

後醍醐天皇　上横手雅敬
護良親王　新井孝重
赤松氏五代　渡邊大門
*北畠親房　岡野友彦
楠正成　兵藤裕己
*新田義貞　山本隆志
光厳天皇　深津睦夫
足利尊氏　市沢　哲
佐々木道誉　下坂　守
円観・文観　田中貴子
足利義詮　早島大祐
足利義満　川嶋將生
足利義持　吉田賢司
足利義教　横井　清
大内義弘　平瀬直樹
伏見宮貞成親王　松薗　斉
山名宗全　山本隆志
日野富子　脇田晴子
世阿弥　西野春雄
雪舟等楊　河合正朝
宗祇　鶴崎裕雄
*満済　森　茂暁
一休宗純　原田正俊
蓮如　岡村喜史

戦国・織豊

北条早雲　家永遵嗣
毛利元就　岸田裕之
*今川義元　小和田哲男
*武田信玄　笹本正治
*武田勝頼　笹本正治
*真田氏三代　笹本正治
三好長慶　仁木　宏
*宇喜多直家・秀家　渡邊大門
*上杉謙信　矢田俊文
島津義久・義弘　福島金治
吉田兼倶　西山　克
山科言継　松薗　斉
*雪村周継　赤澤英二
織田信長　三鬼清一郎
豊臣秀吉　藤井讓治
*北政所おね　田端泰子
*淀殿　福田千鶴
前田利家　東四柳史明
黒田如水　小和田哲男
蒲生氏郷　藤田達生
*細川ガラシャ　田端泰子
伊達政宗　伊藤喜良
*支倉常長　田中英道
ルイス・フロイス　エンゲルベルト・ヨリッセン
*長谷川等伯　宮島新一
顕如　神田千里

江戸

徳川家康　笠谷和比古
徳川家光　野村　玄
徳川吉宗　横田冬彦
*後水尾天皇　久保貴子
光格天皇　藤田　覚
崇伝　杣田善雄
春日局　福田千鶴
池田光政　倉地克直
シャクシャイン　岩崎奈緒子
*田沼意次　藤田　覚
*二宮尊徳　小林惟司
末次平蔵　岡美穂子
高田屋嘉兵衛　生田美智子
林羅山　鈴木健一
吉野太夫　渡辺憲司
中江藤樹　辻本雅史
山崎闇斎　澤井啓一
山鹿素行　前田　勉
*北村季吟　島内景二
貝原益軒　辻本雅史
松尾芭蕉　楠元六男
*ケンペル　B・M・ボダルト＝ベイリー
荻生徂徠　柴田　純
*雨森芳洲　上田正昭
前野良沢　松田　清
平賀源内　石上　敏
本居宣長　田尻祐一郎
杉田玄白　吉田　忠
上田秋成　佐藤深雪
木村蒹葭堂　有坂道子
*大田南畝　沓掛良彦
菅江真澄　赤坂憲雄
*鶴屋南北　諏訪春雄
良寛　阿部龍一
*山東京伝　佐藤至子
*滝沢馬琴　高田　衛
シーボルト　宮坂正英
本阿弥光悦　岡　佳子
小堀遠州　中村利則
狩野探幽・山雪　山下善也
尾形光琳・乾山　河野元昭
*二代目市川團十郎　田口章子
与謝蕪村　佐々木丞平
伊藤若冲　狩野博幸
鈴木春信　小林　忠
円山応挙　佐々木正子

*佐竹曙山　成瀬不二雄
葛飾北斎　岸 文和
酒井抱一　玉蟲敏子
孝明天皇　青山忠正
*和 宮　辻ミチ子
徳川慶喜　大庭邦彦
島津斉彬　原口 泉
*古賀謹一郎　小野寺龍太
*栗本鋤雲　小野寺龍太
*月 性　海原 徹
*吉田松陰　海原 徹
*高杉晋作　海原 徹
ペリー　遠藤泰生
オールコック　佐野真由子
アーネスト・サトウ　奈良岡聰智
緒方洪庵　米田該典
冷泉為恭　中部義隆

近代

*明治天皇　伊藤之雄
*大正天皇　F・R・ディキンソン
*昭憲皇太后・貞明皇后　小田部雄次
大久保利通　三谷太一郎
山県有朋　鳥海 靖
木戸孝允　落合弘樹
井上 馨　伊藤之雄
*松方正義　室山義正
北垣国道　小林丈広
板垣退助　小川原正道
大隈重信　五百旗頭薫
伊藤博文　坂本一登
井上 毅　大石 眞
井上 勝　老川慶喜
*桂 太郎　小林道彦
渡辺洪基　瀧井一博
*乃木希典　佐々木英昭
林 董　君塚直隆
児玉源太郎　小林道彦
*高宗・閔妃　木村 幹
山本権兵衛　室山義正
高橋是清　鈴木俊夫
小村寿太郎　簑原俊洋
*犬養 毅　小林惟司
加藤高明　櫻井良樹
加藤友三郎・寛治　麻田貞雄
牧野伸顕　小宮一夫
田中義一　黒沢文貴
平沼騏一郎　堀田慎一郎
宇垣一成　北岡伸一
宮崎滔天　榎本泰子
*浜口雄幸　川田 稔
幣原喜重郎　西田敏宏
関 一　玉井金五
水野広徳　片山慶隆
広田弘毅　井上寿一
安重根　上垣外憲一
*グルー　廣部 泉
*永田鉄山　森 靖夫
東條英機　牛村 圭
今村 均　前田雅之
蔣介石　劉 岸偉
石原莞爾　山室信一
木戸幸一　波多野澄雄
*岩崎弥太郎　武田晴人
伊藤忠兵衛　末永國紀
五代友厚　田付茉莉子
大倉喜八郎　村上勝彦
*安田善次郎　由井常彦
渋沢栄一　武田晴人
山辺丈夫　宮本又郎
武藤山治　阿部武司・桑原哲也
小林一三　橋爪紳也
大倉恒吉　石川健次郎
大原孫三郎　猪木武徳
*河竹黙阿弥　今尾哲也
イザベラ・バード　加納孝代
*林 忠正　木々康子
森 鷗外　小堀桂一郎
二葉亭四迷　ヨコタ村上孝之
夏目漱石　佐々木英昭
巌谷小波　千葉信胤
樋口一葉　佐伯順子
島崎藤村　十川信介
泉 鏡花　東郷克美
有島武郎　亀井俊介
永井荷風　川本三郎
北原白秋　平石典子
菊池 寛　山本芳明
宮澤賢治　千葉一幹
正岡子規　夏石番矢
高浜虚子　坪内稔典
与謝野晶子　佐伯順子
*種田山頭火　村上 護
*斎藤茂吉　品田悦一
*高村光太郎　湯原かの子
萩原朔太郎　エリス俊子
原阿佐緒　秋山佐和子
*狩野芳崖・高橋由一　古田 亮
竹内栖鳳　北澤憲昭
黒田清輝　高階秀爾
中村不折　石川九楊
横山大観　高階秀爾
*橋本関雪　西原大輔
小出楢重　芳賀 徹
土田麦僊　天野一夫
岸田劉生　北澤憲昭
松旭斎天勝　川添 裕
中山みき　鎌田東二
佐田介石　谷川 穣
ニコライ　中村健之介
出口なお・王仁三郎　川村邦光
島地黙雷　阪本是丸
*新島 襄　太田雄三
木下広次　冨岡 勝
嘉納治五郎　クリストファー・スピルマン
津田梅子　田中智子
*澤柳政太郎　新田義之
河口慧海　高山龍三

山室軍平 室田保夫
大谷光瑞 白須淨眞
*久米邦武 髙田誠二
フェノロサ 伊藤 豊
三宅雪嶺 長妻三佐雄
*岡倉天心 木下長宏
志賀重昂 中野目徹
徳富蘇峰 杉原志啓
竹越與三郎 西田 毅
内藤湖南・桑原隲蔵 礪波 護
岩村 透 今橋映子
西田幾多郎 大橋良介
金沢庄三郎 石川遼子
上田 敏 及川 茂
柳田国男 鶴見太郎
厨川白村 張 競
大川周明 山内昌之
西田直二郎 林 淳
市河三喜・晴子 河島弘美
折口信夫 斎藤英喜
九鬼周造 粕谷一希
辰野 隆 金沢公子
シュタイン 瀧井一博
*福澤諭吉 平山 洋
*西 周 清水多吉

福地桜痴 山田俊治
田口卯吉 鈴木栄樹
*陸 羯南 松田宏一郎
黒岩涙香 奥 武則
宮武外骨 山口昌男
*吉野作造 田澤晴子
野間清治 佐藤卓己
山川 均 米原 謙
岩波茂雄 十重田裕一
*北 一輝 岡本幸治
中野正剛 吉田則昭
満川亀太郎 福家崇洋
杉 亨二 速水 融
*北里柴三郎 福田眞人
田辺朔郎 秋元せき
*南方熊楠 飯倉照平
寺田寅彦 金森 修
石原 純 金子 務
J・コンドル 鈴木博之
辰野金吾 河上真理・清水重敦
小川治兵衛 尼崎博正

現代

昭和天皇 御厨 貴
高松宮宣仁親王 後藤致人
*李方子 小田部雄次
吉田 茂 中西 寛
マッカーサー 柴山 太
石橋湛山 増田 弘
重光 葵 武田知己
池田勇人 藤井信幸
高野 実 篠田 徹
和田博雄 庄司俊作
朴正熙 木村 幹
竹下 登 真渕 勝
*松永安左エ門 橘川武郎
鮎川義介 井口治夫
出光佐三 橘川武郎
松下幸之助 米倉誠一郎
渋沢敬三 井上 潤
*本田宗一郎 伊丹敬之
井深 大 武田 徹
佐治敬三 小玉 武
幸田家の人々 金井景子
*正宗白鳥 大嶋 仁
大佛次郎 福島行一
*川端康成 大久保喬樹
*薩摩治郎八 小林 茂
松本清張 杉原志啓
安部公房 成田龍一
*三島由紀夫 島内景二
R・H・ブライス 菅原克也
金素雲 林 容澤
柳 宗悦 熊倉功夫
バーナード・リーチ 鈴木禎宏
イサム・ノグチ 酒井忠康
川端龍子 岡部昌幸
藤田嗣治 林 洋子
*井上有一 海上雅臣
*手塚治虫 竹内オサム
山田耕筰 後藤暢子
古賀政男 藍川由美
*吉田 正 金子 勇
武満 徹 船山 隆
*力道山 岡村正史
美空ひばり 朝倉喬司
*西田天香 宮田昌明
安倍能成 中根隆行
サンソム夫妻 平川祐弘・牧野陽子
和辻哲郎 小坂国継
矢代幸雄 稲賀繁美
石田幹之助 岡本さえ
*平泉 澄 若井敏明
安岡正篤 片山杜秀
島田謹二 小林信行
前嶋信次 杉田英明
保田與重郎 谷崎昭男
福田恆存 川久保剛
井筒俊彦 安藤礼二
佐々木惣一 松尾尊兊
*瀧川幸辰 伊藤孝夫
矢内原忠雄 等松春夫
福本和夫 伊藤 晃
*フランク・ロイド・ライト 大久保美春
大宅壮一 有馬 学
今西錦司 山極寿一

*は既刊
二〇一一年六月現在